KULINARISCHER REPORT DES
DEUTSCHEN BUCHHANDELS
2006 - 2007

Gebrüder Kornmayer (Hrsg.)

KULINARISCHER REPORT
DES DEUTSCHEN BUCHHANDELS 2006 - 2007

Berichte von Experten zum aktuellen Stand und zur weiteren Entwicklung des deutschsprachigen Kochbuches

Die Autoren in alphabethischer Reihenfolge:
Britta Binzer / ZDF
Carlo Bernasconi / Schweizer Buchhandel
Claudia Bruckmann / Teubner Verlag
Frank Brunner / Deutsches Institut für Koch- und Lebenskunst
Edouard Cointreau / Gourmand World Cookbook Awards
Jürgen Dollase / Buchautor und Restaurantkritiker
Dieter Eckel / BuchGourmet
Ralf Frenzel / Tre Torri Verlag
Joachim Graff / Hädecke Verlag
Thomas Hesele / Buchautor
Uschi Heusel / Cartoonistin
Ingo Holland / Gastronom und Gewürzmüller
Evert Kornmayer / Verlag Gebrüder Kornmayer
Ralf Laumer / Mediakontakt Laumer
Brit Lippold / Kochlust- die kulinarische Buchhandlung
Egon Mark / Dipl. Sommelier
Holger Mühlberger / Neuer Umschau Buchverlag
Olaf Plotke / Westdeutsche Verlags- und Werbegesellschaft
Birgit Rademacker / Gräfe und Unzer Verlag
Monika Römer / Hölker Verlag
Andrea Rost / Frankfurter Rundschau
Thomas Ruhl / Ruhl Studios
Susanne Schaefer-Dieterle / für den Dr. Oetker Verlag
Monika Schlitzer / Dorling Kindersley Verlag
Florentine Schwabbauer / Christian Verlag
Dorothee Seeliger / Hallwag Verlag
Bruni Thiemeyer / Matthaes Verlag
Prof. Dr. Thomas Vilgis / Max-Planck-Institut für Polymerforschung
Helmut Weber / Buchhändler und „Küchenfeder"
Kai Weidner / Koch
Jürgen Welte / Collection Rolf Heyne
Pia Werner / Zabert Sandmann Verlag
Christa Winkelmann / BuchVerlag für die Frau
Andrea Zaszczynski / Schott Relations

VERLAG GEBRÜDER KORNMAYER, Dreieich

© 2006 Verlag Gebrüder Kornmayer, Dreieich
http://www.kornmayer.net
ISBN 978-3-938173-23-7 [3-938173-23-8]

Herausgeber: Gebrüder Kornmayer
Titelgrafik: Uschi Heusel
Druck: Tavasli, www.tavasli.com

Deutsche Bibliothek - CIP-Einheitsaufnahme.
Ein Titelsatz dieser Publikation ist bei der Deutschen Bibliothek (Frankfurt) erhältlich.

Dieses Buch ist urheberrechtlich geschützt. Alle Rechte, insbesondere das Recht der Vervielfältigung und Verbreitung sowie die Übersetzung, vorbehalten. Kein Teil des Werks darf in irgendeiner Form ohne schriftliche Genehmigung des Verlags reproduziert oder vervielfältigt werden. Dies gilt insbesondere für Vervielfältigungen und Übernahme des Inhalts in elektronische Medien. Die Wiedergabe von Warenzeichen, Handelsnamen, Gebrauchsnamen, etc. in diesem Buch berechtigt auch ohne besondere Kennzeichnung nicht zu der Annahme, dass solche Namen im Sinne der Warenzeichen- und Markenschutzgesetzgebung als frei zu betrachten wären und daher zur allgemeinen Benutzung freigegeben wären.

Die Inhalte dieses Buches wurden nach bestem Wissen aufbereitet. Weder Verlag, Herausgeber noch Autor haften für eventuelle Schäden, die aus den Angaben dieses Buches resultieren.

Auf ausdrücklichen Wunsch von Autoren werden einige Beiträge gemäß der „alten" deutschen Rechtschreibung veröffentlicht.

Auszug aus dem Vorwort für den Buchtitel:
„Kulinarischer Dialog"

Im letzten Jahr begeisterte mich der „Kulinarische Report des deutschen Buchhandels", denn es war weltweit das erste Buch dieser Art, das sich ausschließlich der kritischen Betrachtung des eigenen Kochbuchmarktes widmete. Als wir dieses Buch auf unserem Jahrestreffen im Rahmen der Frankfurter Buchmesse vorstellten, waren einige Gäste aus den verschiedensten Ländern so begeistert von dem Konzept und dem Inhalt, dass sie beschlossen, Ähnliches auch in ihrer Heimat zu realisieren.

In Australien und Frankreich gibt es mittlerweile bereits Veröffentlichungen, die vom „Kulinarischen Report des deutschen Buchhandels" und dem Konzept seines Herausgeber, Evert Kornmayer, inspiriert sind. Dass Kornmayer die Realisierung so vorzüglich gelang, ist dem Umstand geschuldet, dass er ein unabhängiger und kreativer Geschäftsmann ist.

In anderen Ländern fällt die Umsetzung deutlich schwerer, wie mir scheint: Hier versuchen Vereinigungen von Buchverlagen einen solchen Report zu realisieren. Die Auswahl der Autoren und Themen ist dann Sache eines Ausschusses, in dem jedes Mitglied vor allem die Interessen des eigenen Verlags vertritt. Das größte Manko ist dabei aber meiner Meinung, dass man in einem solchen Ausschuss keine Kreativität entwickeln kann.

Die Jury des „Gourmand World Cookbook Awards" hat deshalb entschieden, Evert Kornmayer mit dem „Special Award of the jury" - als einzigen deutschen Preisträger - für seinen herausragenden Beitrag zum Kochbuchmarkt zu ehren.

In diesem Jahr nun bringt Kornmayer das Buch „Kulinarischer Dialog" (Plotke/Weidner) heraus. Das freut mich ganz besonders, weil ich immer nach Wegen suche, um denen eine Plattform zu bieten, „die mit Worten essen". Ein gutes Essen schmeckt noch besser mit einem guten Gespräch. Und ein tiefer Gedankenaustausch wird von einem guten Mahl geadelt. Auch dieses Buch aus dem Verlag Gebrüder Kornmayer ist ein Kandidat, um von ausländischen Verlagen entdeckt und übersetzt zu werden.

Edouard Cointreau
Präsident, Gourmand World Cookbook Awards

Inhalt

Auszug aus dem Vorwort für den Buchtitel: „Kulinarischer Dialog"	7
Über dieses Buch	10
Achtung: Schützenswertes Kulturgut	15
Jürgen Welte / Collection Rolf Heyne	
Vom Fakirgrill und gebügelten Steaks zu Ferran Adriàs Pülverchen	21
Dieter Eckel / Kochbuchspezialhändler und Inh. BuchGourmet seit 1987	
Cucina e Libri – noch keine Erfolgsstory	27
Carlo Bernasconi / Schweizer Buchhandel	
Im Auftrag des guten Geschmacks	31
Britta Binzer / ZDF	
Mit ein bisschen Hilfe von Freunden	39
Evert Kornmayer / Kulinarischer Report 06-07	
Kochbüchlerisches Allerlei	55
Helmut Weber / Buchhändler und „Küchenfeder"	
Edition Port Culinaire - sicherer Hafen für Gourmets	59
Thomas Ruhl / Ruhl Studios	
Das System D Kollektives Küchenwissen sammeln und weitergeben	69
Andrea Zaszczynski / Schott Relations GmbH	
Bruni Thiemeyer / Matthaes Verlag	
Die neue Art des Schmeckens... und noch ein paar neue Dinge.	75
Jürgen Dollase / Buchautor, Restaurantkritiker und Geschmacksexperte	
Die Welt der Kochbucheinbände	81
Edouard Cointreau / Gourmand World Cookbook Awards	
Wie wir lernten, die englische Küche zu lieben	87
Monika Schlitzer / Dorling Kindersley Verlags	
Spurensuche	97
Andrea Rost / Frankfurter Rundschau	
Zur Lage des Kochbuchs in Berlin Mitte	101
Brit Lippold / Kochlust- die kulinarische Buchhandlung	
„Meine Gewürze" oder wie das Ingo Holland-Kochbuch entstand	109
Ingo Holland / Gastronom und Gewürzmüller	
Kunst in und aus der Küche	119
Joachim Graff / Hädecke Verlag	
Über 30 Jahre GU-KüchenRatgeber	125
Birgit Rademacker /GRÄFE UND UNZER Verlag	
Von alten Kochirrtümern und neuer Küchenliteratur	129
Prof. Dr. Thomas Vilgis / Max-Planck-Institut für Polymerforschung, Mainz	

Lustzentrum Kochbuch	141
Frank Brunner / Deutsches Institut für Koch- und Lebenskunst	
Evolution oder Revolution?	151
Florentine Schwabbauer / Christian Verlag	
„Herr Ober, die halbe Rechnung bitte!"	161
Olaf Plotke / Redakteur	
Kai Weidner / Koch	
Ludwigs kulinarische Streifzüge	164
Uschi Heusel / Cartoonistin	
Kochbücher, zum Schenken schön	165
Monika Römer / Hölker Verlag	
„Deine Lebensmittel seien Arznei und deine Arznei sei Lebensmittel."	173
Pia Werner / Zabert Sandmann Verlag	
TEUBNER Kochkurse für Genießer – Making of	181
Claudia Bruckmann / TEUBNER, GRÄFE UND UNZER Verlag	
Hugh Johnsons Weinwelt	187
Dorothee Seeliger / TEUBNER und HALLWAG	
Genuss trifft kulinarische Intelligenz	193
Ralf Frenzel / Tre Torri Verlag	
Ludwigs kulinarische Streifzüge	200
Uschi Heusel / Cartoonistin	
Mehr Appetit auf Genussbücher	201
Holger Mühlberger / Neuer Umschau Buchverlag GmbH	
Zur Rolle der Verlags-PR am Kochbuchmarkt	207
Ralf Laumer / Mediakontakt Laumer	
111 Jahre Dr. Oetker Kochbücher	213
Susanne Schaefer-Dieterle / ssd Kommunikations-Management für Dr. Oetker	
Auf den Spuren kulinarischer Erinnerungen	219
Christa Winkelmann / BuchVerlag für die Frau	
Auf den Jahrgang kommt es an...	223
Thomas Hesele / Buchautor	
Wo Kaiser Probus die Reben pflanzte	229
Egon Mark / Dipl. Sommelier	
„Die Diät, die Hochzeit und ein Buch"	239
Evert Kornmayer / Verlag Gebrüder Kornmayer	
Die Autoren	247
Index	261

Über dieses Buch

„Arbeitsmittel oder Amusement?" fragte zur ersten Ausgabe des Kulinarischen Reports das Magazin „Buchmarkt" im November 2005 und bescheinigte dem „roten Bändchen" einen teils informativen und teils amüsanten Charakter.

In diesem Jahr nun erscheint der Kulinarische Report im grünen Gewand. Die Farbe „Grün" soll für die gute Hoffnung und gute Geschäfte stehen, was auch die Kochbuchbranche insgesamt gut gebrauchen kann. Wir möchten uns aber nicht mit der Deutung und Bedeutung von Farben aufhalten: Der Kulinarische Report ist in diesem Jahr mit 270 Seiten und Beiträgen von mehr als 30 Autoren noch umfangreicher und freut sich, sowohl als Arbeitsmittel als auch zum Amüsement dienen zu können.

Viel positive Resonanz fand die Vorjahres-Ausgabe:

„Die Autoren nennen die wichtigen Verlage, die Fakten und Trends. Bilanz: viel fundiertes Wissen, garniert mit unterhaltsamer leichter Kost.", urteilt „DER FEINSCHMECKER" in seinem Heft 8/2006 über den Kulinarischen Report.

„Das Highlight zur Buchmesse ist der Kulinarische Report des deutschen Buchhandels.", schreibt die „OFFENBACH-POST" bereits im Oktober 2005.

Und die „FRANKFURTER RUNDSCHAU" erläutert: *„Wie entsteht ein Kochbuch? Wann gab es das erste? Wer schreibt die Rezepte? Was ist in, was ist out? Und wie wird sich der Kochbuchmarkt in Zukunft entwickeln? Fragen über Fragen, auf die es jetzt endlich Antworten gibt: Im ersten kulinarischen Report des deutschen Buchhandels, der pünktlich zur Frankfurter Buchmesse präsentiert wird."*

Ganz besonders freuen wir uns über den Gewinn des „Kochbuch-Oscars", dem „Special Award of the Jury for the best book trade magazines for cookbooks" des „Gourmand World Cookbook Awards 2005". Diese Auszeichnung haben wir mit großer Freude stellvertretend für alle Autoren des Kulinarischen Reports entgegen genommen, deren Beiträgen dieses Werk erst zu diesem besonderen Stellenwert verhalfen.

Neben aktuellen Zahlen zum Kochbuchmarkt des Buchhandels findet man auch in der neuen Ausgabe Einschätzungen und Wertungen des Buchhandels zu Verlagen, Titeln und Trends aus erster Hand sowie Neuheiten aus den Verlagen. So stellt dieser Report die Einschätzungen des Buchhandels zur Entwicklung folgender Themen dar:
- Die beliebtesten Kochbuchverlage
- Kochbuchfavoriten der Buchhändler
- Was macht ein gutes Kochbuch aus?
- Trends bei Standardwerken
- Die Kochbuch In-/Out-Liste
- Beliebtheit der Vermarktungsarten/-aktionen

Schützenswertes Kulturgut markiert Jürgen Welte von der Collection Rolf Heyne. Dieter Eckel vom BuchGourmet berichtet über seine Erfahrungen mit dem Fakirgrill, gebügelten Steaks und Ferran Adriàs Pülverchen. Carlo Bernasconi, Chefredakteur beim Schweizer Buchhandel stellt die Cucina e Libri vor während Britta Binzer vom ZDF im Auftrag des guten Geschmacks die Schreibfeder schwingt. Mit ein bisschen Hilfe von Freunden schreibt Evert Kornmayer den Kulinarischen Report und Helmut Weber, seines Zeichens „Küchenfeder", serviert Kochbüchlerisches Allerlei. Thomas Ruhl steuert mit seiner Edition Port Culinaire einen sicheren Hafen für Gourmets an. Wogegen Andrea Zaszczynski und Bruni Thiemeyer das System D: Kollektives Küchenwissen sammeln und weitergeben im Matthaes Verlag vorstellen.

Die neue Art des Schmeckens... und noch ein paar neue Dinge lässt sich Buchautor, Restaurantkritiker und Geschmacksexperte Jürgen Dollase auf der Zunge zergehen. Edouard Cointreau, der Präsident des Gourmand World Cookbook Awards, führt durch die Welt der Kochbucheinbände und Monika Schlitzer, Programmleiterin des Dorling Kindersley Verlags beschreibt, wie man im Hause lernte, die englische Küche zu lieben.

Auf Spurensuche im deutschen Kochbuchmarkt begibt sich die Österreicherin Andrea Rost von der Frankfurter Rundschau nach Titeln aus ihrer Heimat. Während Brit Lippold (Kochlust- die kulinarische

Buchhandlung) ihren Bericht zur Lage des Kochbuchs in Berlin Mitte abgibt. Gastronom und Gewürzmüller Ingo Holland beschreibt wie er mit einem Griff in sein Gewürzregal den Titel: „Meine Gewürze" hervorzog.

Kunst in und aus der Küche skizziert Joachim Graff vom Hädecke Verlag. Auf über 30 Jahre GU-KüchenRatgeber blickt die Leitende Redakteurin GU Kochen & Verwöhnen, Birgit Rademacker zurück. Ihrem Beitrag schließt sich der von Prof. Dr. Thomas Vilgis vom Max-Planck-Institut für Polymerforschung an, in welchem er von alten Kochirrtümern und neuer Küchenliteratur schreibt.

Frank Brunner, Vorstand im Deutschen Institut für Koch- und Lebenskunst befasst sich mit dem Theama: Lustzentrum Kochbuch, während sich Florentine Schwabbauer vom Christian Verlag Gedanken über Evolution oder Revolution hingibt.

„Herr Ober, die halbe Rechnung bitte!" fordert der Redakteur Olaf Plotke zusammen mit dem Koch Kai Weidner in ihrem Bericht über die Mode der Gutschein-Bücher für Restaurants. „Kochbücher, zum Schenken schön", findet Monika Römer vom Hölker Verlag.

„Deine Lebensmittel seien Arznei und deine Arznei sei Lebensmittel." zitiert Pia Werner, Zabert Sandmann Verlag, den antiken Arzt Hippokrates. Über das „Making of" von TEUBNER Kochkurse für Genießer schreibt die Verlags-Redakteurin Claudia Bruckmann.

In Hugh Johnsons Weinwelt entführt den Leser Dorothee Seeliger vom HALLWAG Verlag. Bei Ralf Frenzel vom Tre Torri Verlag trifft der Genuss auf kulinarische Intelligenz, während Holger Mühlberger (Neuer Umschau Buchverlag) mehr Appetit auf Genussbücher verspürt.

Über die Rolle der Verlags-PR am Kochbuchmarkt schreibt Ralf Laumer, Geschäftsführer von Mediakontakt Laumer. Über das Jubiläum von 111 Jahre Dr. Oetker Kochbücher berichtet Susanne Schaefer-Dieterle für den Dr. Oetker Verlag und Christa Winkelmann, Geschäftsführerin des BuchVerlag für die Frau ist auf Spurensuche nach kulinarischer Erinnerungen.

Auf den Jahrgang kommt es an, meint Weinbuch-Autor Thomas Hesele, während Dipl. Sommelier Egon Mark in das Land entführt, wo Kaiser Probus die Reben pflanzte. Die Diät, die Hochzeit und ein

Buch beschäftigen den Verlag Gebrüder Kornmayer und selbstverständlich begleiten Ludwigs kulinarische Streifzüge von der Cartoonistin Uschi Heusel auch diese Ausgabe der Kulinarischen Reports.

Wir wünschen Ihnen informative Unterhaltung
bei der Lektüre dieses Kulinarischen Reports.

Evert und Christoph Kornmayer

Achtung: Schützenswertes Kulturgut

Ein kulinarisches Feuilleton

Jürgen Welte / Collection Rolf Heyne

Eines Tages kam ein junger, wilder Engländer zu uns, der den unbeirrrbar vor sich hin rezeptierenden, beeindruckend unaufgeregten, einzigen und ewigen Biolek (»Jetzt trinken wir erst mal ein Glas Wein…«) schlagartig hat verschwinden lassen. Scheinbar Zauberei, weil der Engländer uns zunächst nur mit seinen Büchern beglückt hat und erst viel später, in einer schauerlichen Synchronfassung, den Pfannen schwenkenden Leibhaftigen im deutschen Fernsehen gab. Und das bewegte Bild macht ja seit langem die Trends...
Die Invasion in deutsche Küchen war so nicht geplant, ihr Erfolg - wie so oft - überraschend.

Aber: Die Zeit war reif, die hungrigen Leser und Zuseher entdeckten den Spaß, das Kreative, Abwechslungsreiche und auch das Sparsame am heimischen Kochen. Das Neue, das Junge war zudem natürlich interessanter als das liebevoll Eingeweckte, als die ewig gleichen Lieblingsrezepte, die die Jüngeren nicht ansprachen, weil es das alles ja Sonntags beim Familienbesuch zur Genüge gab. Warum? Der Engländer hatte erkannt, welche motivierende Kraft darin liegt, anders zu sein: unverkrampft und ohne Pathos. Er zeigte seiner wachsenden Gemeinde einfach nur, was zu tun wäre, wenn man denn Hunger hat. Szenenwechsel.
Synchronisieren ist offenbar teurer als Selbermachen. So wurde schlagartig alles Mälzer. Kam billig rüber (»Für fünf Euro könnt Ihr Euch ein super Mittagessen zubereiten«), war authentisch und

lebensnah (da wird gern mal eine Tüte Irgendwas aufgerissen und eingerührt), und am Ende war alles schweinelecker. Schnitt.
Zu guter Letzt der über die Medien ausgetragenen Kochduelle schwiegersohnte sich der kuschelige Johannes Baptist Kerner zwischen ein paar Kochstellen und ein paar bunten Gesellen mit Wiener Schmäh oder Ruhrpottdialektik vor einem bundesweiten, öffentlich-rechtlichen Publikum durch den späten Freitag Abend. Mitunter gut, wenn man da zu nachtschlafener Zeit schon gegessen hat.

Vor drei Jahrzehnten kamen u.a. mit Eckart Witzigmann und den Müller-Brüdern Jörg und Dieter hochwertige Produkte, ausgeklügelte Rezepte, sorgfältige Zubereitung und stilvolles Genießen auch in Deutschland an.
Das alles ist gefühlte siebenhunderteinundachtzigtausend Kochbücher her. Inzwischen sollte Deutschlands Bevölkerung, legt man die Kochbuchproduktion der letzten drei Jahrzehnte zugrunde, eigentlich beim Essen Gutes von Schlechtem unterscheiden - und in erster Linie das Gute bevorzugen - können.
Alles umsonst? Alles auf Anfang?

Ein Blick in unsere Supermärkte und Tageszeitungen lässt uns aufschrecken vor irren Rindviechern, erkälteten Hühnern, verkommenen Kühlhäusern, Wein zum Literpreis einer Flasche brauner Brause und lächelnden Tomatendarstellern. Solange wir uns an alarmierende Berichte erinnern oder die Sommerbikinproblemzonendiät angesagt ist, was erfahrungsgemäß nicht länger als bis zum nächsten Steuerstreit oder Grillfest dauert, wollen wir uns gesund und hochwertig ernähren und packen uns folgerichtig keine vakumierte Wurst, kein Fleisch von namenlosen Kühen und keine Gewächshausgemüse mehr in den besagten Einkaufswagen (Unzutreffendes bitte in Gedanken beim nächsten Supermarktbesuch streichen).
Die erwähnten Tomatendarsteller werden aber auf der Bühne des Tellers nebst ihrem Mozarellaschauspielerkollegen nur dann ausgebuht, wenn das Publikum textsicher, also aufgeklärt ist. Das ist unsere Aufgabe. Unseren Kindern können wir den Unterschied

zwischen Gut und weniger Gut nur dann beibringen, wenn wir uns dieses Unterschiedes selbstbewusst und selbstverständlich sicher sind. Die Anleitung zur Aufklärung findet sich in unseren Verlagsprogrammen und Buchhandlungen.

Keine bunte Rezeptsammlung macht uns schlanker oder klüger, beruhigt unseren Reizmagen oder unser Gewissen, von Geschmacksbildung und Wissenszuwachs ganz zu schweigen.
Kein flockiger Fernsehpfannenwender lässt unsere Cholesterinwerte dahinschmelzen und kein fröhliches Vollweib erzieht uns zu kritischen Nahrungszubereitern oder Kochbuchlesern. Unsere Schulkinder sind, glaubt man der veröffentlichten Meinung, nicht nur zu doof (Pisa), sondern auch zu dick. Obwohl Millionen von Erziehungsberechtigten entweder Mälzer oder Oliver oder Fröhlich oder Brigitte oder Easy Cooking im Regal oder neben dem Herd stehen haben.

Was stimmt denn da nicht?

Wir publizieren alle halbe Jahre zahllose Kochbücher, regionale Küche, Länderküche, Fernsehküche, schnelle Küche, leichte Küche, Sterneküche und Grundküche. Grundgütiger! Für wen eigentlich und warum?

Ist Kochen eine Kunstform? Ist Kochen vielleicht eine kulturelle Leistung? Ist gemeinsames Essen vergleichbar mit einem guten Gespräch? Ist Kochen für und Essen mit anderen Menschen soziale Interaktion? Kann Genuss und Genießen lernen eine in erster Linie persönliche und dann auch gesellschaftliche Errungenschaft sein? Kann man die Fähigkeit zu kulinarischem Genuss beispielsweise gleichsetzen mit der Fähigkeit zu literarischem Genuss?

Stimmt das, dann finden sich unter den Kochbüchern jene, die einem das Alphabet beibringen und jene, mit denen wir lesen lernen. Kochbücher, die Spaß machen und Kochbücher, die satt machen. Und dann gibt es da die Kochbücher, die herausfordern. Kochbücher, die ihren Besitzer ein Leben lang auf wechselnde Art begleiten, die zum Nachdenken provozieren und zum Kreieren anregen, zum Träumen und zum Genießen einladen. So wie eine gute und gut erzählte Geschichte.

Aber warum reduzieren wir das Angebot der letztgenannten Bücher mehr und mehr? Die für solche Titel vorgesehenen Katalogplätze der Verlage werden weniger, die Buchhandelsfläche ebenso. Es ist keine Frage von Henne und Ei, denn der Bedarf an dieser Literatur ist ungebrochen. Aber wenn sie nicht sichtbar genug ist, nützt selbst das angewachsene, aktive mediale Interesse an ihnen nichts, denn der (künftige) Genießer muss diese Bücher sehen. Dann erkennt er gut und weniger gut.

Wir fordern uns zu wenig heraus, als dass sich Qualität in der Breite durchsetzen ließe. Ein Fernsehkochshowzuseher kann, wenn ihm das Angebot unterbreitet wird, sehr wohl ein Sternekochbuchleser werden. Das ist keine Frage des Geldes, von Stadt-Land-Gefälle oder verfügbaren Kochgerätschaften. Es ist nur eine Frage des Angebots: folgt nach den Erstlesebüchern die Literatur, so bleibt der Kunde sein Leben lang ein Bücherfreund. Folgt nach der Kochschule die Gaumenlust, wird der Kunde seiner Freude am Genuss durch den Erwerb geeigneter Bücher Ausdruck verleihen. Qualität setzt sich am Ende immer durch. Qualität hat ihren Preis, das wissen Hersteller, Händler und Kunden. Es ist ein großes Glück, dass sich dieses Wissen inzwischen wieder in den Vordergrund gedrängt hat. Davon profitieren wir alle langfristig: durch hochwertige Produkte, gesunde Unternehmenskennzahlen und aufgeklärt-zufriedene Kunden.

Noch nie war die Chance so groß, einem ganzen Genre nachhaltigen, sich verselbständigenden Auftrieb zu geben: die vielen erfolgreichen Vorkocher der Nation, über die es sich lustig zu machen ein leichtes ist (siehe oben), haben ihren schweren Job erfolgreich gemeistert, nämlich den, einem Kulturgut öffentlich und wirksam den Raum wiederzugeben, den es verdient. Nun ist es an den Lektoren und Buchhändlern, den Raum zu füllen. Nicht nur mit dem ewig gleichen, sondern mit Herausforderungen, mit Anspruch und Wert. So wie es im Regal um die Ecke zu beobachten ist, über dem Literatur geschrieben steht. Ein Rezept kann Literatur sein. Wir sollten lernen und lehren, es zu lesen. Das ist dann der Anfang erfolgreicher, genreübergreifender Literatur- und Kulturvermittlung. Und dafür engagieren sich Verlage und Buchhandel zurecht. Dafür agieren wir in einem zurecht geschützten Markt.

Kochen ist sowohl Kunst als auch eine kulturelle Leistung. Gemeinsames Kochen und Essen ist wie ein gutes Gespräch, ist soziale Interaktion. Genuss und Genießen lernen ist eine persönliche und gesellschaftliche Fähigkeit und Errungenschaft.

Guten Appetit.

Vom Fakirgrill und gebügelten Steaks zu Ferran Adriàs Pülverchen

Die vermeintlich klaffenden Lücken im deutschen Kochbuchmarkt.

Dieter Eckel / Kochbuchspezialhändler
und Inh. BuchGourmet seit 1987

Ab und zu traut sich mal ein Kochbuchredakteur oder gar ein leibhaftiger Kochbuchverleger zu BuchGourmet in den Laden. Man unterhält sich, tauscht Belangloses aus. Man ist freundlich. Manchmal wird ein solcher Besuch groß angekündigt, um ihn dann aus Kosten- oder sonstigen Gründen wieder abzusagen. Eigentlich keine schlechte Idee, solch ein Besuch bei BuchGourmet, kann man dort doch über 10.000 Kochbücher bestaunen (ein gutes Drittel davon aus dem Ausland), und somit manch neue Idee für die eigene Titelproduktion mit nach Hause nehmen. Allerdings müsste so eine Visite, soll sie Nachhaltigkeit erzeugen, in kürzeren Intervallen erfolgen. Ich kenne aber nur eine Person aus dem Verlagswesen, die uns seit etwa 8 Jahren regelmäßig besucht. Am Ende eines Besuchs einer Redakteurin hingegen, die „leider, leider" nur alle 3 Jahre vorbeikommen kann, taucht fast zwangsläufig die Frage auf: „Welches Kochbuch fehlt denn noch auf dem deutschen Kochbuchmarkt?" Darauf will ich nun gerne öffentlich ein paar Antworten geben. So bekommt jeder Kochbuchverlag dieselbe Chance.

Wie entstehen sie eigentlich, die vielen Kochbücher, die jedes Jahr auf dem deutschen Markt herauskommen und den Buchhändlern vor die Füße geworfen werden: „Nun fresst schon"? Verantwortlich zeichnen die Kochbuchredakteurinnen, die die neuen Kochbuchideen ausbrüten sollen, dabei aber oft im eigenen Saft vor sich hin köcheln. Aus den drei, das Frauenbild der 50er Jahre prägenden Fragen: 1. was muss ich heute einkaufen?, 2. was um Himmels willen soll ich heute anziehen?, 3. was koche ich heute abend für meinen Mann?, wurden die drei strategischen Fragen, die sich die Mitarbeiter/innen in den Kochbuchredaktionen der Verlage immer noch täglich zu stellen scheinen, leider.

1. Welche Kochbuchlizenz kaufe ich?
Der Kauf einer Lizenz ist einfach, praktisch und ressourcensparend, sei es als eine Art Zweitverwertung von Zeitschriftenrezepten, die Billigausgabe eines verkaufsstarken Kochbuchs oder die Übersetzung eines Kochbuchs aus einer anderen Sprache. Das Letztere könnte man durchaus durchgehen lassen, wenn denn wenigstens die richtigen Kochbuchtitel ausgewählt würden und wenn zudem geeignete Übersetzer beauftragt würden. Daran hapert es allzu oft.

2. Wie verkleide ich meine ollen Rezeptbücher?
Mit einem optisch aufpoliertem Cover und einem knallroten Aufkleber „neu" kann man seine alten Rezeptbestände und –fotos recyceln. Oder man begründet eine Serie, schneidert sozusagen das Korsett, in das die Kochbuchautoren reinzuschreiben haben. So entstehen Kochbücher von der Stange.
Die „höchste Kunst" ist jedoch das Relaunchen einer Kochbuchserie und deren jubelnde öffentliche Beweihräucherung. In der Regel machen Kochbuchserien für den Käufer wenig Sinn. Allein der Verleger spekuliert auf die Marketinghoffnung „Sammelcharakter" und wundert sich dann, wenn er auf den unverkauften Exemplaren sitzen bleibt.

3. Welche Top-Kochbuch-Idee serviere ich meinem Verleger?
Wer möchte nicht dem Chef gefallen, gelobt werden, ein höheres Gehalt bekommen? Der Verleger sagt, „wir brauchen höhere Auflagen und weniger Titel", und „wir sollen uns vor dem Verwechselbaren hüten, das Immergleiche grinst schon zur Genüge aus den Regalen". Supererfolge im Kochbuchmarkt haben in der Regel mit

der starken Medienpräsenz der Autoren zu tun oder sind zufälliger Natur, weniger basieren sie auf ihrem tatsächlichen Inhalt.

Das Frauenbild hat sich seit den 50er Jahren gewaltig verändert, in den Kochbuchredaktionen leider seit Jahren nicht (und das ist der Grund allen Übels). Es herrscht Ratlosigkeit, manchmal verbunden mit Inkompetenz. Inzwischen aber fallen den Kunden die Tricksereien auf. Geht das so weiter, wird die GfK nur von Stagnation oder gar rückläufiger Entwicklung im Kochbuchumsatz zu berichten haben. Fazit: Dürfte ich meinen Spezialladen für Kochbücher nur mit der Titelproduktion deutscher Verlage bestücken, wäre er längst Pleite gegangen.

Es muss sich gewaltig was ändern in den Kochbuchredaktionen. Fenster auf, raus mit dem Küchenmief der Hauswirtschafterinnen, mit ihrer Denke von gestern und ihrem übervorsichtigen Taktieren. In Zukunft wird ein in gastronomischen Themen gut ausgebildetes und routiniertes Redaktionsteam gebraucht. Dieses sollte aus Profi-

Die kulinarische Auswahl

köchen bestehen, die eher aus dem Sternebereich kommen sollten, als aus dem Dunstkreis der Aufwärmer und Kantinenköche. Denn nur die Elite weiß, was sich in der modernen Kochforschung tut. Man lese einfach mal Kochbücher von Sterneköchen, die ja lange an einem Rezept herumexperimentieren, bis es tatsächlich perfekt ist. Weitere Pflichtlektüren sind Fachzeitschriften (auch ausländische!) und entsprechende weblogs. Aufstockung der finanziellen und personellen Ressourcen ist angesagt.

Der Blick ins Ausland kann sowieso nicht schaden. Kochbücher in Frankreich sind ausdifferenzierter, auf höchstem Niveau und von überraschender Leichtigkeit. Die Avantgarde der internationalen Sterneköche feuert ihre Geschmackssalven aus Katalonien und aus dem Baskenland ab und alle dokumentieren ihre Erkenntnisse für die Nachwelt in Büchern. In Großbritannien kann man beobachten, wie Kochbuchverlage Trends setzen, die Bestand haben, nicht wie Apfel(wein)essig- und Trennkostbücher hierzulande. Dort gehen Zehntausende von Hausfrauen dem Hobby „Cake Decorating" nach, bauen also fantasievolle Geburtstagskuchen für ihre Kleinen und klassische Hochzeitstorten für den bedeutsamen Anlass. Eine ganze Industrie von Kursanbietern, Herstellern von Werkzeugen und Tüllenaufsätzen (und nicht zu vergessen die Buchproduzenten) verdienen anhaltend gutes Geld.

Natürlich gibt es auch bestens funktionierende Kochbuchredaktionen, insbesondere in inhabergeführten Verlagen. Man spürt passioniertes Unternehmertum und verantwortliches Handeln im Team, ohne das in größeren Häusern oftmals anzutreffende „sich in die Tasche lügen", die Pflege des eigenen Egos und der Intrigenspiele.

Zugegeben: Die Kochbuchverlage finden kaum Unterstützung von einer qualitativen Kochbuchkritik, die in der Regel noch nicht einmal auf dem Level der Verlagsredaktionen vor sich hindümpelt. Beweihräucherung statt Kompetenz. Fast schon die einzige und nicht genug zu rühmende Ausnahme ist die Initiative des Deutschen Instituts für Koch- und Lebenskunst mit seinem „Kochbuch des Monats" (www.kochbuch-des-monats.de). Stets je einen Spitzenkoch fürs Thema und einen als Rezeptprüfer in der Jury – Chapeau!

Der Massenmarkt wird durch das Internet und Zeitschriften mit ihren Kochrezeptseiten bestens abgedeckt. Das Überleben einer bunten Kochbuchverlagslandschaft hängt entscheidend vom Mut der Verantwortlichen ab, jetzt die richtigen Schritte in Richtung Profilierung zu unternehmen. Ich wünsche es mir von Herzen, da ich ja noch weitere 20 Jahre Kochbücher verkaufen möchte.

Für alle Unbelehrbaren habe ich natürlich ein paar Ideen zu klaffenden Lücken im Kochbuchmarkt parat:
Als erstes sei die Neuentwicklung von Jordi Herrera, einem Sternekoch aus Barcelona genannt. Er erfand den Fakirgrill, eine gußeiserne Metallplatte mit nach oben abstehenden dicken Nägeln. Auf dem Gasherd und unter Zuhilfenahme eines Gasbrenners wird der Grill „heiß" gemacht. Dann kommen aromatische Kräuter auf den Grill und ein dickes Stück Fleisch wird in das Nagelbett gedrückt. Innerhalb kürzester Zeit ist das Fleisch fertig und bleibt saftig und zart.

Nach ähnlichem Prinzip arbeitete ein Hobbykoch mit Großmutters antikem Bügeleisen, erhitzte es und bügelte seine Steaks à point. Mit diesem Gag errang er einen zweiten Preis beim Kocholymp-Wettbewerb von ARD-Buffet und Stern.

Seit Herbst 2005 vertreibt BuchGourmet Ferran & Albert Adriàs Texturas-Serie. Dabei handelt es sich um zwölf Pülverchen, die teilweise schon lange in der Nahrungsmittelindustrie zum Einsatz kommen. Es sind Binde- und Geliermittel, Stabilisatoren für Schäume und die Zutaten für den als „Sferificación" bezeichneten Prozess (außen fester Geleemantel, innen flüssiges Gelee). Zur Zeit experimentiert jeder Profikoch damit, um so spannende Rezepte wie Melonenkaviar, Parmesan-Spaghetti und Mandarinen-Schaumwolken zu basteln. Über kurz oder lang wird sich auch der ambitionierte Hobbykoch damit beschäftigen wollen. Denn die Effekte, die man

damit erzielen kann, sind überaus erstaunlich. Zum Nachvollzug braucht er dann sicher Anleitung in Buchform. Natürlich wird es sich noch ein paar Jahre hinziehen, bis sich die zwölf Pülverchen so durchgesetzt haben werden, dass sie wie ordinäres Backpulver in jedem Supermarkt zu kaufen sind. Wir verkaufen sie auch sehr gern deshalb, um den Kunden unsere Freude am Innovativen zu demonstrieren, denn dabei lässt uns der deutsche Kochbuchmarkt ja einfach im Stich.

Die Frage „Welches Kochbuch fehlt auf dem deutschen Kochbuchmarkt?" ist völlig daneben.
Denn das eine oder andere „fehlende" Kochbuch wird den Verlag nicht von seiner selbstverschuldeten Behäbigkeit befreien. Strukturelle Veränderungen wären angesagt!

In unserer Spezialbuchhandlung fokussieren sich die exotischen Wünsche der Kunden. Es tauchen Themen auf wie Pasta selber machen oder Hülsenfrüchte sowie Innereien zubereiten. Nicht immer muss gleich ein Buch daraus entstehen. Allerdings wäre von den sich selbst als Marktführer bezeichnenden Verlagen deutlich mehr an Profilierung, Qualität und Durchhaltevermögen zu erwarten, anstatt sich ständig im selben Mainstream zu prügeln. Der deutsche Kochbuchmarkt würde durchaus noch den ein oder anderen Kochbuchverlag verkraften, der die Innovationen, die ja an den Rändern stattfinden, aufnimmt.

Cucina e Libri – noch keine Erfolgsstory

*Carlo Bernasconi / Chefredaktor
beim Schweizer Buchhandel*

Restaurants mit Büchern gibt es viele. Ein Restaurant nur mit Kochbüchern eines – in Zürich. Es heisst „Cucina e libri" und existiert bald schon ein ganzes Jahr. Betreiber Carlo Bernasconi zieht ein gemischtes Fazit: Mehr Unterstützung durch die Verlage könnte die Verkäufe ankurbeln.

In Berlin, in Carcassonne, in London – wo auch immer: Bücher in einer Gaststätte erfüllen meist ihre dekorative Mission ganz ordentlich. Prächtig reiht sich Buch an Buch (Rückenpräsentation) auf Regalbrettern. Des Gastes Aug' erfreut sich am Anblick der versammelten Bildung. Das war es dann aber schon. Angucken: Ja. Anfassen: Nein, oder nur auf Voranmeldung bei der Bedienung. Bringt es das? Nee.

„Cucina e Libri" war von Beginn weg anders geplant. Es sollte sich in dem kleinen Restaurant mit seinen 24 Plätzen eine Ecke finden lassen, in der Kochbücher zum Verkauf stehen – genau, zum Verkauf. Andererseits schloss das Restaurantkonzept einige buchhandels-typische Eigenheiten aus: Kein Dekomaterial, keine Prospektauflage, kein Deckenhänger und was der Einfallslosigkeiten sonst noch so angeboten werden. Die Bücher sollten für sich sprechen und kraft ihrer gastronomischen Kompetenz überzeugen. Kein Preisschild weist auf deren Verkäuflichkeit hin. Alles also auf low-profile gesetzt. Hm. Ein Jahr später gebe ich gerne zu: So geht es nun aber auch nicht.

Woran es liegt, dass die Verkäufe erst einmal in die Höhe schossen und dann zusammenkrachten? Es lässt sich mit Bestimmtheit nicht auf mangelnde Presse zurückführen: „Tages-Anzeiger", „Neue Zürcher Zeitung", „Annabelle", „20 Minuten" – alle kamen zum Essen, lobten dieses und schrieben nette Zeilen über das Buchsortiment. Die Gäste kommen noch immer zuhauf, das Lokal ist fast jeden Abend bis auf den letzten Platz belegt, und wer zur Toilette geht, den Mantel von der Garderobe holt, muss einen Blick auf die Bücher werfen. Und sitzt er im Gastraum, schweift das Auge immer wieder zum Buch. Und blickt der Gast auf die Menükarte, weckt meist ein Gericht aus einem Buch die Neugierde – flink bringt es die Bedienung an den Tisch. Man blättert es beim Warten auf den ersten Gang durch und legt es wieder weg. Oder bestellt das „Buch"-Gericht und nimmt, im besten Falle, das Buch zum Dessert gleich mit nach Hause – bloss, zuviel darf es dann auch nicht kosten.

Klar, ich könnte jede Woche ein neues Gericht aus einem Buch auf die Menükarte setzen, könnte – allein, das reicht nimmer. Buch und Gericht stellen eine besondere Einheit dar; es müsste verfügbar sein, das schon, dann aber jede Woche sich überlegen, was man als nächstes aufs Tablett legt, einkaufen gehen und nicht mal wissen, ob das Gericht beim Gast auch wirklich ankommt – tja, Bücher kann man schlimmstenfalls remittieren (sollte man aber gefälligst unterlassen), eingekaufte Lebensmittel, dann auch noch frische, einfach so in den Müll kippen – davor graut es mir.

So ist es aber nun nicht, dass gar keine Bücher verkauft werden. Liegt es also am falschen Sortiment? Nee. Weiss aufgedeckte Tische, Spiegelau-Gläser, schönes Besteck, ein nicht überkandideltes Ambiente sorgen dafür, dass die Auswahl der Bücher eine gehobene sein muss: Keine GU-Reihentitel, keine Fona- oder AT-Bücherl für wenige Fränkli, nix unter 30 Franken lautet die Devise. Also her mit allen Teubners, her mit Collection Heyne, her mit diesem und jenem, das interessant zu sein scheint. Schön machen sie sich im Regal, vermitteln Kompetenz und Ausstrahlung. Aber kaufen? Klar, die Bücher haben ihren Preis, und wenn sie teurer sind als Vor-, Haupt- und Nachspeise zusammen, macht man sich als Gast vielleicht hin und wieder seine Gedanken. Aber bitte, die

Gäste sehen nicht gerade so aus, als würden sie sich lediglich wegen eines Pastatellers ins Lokal verirren, den sich mit Leitungswasser runterspülen.

Natürlich macht man so sein Budget, wenn ein neues Geschäftsmodell umgesetzt werden soll. Aber für die Kombination von Restaurant und Buchhandlung (nicht: Café und Buchhandlung) gab und gibt es keine Vorgaben, ausser diese: Die Gäste kommen des Essens, des Ambiente wegen und nicht der Bücher. Die finden sie in aller Regel im Buchhandel. Aber wenn sie nicht gerade Thalia oder Orell Füssli/Hugendubel heissen, so kann sich das Sortiment von „Cucina e Libri" mit dem jeder anderen Buchhandlung im Lande messen. Nur, das wissen die Verlage und ihre Vertreter auch – kommen aber nicht vorbei, machen keine Empfehlungen, verabreden keine Lesungen oder sonstige Veranstaltungen. Und bemüht man sich selbst einmal darum, signalisieren sie zwar Interesse, aber das war es dann schon, man muss nachhaken, telefonieren – ach, macht doch, was ihr wollt, aber belästigt mich nicht mehr mit dem ewigen Gejammere, dass die Buchhandlungen kaum noch in grossen Mengen bestellen, die Backlist nicht mehr pflegen und was der Sorgen noch so sein sollen.

Cucina e Libri

Gewiss, auch die Verlage haben es sich leicht gemacht mit ihrer Programmplanung. Mälzer, Oliver und alle anderen, die glauben, das Kochen erfunden zu haben, weil sie vor laufender Kamera ihre gestammelten Weisheiten losplappern, verkaufen sich prima, partienweise sozusagen. Der Rest, meist mit viel Liebe gestaltet und zusammengeschrieben, bleibt auf der Strecke, verstaubt im Regal – das müsste nicht sein. Weil Verlage, die an einer gehobenen Tischkultur ebenfalls ihr Interesse haben müssen, davon leben, dass Menschen dort auf ihre Bücher aufmerksam werden sollen, wo sie ganz nahe beim Thema sind: Wo's aus Tellern dampft und aus Gläsern prickelt.

Im Auftrag des guten Geschmacks

Über den Sinn und Unsinn von Restaurantführern

Britta Binzer / ZDF

Wildfleischskandal, Mehrwertsteuererhöhung und das knapp verpasste WM-Finale für Fußball-Deutschland ... – Ereignisse und Entscheidungen, über die man sich aufregen konnte, gab es in diesem Jahr schon reichlich. Aber das soll es noch lägst nicht gewesen sein! 2006 wird uns weitere Themen für hitzige Diskussionen bescheren. Und auch in der Gastro-Szene erwartet man schon ein „heißes Eisen": die neuen Bewertungen der Restaurantführer.
Denn was für den wissensdurstigen Gourmet kulinarische Bibel und amüsante Unterhaltung ist, bedeutet für die Mitwirkenden nicht selten: Krieg hinter, und noch schlimmer, vor den Kulissen.

Und dabei fing es doch einst so friedlich an

Angst vor der Fremde nehmen und die Reiselust der Zeitgenossen wecken, das sahen die Reifenhersteller Edouard und André Michelin als Voraussetzung für die Zukunft ihrer eigenen Produkte. Denn wer mit dem Auto verreist, benötigt Reifen - und Informationen.

Im Jahr 1900 veröffentlichten die Brüder in Frankreich den ersten Michelin-Führer mit einer Auflage von 35.000 Exemplaren, der neben Empfehlungen zu Übernachtungsmöglichkeiten auch praktische Tipps für den Autofahrer bereithielt. 1926 wurde der erste Michelin-Stern für Restaurants in Frankreich eingeführt, 1964 erschien der kulinarische Reisebegleiter dann auch in Deutschland.
Und weil Erfolgreiches so gerne kopiert wird, oft mit dem Anspruch es anders und besser machen zu wollen, präsentierten Henri Gault und Christian Millau einen weiteren kulinarischen Führer:

1982 erschien die erste Ausgabe für Deutschland. Der Feinschmecker-Guide, Mitwerber und seit 1998 auf dem deutschen Markt, soll an dieser Stelle natürlich nicht unerwähnt bleiben.

Noch schlimmer geht's immer

Alle Jahre wieder hört man sich das Gezeter von abgestraften oder zu wenig beachteten Köchen an: Die Test-Esser wären nicht ausreichend kompetent und hätten „ja alle sowieso keine Ahnung". Trotz aller Beteuerungen seitens der Küchen-Kritiker: Unfehlbar ist der Gaumen eines Testers gewiss nicht, auch hier spielt die Tagesform genauso eine Rolle wie bei der Kochperformance. Und Recht bzw. Gerechtigkeit gibt es sowieso nur in den Märchen der Gebrüder Grimm!

Leider brachte vor 3 1/2 Jahren ein Ereignis das Fass endgültig zum Überlaufen: Der Freitod des angesehenen französischen Drei-Sterne-Kochs Bernard Loiseau löste nicht nur in Frankreich, teilweise geschmacklose, Debatten um die Macht von Restaurantkritikern aus. Denn den Selbstmord führte man zunächst auf eine Punkte-Herabstufung im Gault Millau zurück. Von einer unerträglichen „Diktatur der Gastronomie-Kritik" war damals die Rede. Paul Bocuse attackierte die Testesser von Gault Millau öffentlich und unterstellte, sie seien mitschuldig. Ebenso scharf bezog der deutsche Sterne-Koch Vincent Klink zu diesem Thema Stellung und fand für die Test-Equipe, inklusive „obersten Gerichtsherrn", ziemlich beleidigende Worte. Die Gemüter beruhigten sich erst ein wenig, als Dominique Loiseau, Witwe, der Öffentlichkeit andere Gründe für den Freitod ihres Mannes preis gab.

Auch beim Guide Michelin blieb man von Negativ-Schlagzeilen nicht verschont. Pascal Rémy, ein entlassener Michelin-Inspektor, rächte sich am Ex-Arbeitgeber und plauderte aus dem Nähkästchen: Bestechlichkeit und Gemauschel wären beim renommierten Führer in Frankreich an der Tagesordnung. Das, was viele schon längst vermuteten, schien endlich öffentlich bestätigt. Aber damit nicht genug, das angekratzte Image erlitt weiteren Schaden: Das Restaurant „Ostend Queen", das damals noch gar nicht eröffnet hatte, tauchte im Michelin-Benelux 2005 mit guter Bewertung auf. Ruckzuck wanderten mehrere tausend gedruckte Exemplare in die Müllpresse.

Sardinen statt Hummerschwanz
Dass die Wellen immer wieder derartig hochschlagen ist nicht verwunderlich, geht es bei den Bewertungen nicht nur um Ehre, sondern vielmehr um bares Geld. Der Gewinn oder Verlust von Sternen und Punkten beeinflusst auch den Umsatz des Restaurants. Und Geld verdienen müssen wir ja schließlich alle. Aber lässt sich mit den Auszeichnungen heutzutage überhaupt noch Kasse machen?

Für einige Köche scheinen die Sterne eher Belastung, als eine Auszeichnung zu sein. In Frankreich und Deutschland gaben Köche in einer demonstrativen Geste ihre Sterne zurück. Obwohl das laut Michelin eigentlich nicht möglich ist, denn die Sterne seien ja lediglich nur eine Empfehlung für potenzielle Gäste. Prominentestes Beispiel dürfte wohl Alain Senderens, ehemaliger 3-Sterne-Chefkoch des „Lucas Carton" in Paris sein. Ihm war die Michelin-Auszeichnung auf Dauer zu stressig und unrentabel. „Sardinen statt Hummerschwänze" wollte er servieren, auf allzu üppige Tischdekoration verzichten und seine Menüs im umgestylten Restaurant „Senderens" für 100 statt 300 Euro anbieten. Das neue Konzept gefiel auch den Inspektoren von Michelin und für das neu eröffnete Bistro/Restaurant erhielt Senderens auf Anhieb zwei Sterne...

Neue Besen kehren gut –
Wachablösung beim Guide Michelin
Nach lauter Kritik an den Kritikern segelt das Schiff „Guide Michelin" seit Ende 2004 mit einem neuen Kapitän: Jean-Luc Naret. Und in Deutschland sitzt mit Juliane Caspar seit Januar 2005 eine 36-jährige Frau am Ruder, jawohl, eine Frau, das erste Mal in der Geschichte des Unternehmens. Einem Unternehmen, das als stock-

konservativ gilt.
Der frische Wind gefällt: 2004 und 2005, bekam jeweils ein Meister-Koch seinen dritten Stern. Dabei ging man in Deutschland mit der Vergabe dieser höchsten Auszeichnung bislang leider noch recht sparsam um. Nun wird sogar gemunkelt, dass sich schon bald ein weiterer Koch mit drei Sternen schmücken darf. Man wird sehen.

Dass man sich zu offenerer Politik und mehr Transparenz in Sachen Bewertung entschlossen hat, ist auf jeden Fall sachdienlich. Denn hörte man aus den Reihen der Restaurant immer wieder, die Michelin-Inspektoren würden Tafelsilber und Blumenschmuck beinahe höher bewerten als das, was auf dem Teller liegt, werden die Rufe nun ein wenig leiser. Und auch sonst zeigt man sich bei Michelin endlich aufgeschlossener. So wurden in der Ausgabe 2006 erstmals „Hoffnungsträger" hervorgehoben, Anwärter in „rot", bereit für den Sprung in die nächste Kategorie. Wenn das keine Motivation für die „Gastronomie von morgen" ist ...

Zuckerbrot und Peitsche beim Gault Millau

Weniger motivierend waren hingegen die Worte vom Gault Millau, berühmt-berüchtigt für bissige Kommentare. In der Ausgabe 2006 ging Chefredakteur Manfred Kohnke mit den deutschen Gourmetköchen mal wieder hart ins Gericht und beklagte neben einer Schwemme von Selleriemousse und Chorizo, Kollegenneid und mangelnder Solidarität auch völlig überzogene Weinpreise.

Neben all der „Trostlosigkeit" gab es aber - Gott sei dank - auch Positives zu vermelden. Beim Küren der Jahresbesten wurde an Lob nicht gespart. Thomas Bühner vom „La Table" in Dortmund wurde mit verbesserten 19 Punkten zum „Koch des Jahres" gewählt, und die Test-Equipe schwärmte in den höchsten Tönen. Der Gault Millau überraschte ebenfalls mit einer neuen vergebenen Höchstnote in Deutschland: 19,5 Punkte („Höchstnote für die weltbesten Restaurants") für Harald Wohlfahrt, Dieter Müller und Helmut Thieltges, im Vorjahr mit 19 Punkten bewertet („Höchstnote für die weltbesten Restaurants") ...

Im Auftrag des guten Geschmacks

Schade, an die 20 Punkte („Idealnote") scheint man sich hierzulande noch nicht ranzutrauen!

Das beste vom besten – Noch besser geht's nicht?
Wenigstens in der Höchstbewertung von Wohlfahrt, Müller und Thieltges sind sich Michelin und Gault Millau einig, gehen die geschmacklichen Bewertungen der Profi-Kritiker doch oft genug auseinander. Dies wird besonders am Beispiel des „Hirschen" in Sulzburg deutlich. Für den Michelin mit zwei Sternen immerhin „eine hervorragende Küche - verdient einen Umweg", vergab der Gault Millau in der Ausgabe 2006 gerade mal 13 Punkte. Dafür ging man mit bissigen Bemerkungen nicht gerade sparsam um. Also verehrte Tester, was denn nun?

Kochen macht glücklich?

Eine Momentaufnahme kann also über Gedeih oder Verderb entscheiden. Im Falle der Restaurantführer ist dies dann leider für ein ganzes Jahr gültig. Aber es geht noch grausamer, zum Beispiel bei den Olympischen Spielen oder bei einer Fußball-WM. Ist ein Sportler im alles entscheidenden Moment nicht topfit, dann ist die erhoffte Medaille futsch. Und zum nächsten Titelgewinn kann man leider in frühestens vier Jahren antreten. Gemessen daran können sich die Köche doch glücklich schätzen, auch wenn man bedenkt, dass es - im Gegensatz zu Sportlern – keine Altersgrenze gibt.

Selbstverständlich ist es nicht angenehm, öffentlich kritisiert zu werden. Aber wenn Kritik fundiert und ohne Häme ist, sollte das doch bitte Ansporn sein. Nämlich dafür, sich zumindest Gedanken darüber zu machen, dass man es zukünftig besser oder ein wenig anders machen könnte. Im Übrigen würde ich beiden Parteien empfehlen, die Arbeit des Anderen ein wenig mehr zu respektieren, im Schulterschluss zu mehr Qualitätsbewusstsein zu ermuntern und gemeinsam zu kulinarischen Höhenflügen zu entführen. Das wäre dann zumindest für uns alle von Nutzen.

Trotz aller Kritik meinerseits: Restaurantführer sind ein Stück Kulturgeschichte. Tragen sie doch dazu bei, dass Ess-Kultur auch einem breiterem Publikum zugänglich wird und auch weniger Eingeweihten einen Einblick in die hohe Kunst des Kochens gewährt wird. Stellen Sie sich mal vor, am Ende würde sich noch der Eindruck festsetzen, die viel zitierten „Starköche" müssten zwangsläufig auch ausgezeichnete bzw. Sterneköche sein. Oder, die beste deutschsprachige Köchin sei diese neunmalkluge Küchenmamsell, die leider viel zu oft den Kochlöffel vor der Fernsehkamera schwingen darf.

Bitte legen Sie nicht jeden Punkt, jeden Stern und jedes Wort auf die Goldwaage! Diese Empfehlung gilt für Köche, Kritiker und Leser gleichermaßen. Apropos Waage. Was die drei Restaurantführer Guide Michelin, Gault Millau und Feinschmecker betrifft, haben wir in Kürze wieder Schwergewichtiges zu erwarten: insgesamt zusammen

etwa 3.000 Seiten, also mehr als 3 Kilogramm, geballte Küchenkritik. Das liegt nicht nur wie Blei in der Hand, sondern dem ein oder anderen Kritisierten ebenso im Magen.
Und ich kann es mir leider nicht verkneifen: So mancher Maître hat bestimmt schon mal davon geträumt, allzu penetrante Berufs-Nörgler damit zu erschlagen.

Literatur:

Michelin-Führer, Deutschland 2007
Travel House Media
ISBN: 2-06-712244-4
Preis: 29,95 Euro
November 2006

Gault Millau Deutschland 2007
Christian Verlag
ISBN: 3-88472-716-8
Preis: 30,00 Euro
November 2006

Der Feinschmecker, Guide 2007, Hotel & Restaurant
Jahreszeiten Verlag / Travel House Media
ISBN: 3-8342-0149-9
Preis: 24,90 Euro
Oktober 2006

Mit ein bisschen Hilfe von Freunden

Evert Kornmayer / Kulinarischer Report 06-07

Heiß ersehnte Klassik
Aus dem Autoradio singt Joe Cocker den alten Song der Beatles „With a little help from my friends". Ich bin auf dem Rückweg vom Matthaes Verlag, wo mir Frau Bruni Thiemeyer schon einen ersten Blick in die über 1.050 Seiten der deutschen Ausgabe des „Grand Livre de Cuisine" von Alain Ducasse gewährt hat. Dieses Werk ist nicht nur ein großartiges Kochbuch, sondern auch eine Enzyklopädie kulinarischen Wissens über die moderne französische und mediterrane Küche.
„Would you belive in a love at first sight?", singt Joe Cocker weiter und nimmt meine Gedanken zu den Lesern von Ducasses Haute Cuisine in Buchform vorweg: "Yes, I´m certain that it happens all the time."

Grand Livre de Cuisine

„Endlich in deutsch", freue ich mich, da mein Schulfranzösisch die Übersetzung der Original-Quellen der französischen Meister oft an den Zeiten meines Studiums mit den vielen Werken an Sekundärliteratur, Kommentaren, etc. gleichkam. Nur dass diese nicht Kohlhammer oder Wöhe hießen, sondern Langenscheidt, Löbel und Pons. Ob man in Frankreich jemals mit ähnlicher Vorfreude auf die Übersetzung eines kulinarischen Titels aus dem deutschsprachigen Raum gewartet hat? Naja, was nicht ist, kann ja noch werden. Wenn unsere jungen Köche, die zum Kochen geboren sind, in einigen Jahren die TV-Shows verlassen haben, ihre kleinen exklusiven Restaurants auf Sylt, am Tegernsee oder in Buxtehude betreiben, entdeckt der eine oder andere wohlmöglich seine Leidenschaft für das „große" Kochbuch.

Und das kann schneller kommen, als ein Blick in die aktuelle TV-Programmzeitschrift vermuten lässt. Die Vorherrschaft der TV-Kochbücher, zusammen mit den Diät-Titeln könnte man dieses Jahr als „schwach behauptet" bezeichnen, wenn Sie mir diesen Begriff aus den Börsennachrichten der Tagespresse gestatten. Denn schon beginnen sich klassische kulinarische Titel wie „Genial Italienisch" (Dorling Kindersley Verlag), „Backen macht Freude" und „Schulkochbuch" aus dem Dr. Oetker Verlag den einen oder anderen Spitzenplatz zurück zu erobern.

Ganz nach dem Motto „das Eine tun, ohne das Andere zu lassen" beginnen die Verlage nachhaltige Kochbuchtitel auf den Markt zu bringen. Könemanns „Europas Meisterköche bitten zu Tisch" war im vergangenen Jahr sicher eines der herausragenden Werke. Über 100 Köche aus 15 europäischen Ländern zelebrieren die hohe Kunst des Kochens für passionierte Gourmets aber auch für solche, die es noch werden wollen. Durch Step-by-Step-Anleitungen und Fotos erreicht man die junge Generation der Hobbyköche, ohne Yorkshire Puddings in Muffin-Formen zu pressen oder Frankfurter Handkäs´ mit Honig zu vergewaltigen. In diesem Jahr ist der Verlag über Europa hinausgegangen. In „Culina Mundi" stellen 60 Küchenchefs rund um den Globus auf über 1.000 Seiten ihre Rezepte vor. Diese sind wie in der „europäischen Ausgabe" wieder mit farbigen Bildsequenzen zur Illustration der einzelnen Arbeitsschritte ausgestattet.

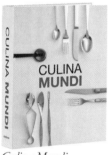

Culina Mundi

Auch andere Verlage setzen nun auf Know-how aus Traditionsküchen. Neben der deutschen Ausgabe von Alain Ducasses „Grand Livre de Cuisine", seinem Meisterwerk, welches schlichtweg „Pflichtlektüre" für jeden ambitionierten Koch und Hobbykoch ist, ist auch „Der Silberlöffel" (Il Cucchiaio d´argento) rechtzeitig zur Frankfurter Buchmesse in deutscher Sprache erhältlich. Der Phaidon Verlag aus Berlin ermöglicht der Toskana-Fraktion und allen Freunden von „Bella Italia" einen Blick in die „Küchen-Bibel" aller Mamas Italiens zu werfen. Auf mehr als 1.260 Seiten, mit mehr als 2.000 Fotografien und Illustrationen, wird hier die echte italienische Küche in ihrer ganzen Vielfalt geboten. Es stellt sich noch die Frage, warum ein renommierter Kunstbuchverlag ein Kochbuch veröffentlicht? Anne Schulte, verantwortlich für Presse- und Öffentlichkeitsarbeit im Phaidon Verlag, erklärt dies so: „Es war wohl ein Zufall, dass der englische Verleger Richard Schlagman und seine italienische Cheflektorin Emilia Terragni über ihre Arbeit mit dem renommierten Architekturverlag Domus ins Plaudern kamen: Sie erfuhren, dass Domus auch das klassische Kochbuch „Il Cucchiaio d'argento" in seinem Programm hatte. Emilia kannte das Buch aus der Küche ihrer Mutter – sie konnte nicht glauben, dass dieses Buch – DAS klassische Kochbuch Italiens – nicht in englischer Sprache erhältlich war. Schlagman nutzte die Gunst der Stunde und erwarb die ausländischen Lizenzen – das Buch wurde zum Bestseller des Herbstes 2005 in den USA und Großbritannien. In diesem Herbst werden nun die deutsch- und französischsprachigen Liebhaber der italienischen Küche endlich auf ihre Kosten kommen."

Der Silberlöffel

Diese Unterstützung unserer europäischen Nachbarn für den deutschen Kochbuchmarkt wird sicher Einfluss auf das Niveau des Inhalts in den Töpfen und Pfannen der hiesigen Kochfreunde nehmen, sie können aber sicher nicht als Vorzeichen einer Trendwende weg von der Vorherrschaft der spanischen Kreativküche betrachtet werden.

Eine Frage des Geschmacks

„Eins muss man Jaimie Oliver und Tim Mälzer lassen, sie haben die Jugend wieder an den Herd gebracht", Hört man es dieser Tage oft von den alten Haudegen an den Töpfen und in den Medien. Das ist sicherlich richtig, doch wünsche ich all jenen, die diese Thesen vertreten, ein Dinner bei den Anhängern dieser anglophilen Küche. Den grünen Salat, der nicht gewaschen werden muss, weil es reicht, wenn man den Strunk heraus schneidet, gemischt mit einem

Bund Minze, der trotz Stängel nur dreimal gehackt werden muss, in einer Marinade aus Chili-Öl, Senfpulver und einer von Hand darüber ausgedrückten Zitrone, mit Kerne(r)n selbstverständlich. Als Hauptgang reicht man Fisch in Minze, Worcester- oder Sojasauce und Pepperoni geschmort, wozu hervorragend ein Dornfelder aus heimischen Anbau passen soll. Sicher, alles reine Geschmackssache. Die größten Wein-Bibeln stammen von Engländern oder deren ausgewanderten Nachfahren. Warum soll, was für den Weinkeller gilt, nicht auch für die Küche gut sein? Dann fahren Sie mal nach Malta, ein Land mit glücklichen Köchen und Gourmets, weil sich das Land nach 150 Jahren britischer Kolonialzeit, nun endlich von deren Vorherrschaft in der Küche erholt hat. Ein Prozess, der uns wohl erspart bleiben wird, denn seit Jürgen Dollase im vergangenen Jahr seine „Geschmacksschule" (Tre Torri Verlag) vorgestellt hat, geht es nicht mehr nur darum, von welchem berühmten Koch das Rezept stammt, ob das Gemüse biodynamisch ist, das Rind täglich Bier und Massagen bekam sondern auch darum, ob und wie das Essen schmeckt! Und um noch einen „drauf zu setzen" wird aus dem persönlichen Geschmack, über den man bekanntlich nicht streiten kann, eine Kunst, die zu erlernen ist. Welch sonnige Zeiten stehen für Gastronome und Kochbuchautoren an: Schmeckt nicht, gibt´s nicht - es fehlt nur am kulinarischen Spektrum des jeweilgen Genießers.

Mit seinem neuesten Werk „Kulinarische Intelligenz" vertieft Jürgen Dollase das Thema Geschmack und Geschmacksbildung und egal wie kontrovers dieses Thema zwischen Gourmets, Köchen, Foodredakteuren und Kochbuchverlegern diskutiert wird: Bildung hat noch keinem geschadet.

Schon meldet sich aber auch ein Brite in Sachen Geschmack zu Wort. Tom Kime zeigt in seinem „Geschmackswegweiser" („Tom Kimes Aromaküche" / Dorling Kindersley Verlag), welche Zutaten von ihm welcher Geschmacksrichtung zugeordnet werden und wie sie harmonieren. Er verspricht dem Gaumen „ungeahnte Geschmackserlebnisse" und erhielt für sein Buch den World Cookbook Award.

„Food" für die junge Generation

„The Oxford Companion to Food" von Alan Davidson (Oxford University Press/Ausg. engl.) ist seit vielen Jahren mein klassisches Nachschlagewerk in Sachen „Food". Der Titel „Food. Die ganze Welt der Lebensmittel" von Christian Teubner (Gräfe & Unzer) hat sich des Themas mit moderner Aufmachung, vielen Bildern und in deutscher Sprache angenommen. Ein Titel, der trotz seines Preises, bei welchem nicht mehr von „Kauf" sondern „Investition" gesprochen werden sollte, in vielen Kochbuchregalen der neuen Kochgeneration steht. Also findet man neben der neu entdeckten Kochlust auch wahres Interesse an den Dingen, die man zubereitet und isst. Ein spannender Themenbereich, in dem sich bereits im vergangenen Jahr Teubner mit seinen modernisierten Neuauflagen von „Fisch" und „Meeresfrüchten" behauptete. „Die See" von Thomas Ruhl (Edition Port Culinaire / Neuer Umschau Buchverlag) geht darüber hinaus auf Fang-, Zuchtmethoden und die Menschen rund um diese Themen ein und war die Overtüre zu den viermal im Jahr erscheinenden Bänden „Port Culinaire" mit Geschichten und Informationen aus kulinarischen Welten.

Standortbestimmung

Nach den Informationen des Börsenvereins des Deutschen Buchhandels konnte der deutsche Buchmarkt (Buchhandel) im Vergleich zum letzten Jahr ein leichtes Umsatzwachstum verzeichnen. Leider gelang es dem Kochbuchmarkt nicht, sich von diesem Kuchen ein Stück abzuschneiden. So wurden die Zuwächse diesmal in den Bereichen Hörbuch/Audiobooks sowie Zeitschriften erzielt und die Warengruppe „Sachbuch" (inkl. der kulinarischen Sparte) weist mit etwas mehr als 5 Prozent Minus einen leichten Rückgang auf. Auch wenn die Fußball-WM und der dadurch intensivierte Absatz von Fußball-Sachbüchern vor Redaktionsschluss nicht mehr in diese Zahlen einfließen konnte, ist doch zu erwarten, dass sich dieser temporäre „Trend" nicht auf die kulinarische Sparte dieser Warengruppe ausgewirkt haben wird.

Dass auf der Spitzenposition in diesem Jahr mit „Genial Italienisch" ein Titel aus der Länderküche zu finden ist, liegt neben der Tatsache, dass dieser Titel von Jamie Oliver eine Spitzenposition durchaus verdient hat, wohl möglich auch daran, dass Italien 2006 als Weltmeister nicht zu schlagen ist. (In den nachfolgenden Positionen ist dieser Titel aufgrund der Autorenschaft unter den TV-Köchen aufgeführt). Tim Mälzer, Bestplatzierter im Vorjahr wird der 2. Platz sicherlich dadurch versüßt, dass neben dem neuen Titel „Born to Cook II" (Goldmann) auf Platz 2 sein Titel „Born to Cook" sich auf dem 4. Platz behauptet. Alexander Herrmann hat im Mittelfeld mit seinen beiden Titeln „Koch doch" und „Koch doch 2" (Zabert Sandmann) die Verfolgung aufgenommen. Rechtzeitig zum Jubiläum hat sich auch Dr. Oetker mit gleich 3 Titeln unter die Top 20 zurück gemeldet. Die beiden Verlage Dr. Oetker sowie Gräfe & Unzer sind es auch, welche die Standard-Kochbücher dieses Jahr wieder in die Spitzenpositionen der kulinarischen Bestseller führten.

2006 befinden sich unter den Top 20:

Diät-Kochbücher:	8 (Platz 2: Der 4 Wochen Power Plan/ WeightWatchers)
TV-Koch-Bücher:	7 (Platz 1: J. Oliver/Genial italienisch/ Dorling Kindersley)
Standard-Kochbücher:	4 (Platz 10: Backen macht Freude/ Dr. Oetker)
Kulinarische Belletristik:	0
Länderküche:	0 (siehe J. Oliver/Genial italienisch)
Themenküche:	1 (Platz 18: Vegetarian Basics/GU)

2005 befanden sich unter den Top 20:

Diät-Kochbücher:	13 (Platz 2: Der 4 Wochen Power Plan/ WeightWatchers)
TV-Koch-Bücher:	6 (Platz 1: T. Mälzer/Born to Cook/ Goldmann)
Standard-Kochbücher:	1 (Platz 17: Ich helf dir kochen/ Stuber/BLV)
Kulinarische Belletristik:	0
Länderküche:	0
Themenküche:	0

Die Kochbuchgruppen unter den Top 20

Pos.	2003	2004	2005	2006
1	TV	DIÄT	TV	TV
2	TV	TV	DIÄT	TV
3	TV	DIÄT	TV	DIÄT
4	TV	DIÄT	DIÄT	TV
5	TV	DIÄT	DIÄT	DIÄT
6	TV	DIÄT	DIÄT	DIÄT
7	sonstige	TV	DIÄT	DIÄT
8	sonstige	DIÄT	DIÄT	TV
9	sonstige	DIÄT	DIÄT	DIÄT
10	DIÄT	TV	DIÄT	S
11	TV	DIÄT	DIÄT	S
12	S	S	TV	TV
13	sonstige	TV	TV	DIÄT
14	sonstige	sonstige	TV	TV
15	DIÄT	DIÄT	TV	S
16	sonstige	S	DIÄT	TV
17	S	TV	S	DIÄT
18	DIÄT	DIÄT	DIÄT	sonstige
19	DIÄT	DIÄT	DIÄT	DIÄT
20	sonstige	DIÄT	DIÄT	S

▇ Diät-Kochbücher   ▇ TV-Köche   ▇ Standard-Kochbücher   ▇ sonstige

Generell haben die TV-Kochbücher in den Spitzenpositionen wieder an Boden gewonnen. Nach wie vor sind Tim Mälzer und Jamie Oliver die Garanten für den Erfolg. So wurden Diät-Kochbücher an den Spitzenpositionen von den Köchen der jungen Generation verdrängt und im Mittelfeld setzten Standard-Kochbücher diese Entwicklung fort.

Den kulinarischen Internet-Buchhandel führt aktuell der Titel „Schlank im Schlaf" von Detlef Pape (GU) an. Dieser Titel hat sich im klassischen Handel zwar ebenfalls unter den besten 20 platziert, bildet aber mit Rang 19 zusammen mit Dr. Oetkers „No.1" das Ende der Besten-Liste.

Umfrage beim Buchhandel

Weiterhin wird der Kochbuchmarkt durch medienpräsente Titel dominiert. Darüber hinaus ist es aber von nicht geringem Interesse, welche Titel Buchhändlerinnen und Buchhändler ihren Kunden empfehlen. Eine Umfrage(*) im Juli 2006 brachte folgendes Ergebnis:

Hitliste der beliebtesten Kochbuchverlage

20 der bekanntesten Verlage standen den Buchhändlern zur Auswahl. Freie Nennungen waren ebenfalls möglich.

Platz 1:   Dorling Kindersley Verlag
Platz 2:   Gräfe und Unzer Verlag
Platz 3:   Dr. Oetker Verlag
Platz 4:   Zabert Sandmann Verlag
Platz 5:   Goldmann Verlag
Platz 6:   Christian Verlag
Platz 7:   Droemer Verlag
Platz 8:   Heyne Verlag
Platz 9:   Teubner Verlag
Platz 10: Hädecke Verlag
Platz 11: BLV Buchverlag
Platz 12: Neuer Umschau Buchverlag

(*) Quelle: Verlag Gebr. Kornmayer 07/2006
(Umfrage bei 500 Buchhändlern)

Die Kochbuch-Favouriten der Buchhändler
Freie Nennung der beliebtesten Titel und Kategorisierung dieser nach besonderen Merkmalen in: Ausführlichkeit, Anspruch, Bilder, Format, Preis, Aktualität und Aufmachung.

Standardwerke:	1. Kochen - Die neue große Schule (ZS) (Ausführlichkeit, Bilder, Aktualität)
	2. Ich helf dir kochen (BLV) (Ausführlichkeit, Format, Aufmachung)
TV-Köche:	1. Born to cook/Tim Mälzer (Goldmann) (Aktualität/Bilder)
Länderküche:	(uneinheitlich)
Themenküche:	1. Saucen (Teubner) (Ausführlichkeit, Anspruch, Aufmachung)
Backen:	1. Backen – Die große Schule (ZS) (Ausführlichkeit, Bilder, Aufmachung)
	2. Lieblingskuchen (Gräfe & Unzer) (Bilder, Aufmachung)
Weinbuch:	1. Die Weinschule (Hallwag) (Anspruch, Bilder, Ausführlichkeit)
	2. Wein (Könemann) (Ausführlichkeit, Preis, Aufmachung)
Diätkochbuch:	1. Das neue große Weight Watchers Kochbuch (Anspruch, Aktualität, Aufmachung)

Wieder führt „Kochen – Die neue große Schule" die Liste bei den kulinarischen Standardwerken an. Tim Mälzer hat Jamie Oliver bei den beliebtesten TV-Köchen (der Buchhändler) abgelöst. Die Länderküche tendiert sehr uneinheitlich, doch wird „Genial italienisch" von Jamie Oliver häufiger als andere Titel genannt. Die Themenküche hat die Saucen entdeckt, doch ist auch des Thema Schokolade in zahlreichen Titeln vertreten. Zabert Sandmann führt in diesem Jahr auch die Sparte „Backen" an – dicht gefolgt vom Titel „Lieblingskuchen" aus dem Hause Gräfe & Unzer. Beim Thema Wein, konnte Hallwags „Weinschule" ihre Spitzenposition behaupten. Die Spitze bei den Diät-Titeln hat WeightWatchers vor dem Titel „Schlank im Schlaf" (Gräfe & Unzer) übernommen.

Was macht ein gutes Kochbuch aus?
Die wichtigen Eigenschaften aus Sicht des Handels.
Platz 1: Gute Struktur/Gliederung
Platz 2: Qualität der Bilder
Platz 2: Zutaten leicht erhältlich
Platz 4: Preis-/Leistungsverhältnis
Platz 5: Rezepte/Thema im aktuellen Trend
Platz 5: Hardcover

„Marketingunterstützung in den Medien" und „Namhafte Autoren/ Köche" spielten bei der Bewertung, was ein gutes Kochbuch ausmacht untergeordnete Rollen, während „Hardcover" und die leichte Erhältlichkeit der Zutaten für den Buchhandel an Bedeutung gewonnen haben.

Die Trends bei Standardwerken
Einschätzungen zur Entwicklung der einzelnen Titel.
(Freie Nennungen waren möglich)

Standardtitel	Trend
Ich helf dir kochen	↘
Das Gelbe von GU	→
Basic Cooking	↗
Schulkochbuch von Dr. Oetker	↗
Kochen von A-Z	→
Big Basic Cooking	↘
Basic Baking	→
Backen macht Freude	→
Kochen, die neue große Schule (ZS)	↑
No. 1	↗

Aufgrund der freien Nennungen dieses Jahr neu aufgenommen:
No.1 von Dr. Oetker.

Die Kochbuch In-/Out-Liste 2006-2007
Einschätzungen zur Entwicklung der einzelnen Themenbereiche.

Thema	Trend
TV-Köche	IN
Meisterköche	neg. Trend
Diätkochbücher	neutral
Standardwerke	pos. Trend
Taschenkochbücher	OUT
Praktische Küchenhelfer	neutral
Kochbücher mit Beilagen (Dosenöffner, Gewürze, etc.)	neg. Trend
Belletristik über das Essen	neutral
Restaurantküche	neg. Trend
Weinbücher	pos. Trend
Regionale Küche	IN
Länderküche: Europa	IN
Länderküche: Asien	IN
Länderküche: Afrika	pos. Trend
Länderküche: Australien	neg. Trend
Länderküche: Nordamerika	OUT
Länderküche: Lateinamerika	neg. Trend

Legende

Im Vergleich zum Vorjahr ist die Einschätzung des Handels für Bücher von Spitzenköchen und zu Diätkochbüchern skeptischer geworden. Bei der europäischen Küche ist das Interesse an Titeln über Italien nach wie vor groß. Der negative Trend von kulinarischen Taschenbüchern und der nordamerikanischen Küche setzt sich unvermindert fort.

Beliebtheit der Vermarktungsarten/-aktionen der Verlage
Bewertung einer Liste mit Möglichkeit der freien Eingabe.
Platz 1: Flexibles Bestellvolumen
Platz 2: Bereitstellung von Dekorationsartikeln
Platz 3: Bereitstellung von Plakaten/Infomaterialien
Platz 4: Verlagsprospekte für den Kunden
Platz 5: POS Marketing-Displays (Aufsteller, etc.)
Platz 6: Bereitstellung von Möbeln (Regale, Ständer, etc.)
Platz 7: WKZ für den Buchhandel
letzter Platz: Festes Bestellvolumen

Die angespannte wirtschaftliche Situation spiegelt sich in diesem Jahr bei den Wünschen des Buchhandels an die Verlage wieder. So ist das flexible Bestellvolumen in diesem Jahr an erste Stelle der Liste vorgerückt. Die folgenden Plätze bestätigen das unveränderte Interesse an Dekorations- und Informationsmaterialien. Und wie im vergangenen Jahr zeigt die rote Laterne, dass feste Bestellvolumen keine Option für den Buchhandel sind.

Fazit
Mit neuen Impulsen und alten Trends setzt die kulinarische Buchbranche ihren Weg fort und freut sich, wenn am Wegrand die Rosen blühen - und so mancher wünscht sich wieder Zeiten in denen der Weg mit ihren Blütenblättern bestreut ist.
So schließe ich den Report mit einem Wunsch aus der Feder der Beatles, der diese Tage auch für Autoren, Verleger und im übertragenen Sinne auch für Buchhändler gilt:

„Dear sir or madam, will you read my book
it took me years to write, will you take a look."

Nachtrag: Wo ist der ´Genuß´ geblieben?
Die Reform der Rechtschreibreform schafft babylonische Verhältnisse in den Kuchbuch-Regalen. Neben den grammatikalisch bedingten Änderungen fallen die „Reform-Wörter" rund um Essen und Trinken durch ihre weite Verbreitung im Alltag besonders auf. Goodbye geliebter ´Petersilienstengel´. Ketschup, Jogurt, Spagetti, Nussschokolade können zukünftig in der Budike erworben werden. Ketschup mit „sch" ist mir ein Greuel - sorry, „Gräuel" ab sofort. Wenn aber schon das „sch" warum dann noch das „u", werden Sie fragen?
Das spart man sich für die kommende Reform auf, wenn „Ketschapp", „Majo", „Pommesrotweiss", „Einviertelgehacktes", „Uffschnitt" und „Sixpäck" eingeführt werden.

Wer von diesen Spezialisten, denen die Macht gegeben wurde zu bestimmen, das „Kaffeeersatz" mit drei „e" geschrieben wird, hat sich aber Gedanken über die Kosten gemacht? Ich bitte, mich nun nicht falsch zu verstehen, denn ich meine nicht die Steuergelder, die diese langjährigen Beratungen gekostet haben, nicht die öffentlichen Broschüren und Schulbücher, die sämtlichst neu gedruckt werden müssen.
Es geht vielmehr um das Können und Sprachgefühl von Autoren, Lektoren, Verlegern und Lesern, welches über viele Jahrzehnte einen Konsens hatte. Dieser ist nun in Frage gestellt. Neben den gesellschaftlichen und unternehmerischen Kosten, jedem einzelnen das „Reformierte Sprachgefühl" zu vermitteln, stehen weitere Kosten an, die letztendlich der Kunde zahlen muss.
So hat sich orthografische Bearbeitungszeit für neue Titel verlängert. Ein Mehraufwand, welcher sich mit der Routine der kommenden Jahre wieder auf das übliche Maß reduzieren wird.

Doch wie sieht das bei Nachdrucken aus der Backlist aus?
Eine telefonische Umfrage bei Kochbuchverlagen hat gezeigt, dass die aufw"ä"ndige Überarbeitung dieser Titel nur zu 50% als wirtschaftlich sinnvoll erachtet wird - was dazu führt, dass auch in den kommenden Jahren die zwei Herzen in der Brust des Verlegers

(Qualität/Kosten) verhindern, dass eine einheitliche „Kochbuchsprache" in den Regalen des Handels stehen wird. So mancher Titel wird dann wohl auch nur noch über das Antiquariat zu beziehen sein.

Wohl keiner hält das „Teeei" für eine Bereicherung unserer Schriftkultur. Doch werden wir uns wohl oder übel daran gewöhnen müssen und die Kosten dafür tragen. Wer das nicht möchte, dem bleibt noch immer sein privates Kochbuchregal, mit all den herrlichen Rezepten, wo der Genuss beim Lesen noch ein Genu"ß" ist.

Manche Wörter kann, viele muss man nun anders schreiben:
(alt => neu)

der/die 8jährige => der/die 8-Jährige
Brennessel => Brennnessel
Butterfaß => Butterfass
Corned beef => Cornedbeef
Delphin => Delfin
Delikateßsenf => Delikatesssenf
Eßlöffel => Esslöffel
Fast food => Fastfood
fritieren => frittieren
Genuß => Genuss
haushalten => Haus halten
heute abend/mittag/nacht => heute Abend/Mittag/Nacht
Hot dog => Hotdog
Imbißstand => Imbissstand
Joghurt => Jogurt
Kaffee-Ersatz => Kaffeeersatz
karamelisieren => karamellisieren
Ketchup => Ketschup
leer essen => leeressen
Nußschinken => Nussschinken
Nußschokolade => Nussschokolade

Preßsack	=> Presssack
satt machen	=> sattmachen
Soufflé	=> Soufflee
Spaghetti	=> Spagetti
Sahne steif schlagen	=> Sahne steifschlagen
Stengel	=> Stängel
Tee-Ei	=> Teeei
Thunfisch	=> Tunfisch
Weinfaß	=> Weinfass

Edition Port Culinaire - sicherer Hafen für Gourmets

Thomas Ruhl / Ruhl Studios

Auf einen Blick
Der kulinarische Buchmarkt polarisiert. Zwei Preissegmente mit Zukunftschancen kristallieren sich heraus. Zum Einen die Preiskampfszene mit großen Auflagen aber kleinen Margen, zum Anderen der Premiumbereich mit kleineren Auflagen aber lukrativen Gewinnen.
Was macht mehr Sinn, einen Meter Bücher verramschen oder einem guten Kunden ein gutes Werk zu empfehlen? Zufriedener und mehr Spaß macht Letzteres. Bücher der zweiten Kategorie produziert Thomas Ruhl mit seiner Edition Port Culinaire. Der neueste Clou: eine Buchreihe in Premium Qualität, zum attraktiven Preis.

Ein Star brachte alles ins Rollen
Es war der große Starkoch Dieter Müller, der mich dazu brachte, Kochbücher zu gestalten. Ich kannte den begnadeten Kochkünstler schon gut 15 Jahre, habe seinen Weg mitverfolgt, bis er zufällig in meiner Nachbarschaft sesshaft wurde. Im Gourmet-Restaurant von Schloss Lerbach in Bergisch Gladbach. Dieter Müller und ich wohnen ganz in der Nähe, in Odenthal, Dieter Müller quasi auf dem Nachbarberg. Fast könnten wir uns sehen, würden da nicht die Häuser von Heidi Klum, an der der Blick hängen bleibt und Reiner Calmund, der den Blick versperrt, dazwischen stehen... Aber zurück zur Sache. Dieter Müller hatte bereits in den Schweizer Stuben erfolgreich ein Buch publiziert. Und trotz seiner drei Sterne im Schloss Lerbach kam keiner der deutschen Kochbuchverlage auf ihn zu, um ihm ein Buchangebot zu unterbreiten. Komisch. So kamen wir eines

Tages zu diesem Thema ins Gespräch. Natürlich hatte ich Lust, ein Kochbuch mit Dieter Müller zu machen. Und wie. Da konnte ich mich kreativ mal richtig austoben. Denn als Inhaber einer Werbeagentur, der ich eigentlich bin, bekam ich immer nur Produkte vorgesetzt, die ich bewerben sollte. Jetzt konnte ich das Produkt selbst gestalten. Eine ganz neue Aufgabe. Hier war ich selbst für Erfolg oder Misserfolg verantwortlich. Außerdem würden mir die Verlage ja sicherlich zu Füßen liegen, wenn ich mit der Idee käme, ein Dieter Müller-Buch zu machen. Denn schließlich hat Müller drei Sterne. Zu dieser Zeit gab es weltweit nur 36 Drei-Sterne-Köche.

Von Säbelzahntigern und Sicherheitsdenken
Mit starker Brust und siegesgewiss machte ich mich dann mit ein paar Layouts aus einem Probeshooting und einigen Charts auf den Weg, alle in Frage kommenden Kochbuchverlage zu besuchen. Alle sollten Angebote machen und Dieter Müller und ich würden uns das beste aussuchen. Tolle Idee. Leider bekamen wir keine Angebote, nur Absagen. Die Begründungen: „Haben wir schon versucht", „Haben wir schon gemacht", „Hat nicht funktioniert", „Sterneköche kennt keiner". Tatsache war, dass zu dieser Zeit keine Sternekochbücher im Markt waren. Ein Himmel ohne Sterne.
Hier offenbarten sich die zwei wichtigsten Gründe für die wirtschaftlichen Probleme unseres Landes: Der erste ist die Angst vor Allem, vor Neuem und vor Anderem, der zweite ist, dass wir alles Neue anhand dessen beurteilen, was wir in der Vergangenheit erlebt haben. Das mag für den Neandertaler wohl noch eine wichtige Rolle gespielt haben, wenn er lernte, dass er mit einem Speer wenig gegen einen Säbelzahntiger ausrichten konnte. Im modernen Marketing hat eine solche Einstellung allerdings nichts mehr zu suchen. Ein Produkt, das heute floppt, kann morgen aufgrund einer sich verändernden Zielgruppe oder anderer Bedingungen, ein Renner werden. Stehen Sie also bitte jedem kritisch gegenüber, der Ihnen sagt: „Haben wir schon probiert, hat nicht geklappt", „Haben wir schon einmal versaut." Was hat er versucht? Wann hat er es versucht und wie?

Von Bedürfnisbefriedigung und Überlegungen

Kein Frust kam auf. Sondern genau diese Fragen stellte ich mir bei den vielen Absagen. Schließlich war ich ja Werbe- und Marketingmann. Analysen folgten. Was haben die Verlage falsch gemacht und was sind die Bedürfnisse der Zielgruppe? Nun, wir haben eine umfangreiche Marktanalyse erstellt mit vielen Charts, vielen Umfragen und Auswertungen. Danach wussten wir eins genau: Es gibt einen erfolgreichen Weg für Sterne-Kochbücher und wir kennen ihn.

Vor uns waren Sterne-Kochbücher reine Kochbücher. Foto rechts, Rezept links. Seit unserer Analyse finden Sie in diesen Werken das, was der Gourmet will. Informationen über den Koch, über Produkte, Erlebnisse, Geschichten, Unterhaltung, Ideen und kreative Rezepte. Also viel mehr als nur „Man nehme ...". Unsere Bücher haben kulinarische Werke aus der Küche herausgeführt. Nicht ganz, denn es sind immer noch Kochbücher, aber sie funktionieren auch als Lesestoff auf dem Sofa im Wohnzimmer. Doch zurück zum Faden.

Anders sein und gut verkaufen

Die Verlage wollten das Buch nicht. Und wir waren uns sicher, dass es ein Erfolg wird. Also haben wir es auf eigene Rechnung fertig gestellt. Als es dann soweit war, war es eine Revolution. Ein Buch mit 360 Seiten, das anders aussah, als jedes andere Kochbuch vorher, das durch sein Layout schrie: „Ich bin anders!" Ein gutes Buch zeichnet sich dadurch aus, dass es nicht allen gefällt. Dieses Buch

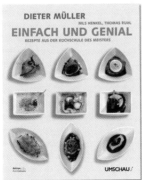

haben wir dann dem Verlag Dumont in Köln vorgestellt. Die fanden das Buch auch toll, glaubten aber nach wie vor nicht an den Markterfolg. So lautete der Deal: Dumont druckt 4.000 Bücher und Müller und Ruhl verpflichten sich, 3.000 in einem Jahr zu verkaufen. Haben wir gemacht. Und wir haben noch bevor das Buch herauskam, Ausstellungen organisiert, Interessenten konnten vorbestellen. Und der geniale

Dieter Müller hat das Buch überall hochgehalten, wo er es nur konnte. In jedem seiner Fernsehauftritte, auf jeder seiner Galas. Und der Außendienst von Dumont müsste sich eigentlich bis heute in Grund und Boden schämen – wenn es ihn denn noch gäbe – denn so ganz nebenbei, neben dem Kochen, hat Dieter Müller mehr Bücher verkauft, als die gesamte Dumont Salesforce. Respekt

Noch bevor das Buch erschien, hatten wir 3.000 Bücher vorverkauft, dann begann der Siegeszug des Werkes. Auflage um Auflage, Preis um Preis. Insgesamt fünf nationale und internationale Awards gewann das Buch, darunter den „Prix la Mazille", Das beste Kochbuch der Welt. Ein französischer Preis für ein deutsches kulinarisches Buch, überreicht am Nationalfeiertag der Befreiung von den Deutschen. Aus den Händen von Edouard Cointreau, dem Erfinder des World Cookbook Award.

Von Motivation, Angeboten und Auszeichnungen
Ich möchte an dieser Stelle anmerken, dass der World Cookbook Award wesentlich dazu beigetragen hat, dass ich mich für den Kochbuchmarkt interessiere. Bis dahin war das Dieter Müller Buchprojekt ein Einzelprojekt, wie vieles in einer Werbeagentur. Aber der Erfolg des Buches zeigte Folgen. Nun riefen mich die Verlage an, wollten Termine und Bücher mit mir machen. Ich fuhr hin und präsentierte brav meine Charts und Untersuchungen und ließ Ausdrucke da. Nun, ich machte in der Folge eine ganze Reihe von „Sternekochbüchern" mit großem oder recht gutem Erfolg.
Was ich lernen musste ist, dass die Persönlichkeit eines Koches, sein Auftreten, die Fotos und die Gestaltung mehr zum Erfolg beitrugen als die Substanz seiner Rezepte und Ideen. Mit den Awards kamen auch gute Verkaufszahlen. Bestes Chefkochbuch der Welt, Bestes deutsches Kochbuch Design, Gold- und Silbermedaillen der gastronomischen Akademie Deutschlands und der Schweiz, Beste Foodfotografie der Welt und vieles mehr. Allein in den ersten drei Jahren unserer Kochbuchkarriere waren es schon über 20 und jeder einzelne von ihnen machte sich in steigenden Verkäufen bemerkbar.

Verleihung des World Cookbook Awards 2005, für „Die See": Prinzessin Azrene Abdoullah, Thomas Ruhl, Katharina Többen, Bo Masser

Von Herden und Herdentieren

Ich entschloss mich, in den Anfangsjahren mit Dumont weiterzuarbeiten. Witzig war, dass nach meiner Chart-Tournee zu den anderen Verlagen, die Inhalte meiner Untersuchungen in der gesamten Branche umgesetzt wurden. Der Härtefall: Bei einem Sternekoch fand ich meine Original-Charts, mit dem Logo eines Verlages überklebt. Der Verlag hatte mit meinen Argumenten um ihn geworben. Plötzlich wollten alle Sterne-Kochbücher machen. Genauso erfolgreich wie das Müller-Buch. Die Folge war eine Marktüberflutung und Überreizung des Konsumenten. Überangebote führen zu Preisverfall und sinkenden Auflagen. Denn auch eine kaufkräftige Zielgruppe verfügt über begrenzte Etats. Und nicht jeder Sternekoch eignet sich gleich gut als Buchautor.

Der Herdentrieb der Verlage ist recht stark ausgebildet. Jeder schaut, was der Leitbulle macht und läuft ihm hinterher. Öffnet man mit einer Idee ein Gatter in ein neues, weit offenes Marktsegment, begibt sich die gesamte Herde hinaus und trottet in die nächste Koppel.

Dass es auch erfreuliche Ausnahmen gibt, zeigen der Umschau und der Fackelträger Verlag, mit denen wir sehr gut zusammen arbeiten.

Eigene Edition und Häfen

Die Erfolge in diesem Markt führten zu der Überlegung, eine eigene Edition zu etablieren, die das Angebot der Verlage nach oben hin abrundet, oder auch Bücher und andere Publikationen selbst verlegt. Darüber hinaus galt es, eine Bedarfslücke der Leser im Hinblick auf die Produkte zu schließen, die wir selbst geschaffen haben. Wir schreiben über den handgeangelten Loup de Mer oder über Flowercrabs, aber wo bekommt der Leser die her? Die Lösung heißt Port Culinaire!

Jens Rittmeyer und Thomas Ruhl

Denis Czekalla (Leiter Public Relations) über die Edition Port Culinaire - Buchkunst und gute Bilder:

Edition
Port Culinaire

Die Edition Port Culinaire bringt verlagsunabhängig kulinarische Bücher heraus, die sich an das Top-End des Marktes richten – an Profi- und Hobbyköche und alle kulinarisch Interessierten Eine kaufkräftige Zielgruppe, die 20% der deutschen Bevölkerung umfasst. Neben diversen Buchprojekten erscheinen in dieser Reihe auch Poster von Thomas Ruhl, die als Wandgestaltung und Information dienen. Passend zum Claim: Edition Port Culinaire - Buchkunst und gute Bilder.

Fische, Trüffel und Sterneköche

„Die See - Das Culinarium der Meeresfische" war im Oktober 2005 das erste Buch, das in der Edition Port Culinaire erschien. Anders als bei normalen Fisch-Kochbüchern, liegt hier ein besonderer Schwerpunkt auf Warenkunde und Hintergrundinformationen. Der Leser wird umfassend informiert und mit spannenden Reportagen in die Welt der Fische und der Fischer entführt. „Die See" informiert ganzheitlich über das Culinarium der Meeresfische und geht damit weit über den Anspruch eines Kochbuches hinaus. Wie richtig dieser Anspruch an Leser und Bücher ist, zeigen die vielen nationalen und internationalen Preise, die „Die See" bisher erhalten konnte. Zuletzt wurde das Buch im Mai 2006 in Kuala Lumpur mit dem begehrten Gourmand World Cookbook Award „Best of the World" ausgezeichnet. Natürlich sind nicht zuletzt auch die guten Verkaufzahlen ein wichtiges Maß für den Erfolg. Mit diesem Buch haben die Ruhl-Studios ihre langjährige Arbeit auf ein neues Niveau gehoben.

Weitere Bücher der Edition Port Culinaire sind „Die Philosophie der großen Küche" dass in Zusammenarbeit mit Jean-Claude Bourgueil als Neuauflage des lange vergriffenen Klassikers entstand.

Jean-Claude Bourgueil zeigt sich hier als Philosoph der deutschen Gourmetküche. In diesem Buch, mit über 80 hervorragend fotografierten Drei-Sterne-Gerichten und faszinierenden Geschichten aus seinem Leben, gewährt der Meisterkoch Einblicke in seine Arbeit, wie sie der Leser sicher nur selten bekommt.

Mit „Einfach und genial - Rezepte aus der Kochschule des Meisters" liegt die komplett neu überarbeitete Auflage des preisgekrönten Werkes von Dieter Müller vor. Zusammen mit Thomas Ruhl, der auch dieses Buch faszinierend fotografierte und seinem Küchenchef Nils Henkel, ist es Dieter Müller gelungen, den Zauber seiner Drei-Sterne-Küche und seiner Kochschule in einem beeindruckenden Buch festzuhalten. Ein Buch für alle Müller-Fans und solche, die es werden wollen.

Im August 2006 erschien mit „Trüffel und andere Edelpilze" ein Buch, das Thomas Ruhl mit Deutschlands Top-Gourmet-Lieferanten Ralf Bos gestaltet hat. Fesselnde Reportagen und Reiseberichte aus den Trüffelregionen der Welt, viel Wissenswertes und Interessantes rund um das Thema Trüffel und natürlich viele hochklassige Rezepte mit den „Diamanten der Küche" werden dieses Buch sicher schnell zu dem Standardwerk für Trüffelliebhaber machen.

Das aktuelle Buchprojekt beschäftigt sich mit guter deutscher Küche. Jean-Claude Bourgueil, Frankreichs Vertreter in der Riege der deutschen Star-Köche, stellt in dem Buch „typisch deutsch - Neues aus der klassischen regionalen Küche" seine Ideen und Interpretationen zu bekannten deutschen Gerichten und Produkten vor. Gerade die Außensicht, mit der sich Bourgueil dem Thema widmet, ermöglicht es ihm, die einfache Genialität vieler bekannter Rezepturen zu erkennen und umzusetzen. Erstklassige deutsche Gerichte von einem französischen Drei-Sterne-Koch, von Thomas Ruhl wunderschön illustriert. Ein Muss für jeden Freund deutscher Küche.

Sicherer Hafen in stürmischen Gewässern

Port Culinaire ist aber viel mehr als nur die Buchreihe, es ist ein anspruchsvolles, plattform- und medienübergreifendes Projekt, für Gourmets in Deutschland und Europa. Dazu gehört auch die Internetpräsenz **www.port-culinaire.de**. Neben den Büchern und Bildern der Edition Port Culinaire bieten hier nach strengen Qualitätskriterien ausgewählte Anbieter ihre Waren zum Verkauf an. Gerade Leser von Top-Gourmet Büchern stehen oft vor einem Beschaffungsproblem, wenn sie versuchen, die aufwändigen Rezepte zuhause nachzukochen. An dieser Stelle bietet port-culinaire.de Abhilfe. Vom handgeangelten Loup de Mer, bis zum Schwäbisch Hallischen Landschwein, von Deutsche See bis Bosfood findet der Gourmet hier alles, was sein Herz begehrt. Die Internetplattform stellt sich in der immer unüberschaubarer werdenden Angebotsflut als sicherer Hafen für Gourmets dar.

Port Culinaire - Warenkunde, tolle Produkte und Sterneküche, jetzt auch regelmäßig

Abgerundet wird alles durch das zur Buchmesse im Herbst erscheinende, Food Periodika „Port Culinaire". Mit diesem Schnittstellenprodukt zwischen Buch und Magazin wird gezielt die Lücke am oberen Ende des Marktes im Bereich der Premium-Zielgruppen besetzt und den Kunden höchste Qualität zu günstigem Preis geboten. Die Zweisprachigkeit, deutsch / englisch erweitert die Verkaufschancen erheblich. Gourmets, Hobby- und Profiköche werden hier vierteljährlich über neue Trends und Entwicklungen der internationalen Gourmetwelt informiert. Die Vernetzung des Magazins mit der Internetseite und den Büchern der Edition ist ein entscheidender Vorteil des Magazins, ein anderer ist die Zusammenarbeit mit den Paten des Port Culinaire. Dieter Müller, Nils Henkel, Ralf Bos, Evert Kornmayer und andere genießen in der deutschen Gastronomie-Szene hohes Ansehen und sind in der Reihe mit, zum Teil regelmäßigen, Kolumnen vertreten.

Thomas Ruhl

Für den Buchhandel bietet sich hier ein völlig neues Konzept. Umfang und Anmutung des Werkes entsprechen dem von hochklassigen kulinarischen Büchern. Auch die inhaltliche Gestaltung orientiert sich eher am Buch- als am Magazinmarkt. Mit Erscheinen des ersten Bandes beginnt der kontinuierliche Aufbau einer Port Culinaire Reihe. Ein Muss für jeden interessierten Gourmet.

Das System D
Kollektives Küchenwissen
sammeln und weitergeben

*Andrea Zaszczynski / Agentur für
Öffentlichkeitsarbeit Schott Relations GmbH
Bruni Thiemeyer / Leitung Buch, Matthaes Verlag*

Warum wagt sich der Matthaes Verlag an ein Kochbuch mit über 700 Rezepten heran, das als Rezeptanweisung einen Liter Traubenkernöl zum Frittieren empfiehlt? Warum dieser Luxus?

Schon seit ein paar Jahren gibt es diesen Boom an Kochbüchern mit den dazugehörigen Köchen, die gleichzeitig überall im Fernsehen auftreten. Doch, was wird in diesen Kochstudios eigentlich gemacht? Dort heißt es, „Hauptsache, es schmeckt", oder „Was ich mache, mache ich auf meine Art". Dabei wird Wert darauf gelegt, dass alle Gerichte schnell und einfach zubereitet werden können. Ein Trend, der einem Publikum entgegenkommt, das verlernt hat zu kochen. Dabei ist der Ansatz durchaus lobenswert. Besser etwas Einfaches selbst kochen, als im nächsten Supermarkt die Gefriertruhe anzusteuern.

Was ist aber mit denen, für die Kochen eine Kunst ist und die wahre Meisterschaft zu schätzen wissen? Die eben nicht nur schnell in der Küche etwas zusammenrühren wollen, sondern im Kochen eine Philosophie und eine Kultur sehen?
Bruni Thiemeyer, Leitung Buch, Matthaes Verlag, hat gerade ein Kochbuch herausgegeben, das diesem Bedürfnis entspricht. Das „Grand Livre de Cuisine" ist ein Meilenstein. Es wiegt über zwei Kilo und wer in den 700 Rezepten der modern interpretierten mediterranen Küche blättert, wird wieder etwas von dem Zauber spüren, den wahre Kunst und Leidenschaft bedeuten.

Sein Autor: Alain Ducasse, der einzige Koch weltweit, der „neun Sterne" unter seinem Namen vereint.

Wie kann man in einer Zeit der Multitasking-Küche („Hier ein bisschen Salz, da einen Plausch über den neuesten Promi-Skandal") ein Buch herausbringen, dass das Kochen so ernst und so wichtig nimmt? „Das geht", sagt Bruni Thiemeyer. „Denn dieses Buch ist ein Genuss! In einer Zeit sinkender Lebensmittelpreise und zunehmender Lebensmittelskandale bringt uns Alain Ducasse den Wert guten und gesunden Essens wieder. Den Geschmack hochwertiger Zutaten zu erhalten und dadurch die Authentizität der Gerichte neu zu entdecken, darin liegt die wahre Meisterschaft von Alain Ducasse. Und das ist in unserer heutigen Zeit ein Luxus!"

Und nicht nur das: Die kulinarische Enzyklopädie „Grand Livre de Cuisine" ist ein Ruhepol in der Küche der postmodernen Geschmacksverirrungen. Das Buch befriedigt eine Sehnsucht nach dem Ursprünglichen, das der moderne Mensch nur noch selten findet.

Ducasse möchte mit dem umfassenden Standardwerk sein Wissen und seine Erfahrung teilen. Das sei seine Verpflichtung gegenüber der jungen Generation. Vom Entwurf des Buches bis zum Erscheinen von „Grand Livre de Cuisine" habe es zwei Jahre intensiver Arbeit im Team mit Köchen, Gemüseproduzenten, Viehzüchtern, Fischern, Redakteuren und Graphikern gebraucht. Die Kochkunst sei ein historisch gewachsener Prozess. Das „Grand Livre de Cuisine" stütze sich auf die Erfahrung eines ganzen Lebens.

Mit der deutschen Erstausgabe leistet der Matthaes Verlag einen Beitrag, dieses „kollektive Küchenwissen" auch in Deutschland zu verbreiten.

Das System D

Gute Küche ist für Ducasse 60 % Zutaten und 40 % Technik. „Ein Steinbutt ohne Koch ist besser als ein Koch ohne Steinbutt". Exzellentes Kochen ist vor allem die Auswahl bester Zutaten. Wichtiger als Talent ist für Alain Ducasse die Frische und Qualität der Zutaten. So verwendet Ducasse auch einen Großteil seiner Zeit für die Auswahl der Zutaten in ganz Frankreich – wenn nicht gar in der ganzen Welt.

Exzellentes Kochen baut auf Erfahrung auf. Erfolgreich Kochen kann nur derjenige, der über alle Kenntnisse der traditionellen Kocharten verfügt. Und diese zu erwerben bedarf eines jahrelangen Lernprozesses.

Ein Restaurant ist in erster Linie ein Platz zum Essen. Die „Haute Cuisine" für alle zugänglich zu machen, ist eine der Visionen von Alain Ducasse. So teilt Ducasse auch sein Wissen mit Profiköchen und Amateuren. In seinen Büchern beschreibt er seine Entdeckungen, spezielle Techniken und seine favorisierten Rezepte und Gewürze.

Alain Ducasse

Ein gutes Essen muss dem Gast in Erinnerung bleiben. Kochen heißt Freiheit, Moderne und Offenheit, bei gleichzeitigem Respekt vor jeder Zutat und kulturellen Identitäten. So verdient auch jede Region ihre eigene Küche. Die Küche von Alain Ducasse ist weder künstlich noch eine Konzept-Küche. Ducasse spricht vielmehr von einer lebendigen Küche mit eigener Identität und Persönlichkeit.

Bücher sind zum Lesen da. Doch kann eine solche gewichtige Enzyklopädie ihre Leserschaft finden, die über einen Kreis von Liebhabern hinausgeht?

Im speziellen Fall der Kochbücher soll der Inhalt zudem zum Nachkochen anregen oder wenigstens den einen oder anderen passionierten Koch zu einem neuen Gericht inspirieren. Zwei Drittel der Deutschen kochen allerdings überhaupt nicht.

Doch hochwertige Kochkurse boomen. Mit Alain Ducasse kann der Genießer über die Melancholie des Seebarschs philosophieren, die Poesie des Frikassees vom Bresse-Huhn loben und noch ein Körnchen Fleur de Sel an den Mangold geben. Mit dem „Grand Livre de Cuisine" kann man in Gedanken kochen, so wie es der Meister Ducasse selbst auch macht. Die Gourmetküche hat Status, Köche haben Glamour und Manager performen bei Kochkursen hochdekorierter Köche in den Großstädten Deutschlands. „Kochen ist der heißeste Trend, der momentan abgeht", so formuliert es P. Diddy, einer der bekanntesten Rap-Musiker.

Und er hat Recht. Acht Wochen nach Erscheinen des Buches „Grand Livre de Cuisine" war es ausverkauft; die zweite Auflage gedruckt.

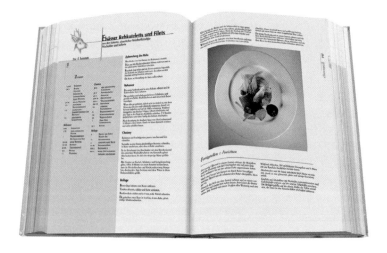

Wenn Bruni Thiemeyer zurückblickt, hat sie bei diesem Erfolg all die Anstrengungen, die zu der Entstehung des Buches geführt haben, schon fast vergessen. Einen qualifizierten Übersetzer für 280.000 Worte mit vielen Fachbegriffen zu finden, erwies sich anfangs als unüberwindbare Hürde. Nur ein einziges Übersetzungsbüro sah sich den Anforderungen gewachsen. Ganz zu schweigen von den Problemen mit den Rezepten. So waren einzelne Zutaten selbst mit intensiver Recherche in Deutschland nicht zu finden. Bestimmte Zutaten wie z.B. Butter haben in Frankreich eine andere Zusammensetzung, so dass die Zubereitungsarten modifiziert werden mussten, usw.
Der alphabetische Aufbau des Buches konnte nicht übernommen werden. Rückfragen beim lizenzgebenden Verlag ergaben, dass dieses Problem inzwischen bekannt sei und das Buch für den internationalen Markt umgestaltet und nach Gruppen aufgebaut würde. Für den Matthaes Verlag bedeutete das: 700 Rezepte mussten neu zugeordnet werden. Letztendlich konnten alle Probleme gelöst und das Buch gesetzt werden. Dann begann das Warten. Mit vier Wochen Verspätung erschien endlich „Grand Livre de Cuisine" und wurde zu einem überragenden Erfolg.

Der Matthaes Verlag freut sich jetzt auf die Produktion des zweiten Buches „Grand Livre de Cuisine – Desserts und Patisserie". Der Vertrag ist bereits unterschrieben. Das Buch erscheint 2007.

Die neue Art des Schmeckens... und noch ein paar neue Dinge.

Jürgen Dollase / Buchautor, Restaurantkritiker und Geschmacksexperte

In Sachen internationaler Küchenmoderne hält sich der deutsche Buchmarkt im Grunde ziemlich zurück. Mit Hilfe eines Begriffs von Alain Ducasse könnte man sagen, er ist nicht „in Phase mit seiner Zeit". Bis heute werden Bücher von Olivier Roellinger oder Pierre Gagnaire nicht übersetzt, bei Veyrat kümmert man sich um die Landküche, nicht aber um seine zeitgenössischen Kreationen, und ein Großteil der Kreativen aus Spanien, den USA oder auch aus dem asiatischen Raum wird kaum je ein Leser bei uns irgendwo in einem Buch wiederfinden. Mit dem Tod von Bruno Hausch („Culinary Chronicle") ist auch noch das letzte Objekt in Buchform verschwunden, in dem wenigstens immer wieder Bilder und Rezepte aus aller Welt zusammengetragen wurden.

Aber es geht nicht nur um Bücher, die erscheinen oder nicht erscheinen, sondern um veränderte Inhalte der Kochkunst und ihrer Rezeption. Wir leben längst in einer Zeit der Exploration, in der in kurzen Abständen an allen möglichen Orten der Welt immer wieder kulinarische Neuigkeiten erscheinen. Deren Bewertung und Einordnung mag ausfallen, wie sie will: was bleibt, ist eine völlig veränderte Struktur des Interesses an der Kochkunst. Die Zeit ist vorbei, in der man jede Küche sofort in ein Wertungssystem pressen konnte, das sich aus der klassisch-französischen Hochküche bis in die Jetztzeit gerettet hat. Es entsteht vielmehr weltweit ein genuines Interesse an der Kochkunst und ihren mittlerweile extrem unterschiedlichen Ausprägungen. Dabei ist die Avantgarde in der Kochkunst – so merkwürdig das klingen mag – dem Menschen eigentlich viel näher gekommen, als dies bei der klassischen Kochkunst jemals der Fall war. Die Klassik verlangt Nachvollzug und Expertenwissen, zum Beispiel davon, wann denn nun eine Foie gras richtig gegart ist und wie die Produktqualität des an der Gräte gebratenen Steinbutts zu bewerten ist. Wer das nicht schätzen kann oder versteht, fällt sozusagen hinten vom Wagen. Heute nun ist abzusehen, dass bei Beibehaltung dieses Kurses demnächst auf diesem Wagen noch weniger Leute sitzen werden. Die Küchenmoderne dagegen ist eine Küche, die die aktive Mitwirkung des Essers braucht. Die „Entdeckung" der Sensorik für die Küche ist nicht zuletzt die Entdeckung der aktiven Mitwirkung des Essers am Zustandekommen des kulinarischen Ereignisses. Die Moderne braucht nicht Nachvollzug, sondern den „mündigen", intelligenten Gourmet, der wesentlich aktiver und komplexer wahrnimmt und ein wesentlich intensiveres Verhältnis zu seiner Rolle in diesem Prozess entwickelt hat. Hat der Buchmarkt darauf eine Antwort?

An dieser Stelle setzt meine „Geschmacksschule" und die „Kulinarische Intelligenz" an.
Die „Geschmacksschule" setzt ganz nah da an, wo der Mensch dem essbaren Objekt gegenübersteht. Was dort passiert, wie es bedingt ist und welche Perspektiven es hat, ist der Inhalt des Buches. Dabei spielt eine entscheidende Rolle, dass die „alten" Unterteilungen der geschmacklichen Wahrnehmung in süß, sauer, bitter usw. durch den Bereich der Sensorik ergänzt werden. Es entsteht das Bild und der Begriff einer geschmacklichen Wahrnehmung, die wesentlich komplexer ist, als dies bisher gesehen wurde, und die dadurch ein wesentlich intensiveres Genießen möglich macht. Die von mir verwandte grafische Darstellung komplexer Geschmacksverläufe ist erstmals in der Lage, konkret darzustellen, was sich beim Essen in unserem Mund abspielt. Durch diese Konkretisierung bekommt der Geschmack eine Sprache, durch eine Sprache wird er vermittelbar und viel besser nachvollziehbar. Es war mein Ziel, mit der

Die neue Art des Schmeckens...

Fotocredit: Peter Schulte für Tre Torri / Geschmacksschule

Geschmacksschule den Anschluss der Rezeption an die Entwicklungen in der Kochkunst zu schaffen bzw. das Verhältnis stark zu verbessern.

Die Wirkung der „Geschmacksschule" ist zu meiner großen Freude nicht nur bei den Konsumenten, sondern auch bei den Profis sehr gut. Man hat offensichtlich erkannt, dass die ausgeweitete Darstellung von Geschmacksverläufen mit Grafik und teilweise sehr ausführlichen Degustationsnotizen nicht nur ein Instrument zur Vertiefung und zu verändertem Erleben ist, sondern auch zur Analyse. Die Reaktion von Ferran Adrià zum Beispiel war zuerst eine geradezu erstarrte Überraschung, dann die sehr schnelle Erkenntnis, dass hier auch seine Küche auf einmal zugänglicher erklärt werden kann, dann der Vorschlag, in Sachen Theorie in Zukunft enger zusammenzuarbeiten. Natürlich freue ich mich über solche Entwicklungen sehr. Aber ich freue mich auch darüber, wenn jemand für sich entdeckt hat, wie denn die Wirkung von einigen Körnern Fleur de Sel am „richtigen" Platz und in der „richtigen" Dosierung ist.

In der „Geschmacksschule" geht es um eine neue Art des Schmeckens, in der „Kulinarischen Intelligenz" wird dazu der Zusammenhang hergestellt. Das kulinarische Thema der Zeit ist in meinen Augen Ausweitung und Intensivierung - ganz egal, ob irgendwo immer noch die Meinung vertreten wird, man müsse noch ein weiteres Kochbuch von noch einem Koch herausbringen, der auch nicht viel anders kocht als seine Kollegen es schon seit Jahrzehnten tun, ganz egal auch, ob das siebhundertfünfzigste Buch herausgebracht wird, in dem wieder einmal jemand behauptet, alles gehe noch viel einfacher. Aus meiner Sicht sollte sich der kulinarische Buchmarkt allerdings der Entwicklung von Rückgrat und Substanz nicht in dem Maße verweigern, wie er das weithin tut. Natürlich brauchen alle Verlage ihre Umsatzbringer, aber man läuft erkennbar Gefahr, nichts in der Hand zu haben, wenn die öffentliche Diskussion rund um das Essen einmal etwas mehr in Richtung von Substanz geht.

Im Hintergrund meiner Bemühungen steht vor allem der Aufbau kulinarischer Kompetenz im weitesten Sinne, also von der Kompetenz in der Wahrnehmung und der Ausweitung von Genuss und Erlebnischarakter beim Essen, bis hin zu einer neuen Art kulinarischen Verhaltens in der Gesellschaft (wie es in der „Kulinarischen Intelligenz" unter anderem beschrieben wird). Vor einiger Zeit habe ich das in der FAZ schon einmal den „kulinarischen Umbau der Gesellschaft" genannt. Die positive Veränderung unseres Verhaltens in diesem für das tägliche Leben wie für die Gesamtkultur so wichtigen Bereich würde erhebliche Auswirkungen haben. Sollten die kulinarischen Bücher da nicht etwas konkreter mitwirken, statt sich zum Spielball von Entwicklungen zu machen, auf die sie keinen Einfluss haben?

Beim Tre Torri Verlag habe ich die Möglichkeit bekommen, Programme vorzustellen und zu diskutieren, die einige Jahre vorgreifen. Alle Publikationen sollen vor allem in einem inhaltlichen Zusammenhang stehen, dessen Ziele eben jene Ausweitung und Intensivierung sind. Es ist also logisch, dass in diesem Herbst die ersten Bände meiner „Kochuniversität" erscheinen (Tomate, Schwein, Pasta). Auch die „Kochuniversität" geht andere Wege. Hier geht es nicht um die ewige kulinarische Lebenslüge vom „noch simpleren" Kochen, sondern um präzise Erläuterungen in einem bisher noch nicht da gewesenen Ausmaß. Was ebenfalls völlig neu ist, ist ein Stufensystem, das in sieben Stufen innerhalb jedes Bandes bei einfachsten Rezepturen für völlige Laien ansetzt und bei anspruchsvollen Gerichten endet. Auch hinter der „Kochuniversität" steht ein klares Konzept, das unter anderem etwas mit einer Stufentheorie des Kochens zu tun hat, die ich vor einiger Zeit in der FAZ vorgestellt habe. Deren Konkretisierung bedeutet für den Band I (Tomate) zum Beispiel, dass man sich auf der ersten Stufe mit Assemblagen kalter und unbearbeiteter Elemente (z.B. Tomatensalate) befasst. Weiter geht es mit einfachen Garungen und warmen Verwendungen (z.B. Ofentomaten). Die dritte Stufe behandelt Würzungen und Aromatisierung warm/kalt, wie zum Beispiel Tomatensaucen oder Tomatensäfte. Komplexe Garungen und komplexe Aromen in typischen Verwendungen folgen auf Stufe vier (z.B. eine klassische, ungebundene Tomatensuppe). Die Moderne zeigt ihre ersten Spuren auf Stufe fünf, wo es um Transformationen/veränderte Aggregatzustände geht (vom Trocknen über Gelees bis zu Schäumen/Air). Die sechste Stufe ist kreativen Ansätzen gewidmet (wie zum Beispiel ungewöhnlichen Gewürzvarianten oder den Dessert-Tomaten wie bei Alain Passard). High End sind auf Stufe sieben Dinge wie eine komplexe Tomatenvariation oder ein Tomatencocktail mit verschieden strukturierten Gelees und Schäumen. All das wird – ebenfalls eine Neuerung – wie in der Geschmacksschule begonnen, unter anderem auch differenziert sensorisch besprochen. Hier also geht es nicht mehr allein um das Nachkochen der rund 50 Rezepte rund um die Tomate, sondern um das Kochen lernen am Objekt Tomate. Während man in vielen angeblich so hilfreichen Kochbüchern kaum je eine Erläuterung findet, ist hier buchstäblich alles und jedes präzise erläutert. Nur wer das Kochen wirklich versteht, wird zu guten Kochleistungen kommen und vor allem zu einer neuen Unabhängigkeit gelangen. Kulinarische Kompetenz steht letztlich gegen industrielle Vermassung und mediale Simplifizierung. Sie kann uns alle vorwärts bringen.

Die Welt der Kochbucheinbände

Edouard Cointreau / Präsident,
Gourmand World Cookbook Awards
(Übersetzt von E. Kornmayer)

Das Bild, welches man sich von einem Kochbuch macht und in Erinnerung behält, ist meist stark mit seinem Einband verbunden. Man geht davon aus, dass das Front-Cover (der Einband) die Kaufentscheidung für diesen Titel bis zu 40% beeinflusst. Ich habe hunderte der vergangenen Preisträger unserer 53 nationalen und internationalen Wettbewerbe des „Gourmand World Cookbook Awards" studiert, um Gemeinsamkeiten von Regeln und Trends bei der Gestaltung von Kochbucheinbänden zu ergründen.

Cover / Einband
- Bei 83% der Bucheinbände werden Fotos verwendet.
- Darauf entfallen auf Fotos von Speisen und Rezepten 70%. Portraits findet man nur bei 13% der Bucheinbände.
- Titel von Köchen bilden zu 32% Männer und nur zu 15% Köchinnen ab.
- Den Einband für Bücher von Koch-TV-Shows ziert zu 70% ein Portrait.
- Die dominierenden Farben auf den Einbänden sind rot mit 43%, blau mit 18,5% und grün mit 11%.
- Nur bei 8% ist der Name des Autors größer geschrieben als der Buchtitel.
- Die Fotografen werden lediglich bei 5% aller Titel auf der Vorderseite des Einbands genannt.
- 57% der Kochbücher haben einen Titel aus 3 oder weniger Worten. Einige führen einen Untertitel.
- Mit 61% nennt die Mehrheit der Verlage ihren Namen auf dem Einband, wohingegen 39% darauf verzichten.

Portraits und Speisen

Ein Koch ziert etwa jeden dritten Einband von Titeln von männlichen Köchen und Chefköchen. Portraitfotos von Kochbuchautoren, die keine Ausbildung in einer Küche absolviert haben zieren lediglich zu 13% die Einbände. Rezeptfotos auf den Kochbuch-Covern bilden mit mehr als 70% die große Mehrheit. Kreative Grafiken oder abstrakte Einbände, die auf Portaitfotos sowie auf Bilder von Speisen verzichten, sind mit weniger als 17% in der Minderheit.

Köchinnen sind zurückhaltender oder weniger eitel als ihre männlichen Kollegen. Im Vergleich zu ihnen „landen" sie in weniger als der Hälfte der Bücher auf dem Einband.

Die Titel mit Portaitfotos, welche sich am besten verkaufen, sind jene aus den Koch-TV-Shows. Mehr als 2/3 aller Einbände dieses Genres ziert ein Portrait.

Fotos oder illustrierte Einbände

Fotos werden zu 83% bei der Gestaltung von Bucheinbänden verwendet. Den gesamten Einband prägt ein Foto bei 68% aller Titel. In 15% der Fälle bedeckt das Foto teilweise den Einband und lediglich zu 17% wird auf ein Foto gänzlich verzichtet.
Dies zeigt, wie sehr die Herausgeber darauf Wert legen, dass potentiellen Käufer ihrer Titel durch die Fotos sofort erkennen, was sie im Buch erwartet. Die Wahl des oder der Fotos auf dem Einband ist sehr wichtig geworden. Dabei überrascht es, dass der Autor des Buches nur in den seltensten Fällen Einfluss auf die Gestaltung des Bucheinbands hat.

Die Farben

In verschiedenen Kulturen haben Farben eine unterschiedliche Bedeutung. Die Einbände von Kochbüchern sind derart gestaltet, dass sie schnell in das Auge des Betrachters fallen. Das Essen sieht dabei stets frisch und gesund aus. Die Farbe rot dominiert den Farbfächer für Kochbücher mit 43%. Auf dem zweiten Platz der von den Verlagen bevorzugten Farben für den Einband ist blau mit 18,5%, gefolgt von grün mit 11%. Schwarz werden 8% der Titel eingebunden und weiß lediglich 6%. Die verbleibenden 12,5 % verteilen sich auf die restlichen Farben.

Die Autoren

In 92% der Fälle wird der Name des Autors kleiner geschrieben als der Titel des Kochbuches. Wenn der Name des Autors der wichtigste Faktor beim Verkauf des Buches ist, wird er natürlich etwas größer geschrieben. Beispiele hierfür sind Sara La Fountain in Finnland, Tina Nordstrom in Schweden, Neil Perry and Donna Hay in Australien, Gudrun Landgrebe in Deutschland, Paul Bocuse und Poilane in Frankreich, Harumi Kurihara in Japan, Ruth Reichl in den Vereinigten Staaten, etc.

Die Fotografen

Mit etwa 5% werden die Fotografen äußerst selten auf der Vorderseite der Einbände genannt. Es sind Star-Fotografen wie Tony Le Duc aus Belgien, Joerg Lehmann und Thomas Ruhl aus Deutschland, Per-Erik Berglund aus Schweden, Thomas Duval aus Frankreich. Wie dem auch sei, Fotografen werden immer wichtiger und mittlerweile ist das Honorar für sie in vielen Fällen höher als das der Buchautoren.

Diese bisherige zögerliche Zurückhaltung in der Nennung der Fotografen wird von Seiten der Verlage damit begründet, dass die Namen der Fotografen bei den meisten Käufern unbekannt sind. Es ist zu erwarten, dass viele Fotografen in der Zukunft ihre Verträge um den Passus erweitern werden, einen verbrieften Anspruch auf Nennung neben dem Autor auf dem Bucheinband zu haben.

Autoren von Vorwörtern

Die Namen von Autoren von Vor- und Grußworten findet man nur selten auf der Vorderseite eines Kochbucheinbands. Eine Ausnahme ist, wenn der Name hilft, das Buch zu verkaufen. 2005 war das der Fall bei Alain Ducasse mit einem Vorwort in "Asian Tapas" von Christophe Megel aus Singapore, Paul Bocuse in "My Vue" von Shannon Bennett aus Australien, Jamie Oliver in "The Dinner Lady" von Jeanette Otrey oder Claudia Roden in "Sufi Cuisine" von Nevin Halici aus Grossbritanien sowie Jacques Pepin in "Seasonal Southwest Cooking" von Barbara Pool Fenzl aus den Vereinigten Staaten.

Die Kochbuchtitel

Es gibt viele Möglichkeiten für den Titel eines Kochbuch. Manche lieben es kurz und ohne Untertitel. Dies soll dem Käufer erleichtern, sich zu erinnern, welches Buch er sich vorgenommen hatte zu kaufen. Andere Bücher haben kurze Titel und lange Untertitel. Und einige haben lange Titel mit langen Untertiteln, so dass diese viel vom Inhalt erzählen, um den potenziellen Käufer zu überzeugen.

Unter den Titeln der Gewinner des Gourmand Cookbook Awards verteilt sich die Verwendung von Worten wie folgt:

Titel
1 Wort	13%
2 Worte	19%
3 Worte	28%
4 Worte	18%
5 Worte	12%
mehr als 5 Worte	10%

Untertitel
kein Untertitel	57%
1 bis 5 Worte	21%
mehr als 5 Worte	22%

Die geringe Anzahl von 1 bis 3 Worten in den Kochbuchtiteln ist mit 57% in der Mehrheit. Nur sehr wenige Titel werden aus mehr als 5 Worten gebildet. Die meisten Kochbücher kommen ohne Untertitel aus und lediglich 22% benötigen mehr als 5 Worte. Ein Zusammenhang zwischen der Länge eines Kochbuchtitels und der Verwendung bzw. Nicht-Verwendung eines Untertitels konnte nicht festgestellt werden.

Die Verlagsnamen
Mit 61% lässt die Mehrheit der Verleger den Verlagsnamen auf den Einband, das Cover drucken. In 39% der Fälle verzichtet der Verlag darauf. Wie dem auch sei, ob Verlagsname oder Verlagslogo, nahezu alle Häuser wählen eine kleine und wenig dominante Art der Darstellung.

Schlussfolgerung
Ein Kochbucheinband ist immer eine schwierige Entscheidung. Design, Stil und Fotografie sind zunehmend wichtig für den Erfolg eines Kochbuches. Die Vielfältigkeit der Einbände offenbart die Bedeutung der kulturellen Unterschiede. Die Farben sind unterschiedlich zwischen Nord und Süd, Ost und West. Basierend auf der Statistik, zeigen sich auch grundlegende Cover-Gestaltungs-Trends in Punkto Verwendung kurzer Titel, dem Verzicht oder der Nennung von Fotografen und Verlagsnamen oder der Verwendung von Fotos oder abstrakten Designs.

Diese Zahlen bekommen einen Wert, wenn sie dazu beitragen, zukünftig die Entscheidungen im Gestaltungsprozess von Kochbucheinbänden zu erleichtern. Dabei ist es wünschenswert, wenn sie dazu führen, dass der Kochbuchmarkt viele unterschiedliche Designs bereichert wird, wenn nicht sogar sehr willkommen.

Wie wir lernten, die englische Küche zu lieben

Monika Schlitzer / Programmleiterin des Dorling Kindersley Verlags

Ein Kochbuchprogramm ausgerechnet mit englischen Köchen zu starten – das hat schon ein wenig Spott herausgefordert. Doch der ist nun verhallt, Jamie Oliver hat die Kochgewohnheiten auch hierzulande verändert. Kreativ kochen – jeder kann's.

Vom Glücksfall zur Strategie
Was lag also näher, als nach weiteren originellen Kochbuchautoren mit persönlichem Stil zu suchen – in England werden deren Werke als „celebrity cookbooks" bezeichnet (was übrigens nicht mit Sterne-Küche gleichzusetzen ist).

Im gut besetzten Kochbuchmarkt gab es viele Platzhirsche. Unsere Nische war ganz offensichtlich, passend zum Verlagsimage, die schön gestalteten Kochbücher englischer Kochstars. Was dem entgegenkam: London gilt wieder als Trendmetropole, wie in den sechziger Jahren, und als kulinarisch innovativste Stadt Europas. Man liest mit Erstaunen, dass zur Zeit 3 der 10 weltbesten Restaurants in Großbritannien liegen.
Die englische Küche hatte einen miserablen Ruf, der gehörte zum nationalen Image wie die roten Busse und die „politeness" – und wie jüngste Erfahrungen vom Schüleraustausch meines Neffen wieder zeigten: alles völlig zu Recht. Einerseits. Andererseits hat sich, zugegebenermaßen vor allem in London, vom Kontinent lange unbemerkt, in den letzten Jahren ein Kochstil entwickelt, der an Frische und Originalität seinesgleichen sucht. Das Wort „Foody" löste die Bezeichnung „Gourmet" ab. Und das englische Kochbuch boomt – auch bei uns. Und es hat in den letzten Jahren die Kochbuchlandschaft deutlich verändert.

Der neue Trend heißt „Fusion" und ist ganz und gar eklektisch: italienisch, thai, indisch, japanisch, arabisch, mit mehr oder weniger erkennbaren britischen Basics vermischt. Was lange Jahre die französische Küche, dann die italienische war, ist jetzt eine bunte Mischung, wie sie nur im Multi-Kulti-London entstehen konnte. Gerade weil die durchschnittliche einheimische Küche - zurecht - in Verruf geraten war und als langweilig, ungesund und geschmacklich wie optisch wenig attraktiv galt.

„Fusion" prägt die mittlere und gehobene Restaurant-Küche. Jamie Oliver hat diesen Trend in die Alltagsküche geholt und in weltweit verbreiteten Millionenauflagen seiner Bücher populär gemacht.

Die Klassiker

Aber die Trendwende in der englischen Küche hatte, vom Kontinent weitgehend ignoriert, schon lange vor Jamie begonnen. Wie jedes andere Land besitzt natürlich auch England seine Kochbuchklassiker(innen).

In den fünfziger Jahren hat Elisabeth David mit „Mediterranean Food" (1950), „French Country Cooking" (1951) und „French Provincial Cooking" (1960) die englische Küche für mediterrane Einflüsse geöffnet. Viele der Zutaten, die sie in ihren Rezepten beschrieb, waren zu der Zeit in England (wie im übrigen auch bei uns) weitgehend unbekannt. Im Laufe der folgenden 10 Jahre gab's, nicht zuletzt dank ihrer Bücher, Olivenöl, Pasta, Zucchini und Auberginen zu kaufen. Es wäre eine eigene Untersuchung wert, wie Kochbücher das Lebensmittelangebot im Handel verändern. Elisabeth Davids Bücher haben in England hohe Auflagen erreicht und verkaufen sich, auch nach ihrem Tod 1992, noch sehr gut.

Delia Smith war die erste TV-Köchin, die mit ihrer Kochsendung Family Fare in der BBC in den siebziger Jahren die Grundlagen der feinen Küche beibrachte. Sie erfand damit das Genre „Fernsehkochkurs mit Begleitbuch". In ihrer Fernsehserie „How to Cook", die 1998 in der BBC startete, zeigte sie – mit großem Erfolg – vor allem schnelle, unkomplizierte Rezepte. Mit mehr als 18 Mio. ver-

Wie wir lernten, die englische Küche zu lieben

Jamie Oliver

© *David Loftus 2006*

kauften Bücher hält sie den Rekord als bestverkaufte Kochbuch-Autorin Englands. Der Ausdruck „doing a Delia" ist dort allgemein gebräuchlich für: ein Delia-Smith-Rezept kochen.

Mary Berry ist der dritte „household name", wenn es in England ums Kochen geht. Sie steht für gesunde, alltagstaugliche, solide Familienküche, die durchaus internationale Einflüsse einbezieht, vor allem französische, wie es in den siebziger Jahren allgemein üblich war. Ihre Kochbücher verkauften sich insgesamt über 5 Mio. mal und gelten als Klassiker. Auch sie ist durch das Fernsehen populär geworden.

Soweit die klassische, auch hierzulande praktizierte „Man-nehme-Küche".
Doch Ende der neunziger Jahre beginnt etwas völlig Neues in der englischen Kochbuchwelt, das schnell auch im Ausland den Stil der Kochbücher, der Koch-Sendungen und auch den Kochstil selbst verändert. Der populärste Botschafter dieses neuen Stils ist der charismatische, mitreißende Jamie Oliver – doch er war nicht sein Erfinder.

Schluß mit „Man-nehme"
Nigel Slater heißt der Mann, der das Kochbuch revolutionierte. Er beschreibt in einem sehr persönlichen, erzählenden Stil eine neue

Art zu kochen, Lebensmittel einzukaufen, zu essen. Das macht schon beim Lesen solche Lust, dass man sich aus dem Sessel erhebt und zum Kühlschrank tappt, auf der Suche nach irgendwie brauchbaren „Zutaten". Sein Stil wird mit „simple and liberal" am besten auf den Punkt gebracht – er hat die geschmacklich anspruchsvolle Küche in der Zubereitungsweise vereinfacht und zum lustvollen Ge-

nießen, zum Ausprobieren ermutigt. Nigel Slater hat eine solide Ausbildung zum Koch absolviert, befreite dann zunächst sich selbst und dann seine Rezepte von den Zwängen der gehobenen Gastro-Küche. Er schrieb für die Marie Claire, den Observer und schließlich an seinem ersten Kochbuch „Real Fast Food", das 1993 erschien. Er wollte der Fast-Food-Unkultur etwas entgegensetzen mit Rezepten, die auch schnell gingen, aber weitaus gesünder waren und besser schmeckten. Kochen und Essen ist eben wesentlich mehr als „Ernährung": „Sie müssen nicht kochen – aber wenn Sie es nicht tun, bringen Sie sich um einen der größten Genüsse, die es gibt – jedenfalls in angezogenem Zustand".
Er ist davon überzeugt, dass jeder, der sich für Essen interessiert, auch kochen kann. Spaß am Ausprobieren und Variieren sind das Neue – er ermutigt seine Leser dabei, intuitiv vorzugehen. Er gibt keine Gebrauchsanweisungen, sondern Unterstützung und Anregung – darin immer von der Frage geleitet: „Wie kann man sich es einfach machen, ohne dass es jemand merkt" – und „Lernen Sie, Ihrem eigenen Geschmack zu vertrauen."
Diese Art zu kochen wurde gerade bei denen populär, die wenig Zeit haben, aber dennoch gut und gesund essen wollen – also der Generation der Vielbeschäftigten.

Nigel Slater ist eher Autor als Entertainer, er hält den Kontakt zu seinen zahlreichen Fans durch seine wöchentlich erscheinende Food-Kolumne im Observer.
Sein Kochbuch-Stil war Vorbild für die meisten populären Kochbuch-Stars ab Ende der neunziger Jahre. Seine völlig neue Art über das Kochen und Essen zu schreiben – eigentlich müsste man sagen: zu plaudern, macht seine Kochbücher zur unterhaltsamen Lektüre für „Foodies". Und er weckt eine – es mag übertrieben klingen – sinnliche, lustvolle Beziehung zu den Zutaten, zum Einkaufen, zu den Vorbereitungen. Zurecht gilt er als der beste Food-Autor und er kocht inzwischen fast ausschließlich im privaten Rahmen, weder in einem Restaurant noch im Fernsehen. Auf Deutsch gibt's inzwischen „Einfach gut essen" und „Einfach genießen".

Kochen als Therapie

Auch Nigella Lawson, die anders als Nigel Slater, ein Medienliebling ist, kam ebenfalls vom Journalismus zum Kochbuch. Ihre ersten Bücher „How to Eat", 1999 erschienen, und „How to be a Domestic Goddess", 2001, feierten ebenfalls das einfache gute Essen. Sie waren eine Art Rückbesinnung auf gute alte Küchentraditionen, doch sehr auf den britischen Markt bezogen. Die attraktive Nigella wurde augenblicklich zum Star, bekam eine Fernsehsendung und ihr Privatleben wurde Thema in den Lifestyle-Magazinen. Erst in den Büchern „Nigella Bites" (dt. „Leckerbissen") und „Forever Summer" (dt. „Verführung zum Kochen") war die Rezeptauswahl so, dass es sich auch international als Alltagskochbuch eignete. Nigellas Küche ist für ihre Üppigkeit und die besonders köstlichen Kuchen und Süßspeisen bekannt – das und ihre Vorliebe für orientalische Rezepte unterscheidet sie von den anderen Köchen. Für ihren Erfolg mindestens ebenso wichtig wie ihr Kochstil sind die, ihre Rezepte einleitenden und begleitenden, Texte. Für Nigella war und ist das Kochen eine Therapie, das ihr in schweren Krisen geholfen hat zu überleben. Dies ist durchaus auch Thema in den Büchern. In Großbritannien ist sie deshalb für viele Frauen ihrer Generation ein Vorbild.

Italien in London

Ein weiterer Kochstil, der die neue britische Küche stark geprägt hat, ist im River Cafe entstanden. Bereits in den achtziger Jahren starteten Rose Gray und Ruth Rogers an der Themse ihr River Cafe – ein hippes italienisches Restaurant, das sehr schnell Kultstatus erreichte, nicht zuletzt wegen seiner glamourösen Gäste. Das Erfolgsrezept war klar und kompromisslos: elitär in den Zutaten (sprich handverlesene regionale Produkte, die z.T. direkt von italienischen Produzenten geliefert werden), einfach-rustikal in der Zubereitungsweise, aber durchaus mit raffinierten Kombinationen: z.B. Risotto mit Steinpilzen, Salbei und Orangen, Wolfsbarsch mit Kartoffeln, Oliven, Kapern und Weißwein, Geflügel mit Quitten und Salbei – und köstlichste äußerst kalorienhaltige Schokoladenkuchen und Desserts.

Ihre Kochbücher sind ebenso „puristisch" wie ihr Kochstil. Die beiden Köchinnen sind zugleich Grafikerinnen und gestalten Layout und Cover häufig selbst: 1995 erschien „The River Cafe Cookbook", dann 1996 das „River Cafe Cookbook two". Auf Deutsch gibt es

Ruth Rogers und Rose Gray   © *Martyn Thompsen / Dorling Kindersley Verlag*

das „River Cafe Easy Kochbuch" und „Italienisch kochen. Neue Rezepte aus dem River Cafe". Auch Rose Gray und Ruth Rogers wurden übrigens bei einem breiten Publikum durch ihre Kochsendungen bekannt.

Das River Cafe spielt zudem auch eine wichtige Rolle als Talentschmiede. Hier lernten und kochten einige, die später zu den meist beachteten Köchen des Landes wurden: Hugh Fearnley-Whittingstall, Tom Kime sowie Sam und Sam Clark, die eines der originellsten Restaurants in London führen: das spanisch-maurische Moro im trendigen Londoner Osten. Und schließlich absolvierte Jamie Oliver hier seine frühen Lehrjahre und wurde – beim Drehen eines Weihnachtsspecials – von der Fernsehproduzentin Pat Llewellyn entdeckt.

Der Pop in der Küche
Mit Jamie Oliver hat der Pop, mit fast vierzig Jahren Verspätung, auch die Küche erreicht.

„The Naked Chef", die Fernsehserie und das dazugehörende Buch, startete 1999. Der Riesenerfolg – nicht nur in England, sondern in mehr als 30 Ländern der Welt von Südamerika bis Japan – liegt in seiner Person und in der genialen Verbindung aller oben erwähnten innovativen Trends: dem sehr persönlichen Schreibstil, dem einfachen No-nonsense-cooking – Kochen ohne Schnickschnack, oder wie er es nennt: „cookery stripped down to the bare essentials" (deswegen The Naked Chef), und den äußerst inspirierenden, für das englische Normalpublikum ebenso wie für alle Kochbuchkäufer im Ausland neuen, ungewöhnliche Kombinationen: die „Fusion"-Küche. Geringstmögliche Anstrengung – größtmögliche Wirkung. Damit erreicht er perfekt die jungen Großstädter. Kochen für Freunde: das gehörte zum Charakter seiner ersten Fernsehserien.

© *Dorling Kindersley Verlag*   *Monika Schlitzer und Jaimie Oliver*

Inzwischen hat Jamie Oliver neue Projekte begonnen, mit denen er versucht, britische Essgewohnheiten weiter zu verändern: eines davon widmet sich der Verbesserung der Schulküchen. Für seine positiven Wirkungen auf den britischen Lebensstil hat er von Queen Elizabeth sogar einen Orden bekommen.

Mit seinen mittlerweile sieben Kochbüchern ist er der erfolgreichste Kochbuchautor nach Delia Smith: mit weltweit über 5 Millionen verkauften Büchern und seinen Fernsehsendungen, die in diverse Sprachen synchronisiert wurden. Sicherlich hat kein Koch vor ihm so schnell so viele Nachahmer gefunden. Fast in allen Ländern, in denen seine Bücher verkauft werden, gibt es wenigstens einen (oder eine), der sich frech, sehr locker und mit einfach nachzukochenden aber raffinierten Rezepten zum Erfolg kocht.

Ein Wort zur Anpassung englischer Kochbücher an den deutschen Markt. Die ersten Kochbuchlizenzen kamen, wie man sich leicht denken kann, mit der bloßen Übersetzung nicht aus: es gab Zutaten, die es bei uns nicht gab – damit ist nicht nur an Newcastle Brown Ale gedacht, das wir für ein Schmorgericht durch ein entsprechend bayrisches Dunkelbier ersetzten (nach gewissenhafter Verkostung versteht sich), oder an verschiedene Fische, die bei uns nicht erhältlich sind und ersetzt werden mussten – in England sind zarte junge

Gemüse (die „baby"-Variante des Lauchs beispielsweise) beliebt, die ganz andere Garzeiten und weniger ausgeprägte Aromen haben. Allerdings ist in den letzten Jahren auffallend vieles auch bei uns angekommen, was in den neueren englischen Kochbüchern selbstverständlich verwendet wird, besonders deutlich ist das bei asiatischen oder ganz allgemein bei exotischen Zutaten.

Neueste Trends

Kochbücher sind keine reinen Rezeptsammlungen mehr, die eine einzige richtige Zubereitungweise vermitteln. Seit Nigel Slater vermitteln sie auch ein Lebensgefühl – jeder Autor auf seine sehr persönliche Weise. Allen gemeinsam jedoch ist, dass es um mehr als nur perfekte Küchentechnik geht: Essen ist Lebensfreude und es muss weder besonders aufwändig noch besonders teuer sein.

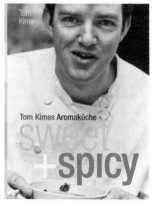

Tom Kimes Aromaküche

In den letzten fünf Jahren gab es so viele neue (Fernseh-)Köche wie nie zuvor. Tom Kime ist meines Erachtens eine der spannendsten Entdeckungen der letzten Zeit. Für seinen Erstling „Exploring Taste and Flavour" (dt. „Sweet + Spicy") hat er den Gourmand World Cookbook Award bekommen. Er hat ein Faible für die asiatische und südamerikanische Küche und erfindet raffinierte Geschmackskombinationen, die ungewöhnlich und aufregend sind – das hat vor ihm noch keiner gemacht. Und es gibt noch einige andere Köche zu entdecken.

Spurensuche

Andrea Rost / Frankfurter Rundschau

Ein österreichisches Kochbuch auf dem deutschen Buchmarkt zu entdecken, ist gar nicht so einfach. Selbst große Buchhandlungen sind da mehr schlecht als recht sortiert. Und Neuerscheinungen landen eher durch Zufall in den Regalen.

Da staunt die Österreicherin und die Wienerin wundert sich. Frohen Mutes betrete ich einen großen Buchladen in der Frankfurter Innenstadt. Fahre in den ersten Stock, dort wo der Wegweiser zu ebener Erde die Kochbuchabteilung ankündigt. Ich möchte ein österreichisches Kochbuch kaufen. Welches weiß ich noch nicht. Will mich mal umsehen, was es so Neues auf dem Markt gibt.

Auf einem Verkaufstisch stapelt sich bibliophil Kulinarisches. Bunt sind die neuen Kochbücher alle. Und international was das Zeug hält. „Die Welt in meiner Küche" gibt's zu kaufen, Rezepte aus Rom, New York und San Francisco, Japan- und Orientküche, ein schmales Bändchen über tibetische Küche und Koch-Anleitungen für sommerliche Grillpartys. Tim Mälzer, Alfons Schuhbeck und Jamie Oliver lachen von den Buchumschlägen. Sarah Wiener, deren Namen Omen ist, ebenso. Doch das Buch, das da vor mir liegt, ist der Mittelmeerküche gewidmet. Und Johann Lafers „Kochen für Freunde" hat auch nichts mit österreichischer Küche zu tun. Der gebürtige Steirer, der hinterm deutschen Herd Furore gemacht hat, verrät, wie man raffinierte Gerichte rasch zubereitet. Und gibt seine besten Rezepte aus der internationalen Welt der Kochkunst preis.

Mein Blick schweift über die Regale und bleibt an einem Schild hängen. „Länderküchen" steht darauf. Ich atme durch. Da werde ich doch wohl fündig werden. Doch leider weit gefehlt. Frankreich, Italien und Deutschland, Griechenland und die Türkei sind hier kulinarisch vertreten. Kein Laufmeter Kochbücher aus Österreich! Noch nicht einmal ein einziges schmales Bändchen.
Ich bin frustriert.

An der Information gibt's auch nicht viel Erhellendes. Welches Buch ich denn wolle, fragt mich die Dame hinterm Tresen freundlich. Wenn ich das wüsste. Ein österreichisches halt. „Was gibt's denn da so?"
„Oje, das wird schwer!" Mein Gegenüber zuckt bedauernd mit den Achseln. „Ich geb' mal die Stichwörter „Österreich" und „Küche" ein. Wenn Sie wollen, können Sie selbst in den Computer schauen…"

Ein Insider klärt mich tags darauf über die Hintergründe der österreichischen Kochbuchwüste in deutschen Buchhandlungen auf. „Die meisten Verlage, die in Österreich Kochbücher herausgeben, haben ein Vertriebsproblem. Sie sind klein und haben kaum Vertreter in Deutschland. Deshalb sind sie auch bei den großen Buchhandlungen nicht gelistet. Dabei gibt's so tolle Sachen auf dem österreichischen kulinarischen Buchmarkt…"

Wie wahr denk ich mir, und wie schön ist's doch in der Heimat. Da purzeln einem in den Buchhandlungen der Wiener Innenstadt die Gerers und Buchingers, die Plachuttas und Mörwalds nur so entgegen. Da stapeln sich auf den Verkaufstischen die Kochbücher mit steirischen Strudel- und burgenländischen Schmankerlrezepten, das österreichische Mehlspeiskochbuch und das Wirthauskochbuch, Franz Maier-Brucks „Vom Essen auf dem Lande", und das neue Sacher-Kochbuch, das Alexandra Gürtler und Christoph Wagner dem Wiener Traditionshotel zu Ehren in neuer Facon auf den Markt gebracht haben. Werner Matts „Erlesene Menüs" kann ich durchblättern und das Standard-Werk der Österreichischen Küche: das Franz-Ruhm-Kochbuch, mit seinen sage und schreibe 1000 Rezepten. Ohne Firlefanz und dafür mit ganz vielen Basics der wienerischen und österreichischen Küche, mit denen sich der eine oder andere Promikoch heute schon gar nicht mehr abgibt.

„Aber ich kann doch nicht 750 Kilometer nach Wien fahren, um zu erfahren, welche tollen neuen Kochbücher es in Österreich gibt", sagte mir neulich kopfschüttelnd ein austrophiler Hobbykoch in

Frankfurt. Nein, das kann man wirklich niemandem zumuten. Selbst bis nach Salzburg ist es viel zu weit.

Aber da gibt es zum Glück ja noch das Internet. Google und die Online-Buchversender, die – die österreichischen Kochbuchverlage und die deutschen Buchhändler mögen es mir verzeihen – in gewisser Hinsicht eben eher auf der Höhe der Zeit sind.
Da klickt man sich als Leser durch ein paar Menüpunkte und schon hat man eine Liste von nahezu 100 Kochbüchern auf dem Bildschirm, die irgendwas mit Österreich zu tun haben. Für Italien sind es grad mal doppelt so viel. Und für Frankreich auch nicht allzu viel mehr.

Geht doch, denke ich mir und verbringe einen ganzen langen Abend vorm PC auf der Suche nach neuen und alt bewährten österreichischen Kochbüchern, die ich auch in Deutschland käuflich erwerben kann. Die Liste, die ich für mich und meinen Hobbykochfreund zusammengestellt habe, ist lang. Fürs Appetitmachen mag erst mal ein Auszug genügen.

Die beiden Bücher der Brüder Karl und Rudolf Obauer aus dem salzburgischen Werfen zum Beispiel haben mir da in die Augen gestochen. Mehrfach hauben- und sternegekrönt ist ihr Restaurant zu Füßen der Burg Hohenwerfen. Als bestes in ganz Österreich wird es unter Fachleuten gehandelt. „Unsere österreichische Küche" und „Hemmungslos kochen" heißen ihre Rezeptsammlungen, die bodenständig sind und Gerichte der Region vorstellen: Kaspressknödel zum Beispiel oder Rindskotelett mit Kohlsprossengratin. „Die gute Küche", erschienen im Orac-Verlag und auch schon so etwas wie ein Standardwerk der österreichischen Kochkunst, zusammengestellt vom Wiener Haubenkoch Ewald Plachutta und Gastro-Kritiker Christoph Wagner ist immer noch im Ranking weit vorne. Manfred Buchingers Kochbuch „Alte Schule" entdecke ich wieder und den Klassiker „Wiener Süßspeisen", von Starpatissier Karl Schuhmacher im Rudolf Trauner Verlag herausgegeben. Auch Toni Mörwald, Anfang des Jahres von Koch des Jahrhunderts,

Eckart Witzigmann, in die Liga der 50 besten Chefküche aufgenommen hat ein Buch über die österreichische Mehlspeisküche geschrieben. Der Np-Buchverlag hat es herausgebracht. „Tafelspitz und Fledermaus – Die Wiener Rindfleischküche" heißt ein bliblophiler Kochbuchband aus dem Wiener Mandelbaumverlag Neugierig macht mich auch eine Neuerscheinung des Hubert Krenn-Verlags: „Noch mehr Haubenküche zum Beisl-Preis" heißt eine Sammlung von 5-Euro-Rezepten, die Österreichs beste Köche zusammengestellt haben. Eine kulinarische Entdeckungsreise durch Wien und seine internationale Küche soll demnächst im Neuen Umschau Verlag erscheinen. Und der Salzburger Residenzverlag kündigt zum 50-jährigen Bestehen des Bundes Österreichischer Gastlichkeit (BÖG) einen Reise- und Genussatlas an, der unter dem Titel „So kocht Österreich" Regionalrezepte aus allen neun österreichischen Bundesländern präsentiert. Dazu gibt's Geheimtipps aus Gastronomie und Landwirtschaft.

Unter dem Titel „Arlberg. Das Kochbuch zur Region" stellt schlussendlich der Wiesbadener Tre Torri Verlag Berge, Menschen und Gaumenfreuden aus Tirol und Vorarlberg vor. Texte und Bilder sind stimmungsvoll. Die Rezepte stammen vom Moser-Wirt in Sankt Anton, aus dem Flexenhäusl in Zürs oder von Johanna Moosbrugger, die im Bergschlössl kocht.

Mahlzeit!

Kochbüchlerisches Allerlei

Helmut Weber / Buchhändler und „Küchenfeder"

Was lehrt uns die WM? Über Bauch geht vieles, Kochbuch diesmal wohl nicht wirklich. Der Erfolgsschrei der Verlage, die sich auf das Thema „Kochbuch-WM" eingelassen hatten, blieb vernehmlich aus. Ein gutes Thema wie die WM und ein gutes Buch dazu sind keine Erfolgsgarantie. Die intelligenteste Idee hatte der Tre Torri Verlag; rechtzeitig verklammerte er sich mit der Deutschen Bahn. Diese bot in ihren wieder auferstandenen Speisewagen Gerichte aus dem Kochbuch „Kochen wie ein Weltmeister" an. Gratulation! Tolle Idee. Leider kam der Zug in keiner Buchhandlung wirklich an.

Womit wir in den Niederungen des Themenfeldes Kochbuch angelangt sind. Warum hatte der gute alte Gutenberg nicht als erstes Buch ein Kochbuch gedruckt? Schließlich war vor der Religion das Fressen. Mittlerweile, nach dem Kochbuchboom, über den wir im vorhergehenden Kulinarischen Report bereits schrieben, haben sich offensichtlich neue Interessen entwickelt. Geschmack – über diesen Begriff lässt sich freilich trefflich streiten. Jürgen Dollase hat's mitbekommen und ein Buch geschrieben (Geschmacksschule. Tre Torri Verlag). Mittlerweile hat er auch das Bändchen „Die kulinarische Intelligenz" veröffentlicht, in dem er seine Ansichten vertieft, erläutert und weiterentwickelt. Verdienst von Dollase ist, dass er ein überfälliges Thema losgetreten hat und dem Verlag ist es gelungen, Öffentlichkeit herzustellen. Bravo!

Befördern Auszeichnungen von Kochbüchern deren Absatz? Zweifellos formulieren die Veranstalter von Kochbuchwettbewerben ehrenwerte Ziele. Da soll der Verbraucher eine Orientierung beim Kauf eines Kochbuches erhalten; er soll sicher sein, Qualität nach Hause zu tragen und nach dem Essen fröhliche Gesichter am heimischen Esstisch vorzufinden. Welche Rolle spielen Auszeichnungen für den Sortimenter? Hilft ein GAD (Gastronomische Akademie

Deutschlands)- oder Gourmand-Aufkleber bei der Kundenberatung? Beeinflusst den Kunden ein derartiger Aufkleber? Entwickelt der Kunde bestimmte Erwartungen, wenn er auf einem Buch eine Prämierungsplakette wahrnimmt? Berechtigte Fragen, die einer Antwort harren. Der Autor wird diesem Problem weiterhin nachgehen.

Eine seltsame Rolle spielen die Medien in diesem Zusammenhang. Es gibt über die Kochbuchwettbewerbe fast keine Medienresonanz. Besonders befremdlich erscheint dem Autor, dass die führenden Magazine (wie Essen & Trinken, Feinschmecker, Vinum etc.) die Wettbewerbe regelrecht boykottieren. Schlachten andere Medien Events wie Bambi, Oscar oder Grammy hemmungslos aus, herrscht bei dieser Presse vornehmes Stillschweigen. Auch das Börsenblatt, das eigentlich positive Initiativen, auch wenn sie von außen kommen, aber dem Umsatz der Sortimente förderlich sind, unterstützen sollte, hüllt sich in peinliches Schweigen.

Ein besonders krasses Beispiel konnte man im letzten Jahr erleben. Michael Broadbent erhielt für sein Buch „Große Weine" die Auszeichnung „Goldene Feder". Diese Auszeichnung ist die höchste, die die GAD vergibt. In den fast 50 Jahren, in denen der Wettbewerb durchgeführt wurde, ist diese Auszeichnung ein gutes Dutzend mal vergeben worden. Weder dem Feinschmecker noch dem Börsenblatt war dieses Ereignis eine Notiz wert. Ebenso ging die Genuss-Presse mit der Meldung um, dass Thomas Ruhl für sein Buch „Die See" die internationale Auszeichnung „Gourmand Best Cook Book in the World". Aber wie soll auch etwas nachzulesen sein, wenn nicht ein einziger Journalist aus Deutschland anwesend war.

Das Deutsche Institut für Koch- und Lebenskunst zu Leipzig, erst kürzlich gegründet auf Initiative des ambitionierten und sachkundigen Frank Brunner, stellt jeden Monat das Kochbuch des Monats im FOCUS vor. In Planung ist Größeres; da kann man nur gutes Gelingen wünschen und hoffen, im nächsten Kulinarischen Report eine spannende Erfolgsmeldung zu lesen.

Kochbüchlerisches Allerlei

Benötigt der Weinfreund neben einem gut sortierten Weinkeller und einem belastbaren Korkenzieher auch ein Weinbuch? Scheinbar immer weniger. Zumindest wenn es um das Zweitweinbuch geht. Was bietet man einem Kunden an, der sagt: "Tja, den Priewe hab ich schon. Was gibt es denn sonst noch Schönes?" Da ist derzeit geschicktes Ausweichen angesagt. Gerne greift der Geniesser zu einem Krimi, der natürlich im Chianti, Bordeaux, Rioja oder Rheingau seine blutige Spur hinterlässt. Es dient der Entspannung und dem Genuss. An einen Wasser- oder Bierkrimi hat sich bisher niemand gewagt. Unspannende Getränke? Kakao, Kaffee und Tee haben Geschichte geschrieben und geprägt.

Überhaupt zeigen sich neue Kundeninteressen. Da ist beispielsweise Gero von Randows köstliche Ausschweifung „Genießen", ein Titel, der viele Leser gefunden hat. Oder Ulrich Fichtners „Tellergericht", eine Betrachtung über die Deutschen und das Essen. In diesem Herbst sind zwei weitere interessante Titel auf den Markt gekommen; da ist zum Einen das Buch „Leibspeise" von Kristian D. Jensen, ein Roman. Und, durch ein längeres Interview im SPIEGEL gut auf den Weg gebracht: Jean-Claude Kaufmanns „Kochende Leidenschaft". Anspruchsvoll und amüsant wie lehrreich und entspannend – da hat sich in aller Stille ein kleines, feines neues Genre gebildet.

Es gilt einen schmerzlichen Jahrestag zu notieren: sind doch nunmehr bereits fünf Jahre vergangen, seit die berühmte „101" letztmalig im Briefkasten steckte. 25 Jahre + ¼ kam regelmäßig Johann Willsbergers „Gourmet – Das internationale Magazin für gutes Essen" auf den Tisch. Nunmehr traut sich einer, den Traditionsfaden aufzugreifen und aktuell zu entwickeln. „Port Culinaire" heißt das jüngste Kind von Thomas Ruhl, Fotograf und bereits auch international ausgezeichneter Kochbuchautor und Herausgeber. Also gibt es doch Momente, wo wahrlich Freude aufkommt. Gutes Gelingen, Thomas!

Zur Lage des Kochbuchs in Berlin Mitte

Brit Lippold / Kochlust- die kulinarische Buchhandlung

Appell einer Kochbuchhändlerin - Wie sich die Kulinaristik in den letzten fünf Jahren entwickelt hat - Wie sie sich in der neuen, jungen, schicken und ein bisschen oberflächlichen Berliner Mitte (Ost) hält - Welche Lieblingsbücher wir Buchhändlerinnen haben - Wie unsere realen Kunden aussehen und wie wir uns unseren idealen Kunden vorstellen.

Kürzlich las ich in einer Berliner Stadtillustrierten einen Artikel über kleine, mehr oder weniger spezialisierte Buchhandlungen in der Stadt. Es wurden vier, fünf Läden porträtiert (z.B. für spanische Bücher oder Kinderbücher...) und natürlich auch die "Irren", die hinter solch einem Wagnis stehen. Unter anderem wurde von einem alteingesessenen "linken" Buchladen berichtet, der aufgrund einer negativen Geschäftsentwicklung in den letzten Jahren seinen Stammkunden einen offenen Brief geschrieben hatte. Darin rief er dazu auf, auch weiterhin und stärker noch als bisher dem Laden die Treue zu halten. Nur so könne ein politischer Laden auf dem harten Buchmarkt bestehen und nicht durch schöne und vor allem kluge Sonntagsreden und spannende Diskussionen.

Ha, dachte ich, gute Idee, aber leider für unsere Kundschaft nicht so ganz passend. An welches Gewissen sollten wir in einem Aufruf appellieren? Wenn man links ist, dann gehört man zu einer Bewegung, es gibt etwas Gemeinsames. Aber als Kochbuchkäufer oder Kochbuchkäuferin? Mit welchen Begründungen sollte ich sie aufrufen, ihre Kochbücher nun gerade in meinem Laden zu kaufen und nicht im großen und auch nicht gerade schlecht sortierten Buchkaufhaus? Kann ich Profis ebenso animieren und aufrufen wie Hobbyköche, Fotoversessene ebenso wie die Puristen, Sammler wie

Geschenkkäufer? Und dann habe ich mich entschieden, den von mir zugesagten Beitrag für den Kulinarischen Report des Deutschen Buchhandels 2006/2007 für einen solchen Aufruf zu nutzen. Und deshalb nun mein:

Appell an alle Kochbuchkäuferinnen und Kochbuchkäufer in Berlin!

Ich bekenne, als ich meinen kleinen Laden Kochlust im Jahr 2001 eröffnete, war ich weder ausgebildete Buchhändlerin, noch passionierte Kochbuchsammlerin und schon gar keine versierte oder perfekte Hobbyköchin. Ich war verliebt, ja vernarrt in diese charmante Idee, mit der Kombination zweier Geschäftszweige, dem des Kochbuchladens und der Kochschule, ein kleines kulinarisch-kulturelles Zentrum in Berlin zu erschaffen. Ich war überzeugt davon, dass meine Liebe groß genug und meine Intelligenz ausreichend sei, um dieses Unternehmen zu einem Guten zu machen. Ich bereitete mich so gut vor, wie es die Gegebenheiten zuließen. Ich lernte das grundlegende Handwerk des Buchhandels in einem kleinen Sortimentsbuchladen. Ich ließ mich von einem befreundeten Koch bei der Ein- und Ausrichtung der Kochschule beraten und ich besuchte einen Existenzgründerinnenkursus. Und ich war mir immer bewußt, dass es viele kompetente Menschen gab, die jeweils einen der beiden Bereiche weitaus perfekter hätten ausfüllen können als ich. Was mich stark und auch unverwechselbar machte war meine Besessenheit von der Verbindung beider Bereiche. Und von der Liebe und dem sinnlichen Begreifen eines solchen Ortes in meiner Heimatstadt Berlin.

Die Gründung meines Geschäfts Anfang 2001 hat dann in Berlin relativ viel Aufmerksamkeit erregt. Der Koch-Boom, Teil des von Soziologen, Journalisten und anderen Experten diagnostizierten Trends "Cokooning", kündigte sich sachte an. Ich hatte nicht nur eine wunderschöne Idee umgesetzt, sondern auch einen nun immer stärker werdenden Trend erahnt, ja eigentlich mit bewegt und entstehen lassen.

Zur kräftigen Welle wurde er nicht zuletzt durch Jamie Oliver und seine überaus erfolgreichen Bücher und Fernsehsendungen. Davon profitierte auch mein Laden. Ich hatte ihn genau zur richtigen Zeit eröffnet. Die Gegend, in der mein Laden liegt, anfangs von vielen mit Skepsis als zu weit ab vom "Schuß" beurteilt, war aus meiner Sicht nur scheinbar schwierig. Ich war überzugt davon, dass sich die etwas abseitige Lage schnell zu einer Toplage entwickeln wird. Aus heutiger Sicht war die Lage von Anfang an brilliant, denn wir konnten in der sehr zentral gelegenen aber von Geschäften eher dünn besiedelten Straße gut "leuchten". Sie hatte den Berliner Charme des etwas kaputten und unperfekten. Schnell konnte ich schwarze Zahlen schreiben und eine Mitarbeiterin einstellen. Die Verkaufszahlen der Jamie Oliver Bücher waren fast so etwas wie eine Sensation. Das Wachstum meines Geschäfts verlief bilderbuchmäßig. Sowohl die Buchhandlung als auch die Kochschule verzeichneten gute Wachstumszahlen.

Das war aber auch eine gute Zeit, um relativ geschützt lernen zu können, um sich thematisch nun kompetent und aufrichtig positionieren zu können und um selbstbewußt und gelassen allen Experten begegnen und ihnen eine eigene, auf Erfahrung und Überzeugungen beruhende Meinung entgegensetzen bzw. guten Gewissens einer Meinung sein zu können.
Doch irgendwann beruhigte sich die Situation. Irgendwann hatten auch alle anderen Buchhändler mitbekommen, dass Jamie Oliver gefragt ist.

Ich würde behaupten, der Boom ist vorüber, auch wenn nach wie vor jeder Fernsehsender seine Kochsendung hat. Unsere Umsätze sprechen eine andere Sprache. Die Zahlen sind nicht weitergestiegen, sondern sie stagnieren, ja gehen teilweise sogar zurück. Obwohl wir inzwischen viel kompetenter sind und jeder Kunde, jede Kundin, wenn er oder sie möchte, gut und gerne von uns beraten werden kann.
Ich weiß nicht, wie die Verlage die Entwicklung sehen. Sicher gibt es immer wieder einige Highlights, aber diese kurzzeitig vorhande-

ne breite Schicht von Kochbuchkäufern ist aus meiner Sicht nicht mehr vorhanden.
Und die Gegend, in der mein Laden am Anfang so kräftig leuchten konnte, ohne selbst Teil des Glamours zu sein, veränderte sich in den letzten 2 Jahre ziemlich stark. Um dies zu dokumentieren, lade ich Sie auf einen kurzen Spaziergang ein.

Kochlust- die kulinarische Buchhandlung und Kochschule liegt in Berlin Mitte. Viele Wege führen dorthin. Aber wenn Sie am S-Bahnhof "Hackescher Markt" aus der S-Bahn steigen und ersteinmal in Richtung Hackesche Höfe gehen, sind Sie auf dem richtigen Weg. Vorbei am Puma-Store, Starbucks-Coffee, den aufwendig restaurierten Rosen-Höfen, rechts in die Neue Schönhauser Straße. Und weiter gehts, vorbei an Görtz- und Trippen- Schuhen, Pepe-, Replay- und Miss Sixties Jeans. Auch Diesel, Gas, Boss, Adidas und andere haben sich hier in den letzten zwei Jahren mit perfekt gestylten und von angesagten Designern eingerichteten Stores niedergelassen. Unterbrochen wird die lange Reihe der Mode- und Schuhgeschäfte hier und da von Coffeeshops, Restaurants und Kosmetikläden und Friseuren. Sie suchen junges, gut aussehendes Verkaufspersonal und müssen auf junge schöne Kundschaft nicht lange warten. Und selbst wenn sie nun die Verlängerung der Neuen Schönhauser Straße betreten und auf der Alten Schönhauser flanieren, werden sie nicht enttäuscht. Es geht fast nahtlos weiter mit Geschäften namhafter Modedesigner und bekannter Marken.
Kochlust leuchtet nicht mehr, das ist schwer bei soviel Glamour rundherum. Nur wer den anderen Blick hat oder sich von der Glitterwelt erholen möchte, wird seine Schritte in die Kochlust lenken. Und deshalb ist die Lage des Kochbuchs in Berlin zwar irgendwie romantisch, aber davon wird ja keiner satt.

Es bedarf einer kleinen Wende, mögen sich alle Kochbuchenthusiastinnen und -enthusiasten Berlins und Umgebung in Zukunft häufiger bewußt entscheiden, in der Kochlust zu kaufen! Mögen Sie unsere Liebe zu Kochbüchern und zum Kochen und Backen mit uns und den anderen Kunden teilen! Mögen Sie unsere Idee eines kulturellen Zentrums aller Freunde des Kochens unterstützen! Bitte, kaufen Sie Bücher wo immer sie wollen, aber kaufen Sie Kochbücher in der Kochlust!

Natürlich möchte ich bei dieser Gelegenheit auch nochmal klar machen, welche Bücher wir weshalb mögen oder manchmal auch nicht mögen. Grundsätzlich betrachten wir jedes Kochbuch ganz unvoreingenommen und offen. Wir gehen davon aus, dass die Liebe zum Kochen, Backen, Essen oder Trinken darin zum Ausdruck kommt. Dass es Teil einer ganz bestimmten, meist lokalen oder regionalen Geschichte und Kultur wiederspiegelt. Dabei ist uns erst einmal schnuppe, ob es sich "nur" um Rezepte handelt, oder ob das Buch mit Zeichnungen oder Fotos illustriert wurde. Sie sind uns grundsätzlich alle gleich lieb.
Oft bestellen wir neue Kochbücher, ohne sie vorher in der Hand gehabt zu haben. Bei dieser Entscheidung helfen uns unsere Erfahrung, Namen, Themen, Nachfrage und auch die geschulten Verlagsvertreter. Aber ob wir das Buch mal lieben werden und ob wir es gut verkaufen werden, dass zeigt sich doch erst im Laufe der Zeit. Nur durch das Studieren, die haptischen Qualitäten, die Ausstrahlung und die Zusammenstellung der Rezepte oder Geschichten wird es aufgenommen in den Kreis unserer Lieblingsbücher.

Wir mögen die Bücher von Jamie Oliver, obwohl es ja schon fast etwas anrüchig scheint, wie perfekt dieser Meister der unkomplizierten und doch raffinierten Küche vermarktet wird. Aber er ist mit Leib und Seele dabei.
Genauso lieben wir die kleinen bibliophilen Kostbarkeiten des Potsdamer Vacat-Verlags, die sich der Kulturgeschichte der Früchte unserer Region, wie z.B. dem Apfel oder der Kirsche widmen.
Gerne verkaufen wir die Kochbücher von Marcella Hazan, Donna Hay, Johanna Maier, Alice Vollenweider, Marianne Kaltenbach, Lea Linster...(es mögen all diejenigen weiblichen Köche verzeihen, die wir in der Aufzählung vergessen haben), weil wir es mögen, wenn kochende Frauen vom heimischen Herd in die Öffentlichkeit treten.

Wir benötigen keine Fotos, um uns ein schmackhaftes Gericht oder einen duftenden Kuchen vorstellen zu können und finden deshalb Herrn Siebecks Versuch, seine Endprodukte ohne Show zu fotografieren, sehr sympatisch. Aber wir lassen uns auch gerne von raffinierten Foodfotografen verführen, ja, das gestehen wir.

Wir mögen die irgendwie bescheiden daherkommenden Gurus wie Oskar Marti und seine wilde Kräuterküche oder Harald Wohlfahrt, der scheinbar fast immer in seiner Küche steht, da nur so selten mal ein Buch von ihm erscheint oder Vincent Klink, dem Interlektuellen mit seiner Schrift "Häuptling eigener Herd".

Wir können uns genauso für die preiswerten Hefte von Zabert und Sandmann begeistern, wenn sie gut gemacht sind, wie für die Prachtbände des schweizerischen AT Verlags. Wir haben sehr gute Erfahrungen mit Teubner, GU, Hädecke, Heyne, Christian, Kaleidoskop und auch Tre Torri, Umschau, Bassermann und Droemer gemacht.

Schwerpunktthemen der letzten Zeit, wie z.B. die Küche Asiens mit ihrer unglaublichen Vielfalt oder wiederentdeckte alte Gemüse-, Obst- und Kräutersorten lassen sich auf sehr vielfältige Weise umsetzen. Und alle finden ihre Adressaten. Wir wünschten uns gerade bei der Länderküche weniger weiße Flecken in Lateinamerika. Hier könnte man manchmal denken, dass nur die Mexikaner kochen können. Auch die Küchen Europas selbst (z.B. Skandinavien oder Osteuropa) werden durch deutschsprachige Kochbücher wenig präsentiert. Selbst das Mutterland sowohl der feinen Küche als aber auch einer sehr differenzierten Regionalküche, Frankreich, scheint im Vergleich zu Italien stark unterrepräsentiert.

Und tja, natürlich gibt es auch Bücher, die bei uns einfach nicht "gehen". Wie z.B. die Aldi Kochbücher oder die Bücher vom XXL oder Unipart- Verlag. Auch bei Dr.Oetker bestellen wir nur ausgesuchte Themen, obwohl es hier ein umfangreiches Sortiment gibt. Aber wir wollen und müssen uns auch von Bahnhofs- oder Kaufhausbuchhandlungen abheben, in denen diese Bücher durchaus zu finden sind.

Abgesehen davon, dass in der vorangegangenen Aufzählung ganz sicher noch Namen und Themen fehlen, weil sie mir im Moment nicht eingefallen sind, fehlen sicher auch Bücher in der Aufzählung, weil sie mir noch nicht begegnet sind, weil ich sie noch nicht kenne.

Immer wieder wird mir das klar, wenn Kunden nach bestimmten Titeln fragen, von denen ich noch nie etwas gehört hatte. An dieser Stelle leite ich über zum Thema Kundin/Kunde über. Genauso wie wir viel über Koch- und Backbücher nachdenken - für uns oder im Austausch, laut oder leise, so ist auch dieses Thema immer wieder Gegenstand von Gedanken, Träumen, Meinungen und Gesprächen.
Es gibt natürlich verschiedene Gruppen von Kochbuchkäufern.
Es gibt die Profis, die Köche und Köchinnen, Patissiers und Patisseusen, die Bäckerinnen und Bäcker...
Leider haben wir davon deutlich zu wenige.
Entweder sie outen sich nicht oft als solche oder die Berliner Profis kaufen zu wenig Kochbücher, oder sie kaufen sie in anderen Läden (was ich vermute). Gerne würden wir jedes Buch für eine unserer wichtigsten Kundengruppen besorgen, gerne würden wir enger mit ihnen zusammenarbeiten.

Dann haben wir da die Gruppe der Sammler. Aus ganz unterschiedlichen Motivationen sammeln diese Menschen Kochbücher, sie lesen sie, wie andere Krimis, sie kochen danach oder auch nicht, sie archivieren sie, sie ordnen sie nach slbst erdachten Kriterien oder was auch immer. Die Motive sind so vielfältige wie die Menschen verschieden sind, die sie sammeln.

Es gibt die in den letzten Jahren gewachsene Gruppe der Hobbyköche. Je ernsthafter und intensiver sie ihr Hobby betreiben, umso häufiger muß ihre Sammlung von Kochbüchern erweitert werden. Ihre Ansprüche an die Bücher verändern sich und wachsen parallel zum Stand ihres eigenen Könnens.

Dann wären da noch diejenigen, die ein Koch- oder Backbuch für ein gutes Geschenk zur Hochzeit (nur schwer was passendes schönes zu finden), zum Geburtstag, zu Weihnachten oder aus anderen

Anlässen halten. Womit sie ja nicht ganz unrecht haben. Der Beratungsaufwand bei dieser Gruppe ist ziemlich hoch, aber fast immer macht es auch großen Spaß.

Überhaupt, das Gespräch mit unserer Kundschaft ist in den allermeisten Fällen unglaublich wohltuend und erhebend. Und am schönsten ist es natürlich, wenn ein Kundengespräch kein Dialog bleibt, sondern wenn sich noch andere Kunden auf angenehme, interessierte, respekt- und hingebungsvolle Weise in das Gespräch einbringen. Dann kann man schon mal drei oder vier schwärmende, lauschende, glückseelige, fröhliche und ihre Stifte zückende Menschen in der Kochlust antreffen.

Und, voila!, genau das ist für mich unser idealer Kunde, unsere ideale Kundin: die viel weiß, durchaus auch mehr als ich, die dies respektvoll und wohlwollend zum Ausdruck bringt und gleichzeitig offen ist für neue Anregungen und Meinungen. Ab und zu erleben wir diese Sternstunden. Ja, das finde ich schön.

„Meine Gewürze" oder wie das Ingo Holland-Kochbuch entstand

Ingo Holland / Gastronom und Gewürzmüller

Oh Gott,
jetzt ist mein Buch gerade mal seit einigen Wochen im Handel, die Blasen an den Fingern sind abgeheilt, der Kopf schmerzt nicht mehr und ich schaff es mal wieder, vor 4 Uhr morgens im Bett zu landen. Schon soll ich niederschreiben, wie es war, ein Buch zu schreiben, dieses Buch schreiben, mein allererstes Buch zu schreiben.
Es ist doch schon wieder so lange her, dass die ersten Gespräche statt gefunden haben.
Kontaktaufnahme, nannte man das. Wir haben viel gesprochen. Erst nur Ralf und ich.
Ralf Frenzel, der Verleger meines Buches und eigentlich schuld an der ganzen Geschichte.
Ich war oft auf ein Buch angesprochen worden. Zuerst von Gästen: „Herr Holland, wann schreiben Sie denn nun Ihr Buch?"
„Ich und ein Buch schreiben? Gibt doch schon genug, oder?"
Das war immer meine Aussage. Dann kam hie und da mal wieder ein Journalist und erinnerte mich an meine Bürgerpflicht, sagen wir meine „Köchepflicht", doch auch endlich ein Buch zu schreiben. Langsam behagte mir sogar der Gedanke. Ein Buch zu schreiben, das meinen Namen trägt. Wo groß drauf steht „Ingo Holland".
Aber was soll's. Wie gesagt, es gibt genug Bücher. Dann kam sogar ein Verleger, nein, eine Verlegerin. Sie wolle mit mir ein Buch machen. Na jetzt wird's ja interessant. Doch ein Buch machen. Aber irgend etwas passte nicht. Nein, eigentlich passte gar nichts. Weder Verdienst, Aufwand noch Chemie stimmten.
Ne, das muss nicht sein. Alles muss stimmen dachte ich mir. Wenn

Ingo Holland

Foto-Credit: Elisavet Patrikiou für Tre Torri/ Meine Gewürze

ich schon mal ein Buch mache, dann muss alles stimmen. Bevor ich ein Buch mache und alles, oder zumindest einen Teil meines Wissens weitergebe und keinen Spaß dabei habe, und unter uns gesagt nicht mal einen Pfifferling dabei verdiene, liege ich mich lieber auf meinem Sofa wund.

Also Arbeit hatte ich genug, so dass ich nicht gleich missmutig wurde.

Wieder ein Verleger, noch einer. Stets das selbe Gefühl. In mir keimte die Ahnung, dass so mancher uns Köche für einfältig halten könnte.

Es sprang kein Funke über. Na dann lassen wir das eben. Werde auch alt und grau ohne ein Buch geschrieben zu haben.

Aber manchmal ist das Schicksal doch ein Eichhörnchen.

Das Telefonklingeln nervte wie immer - bestimmt das x-te Mal an diesem Tag.

„Ingo, ein Herr Frenzel möchte Dich sprechen."

Mein Gott, der Ralf lebt ja auch noch.

Hatte lange nichts von ihm gehört. Damals vor 100 oder 200 Jahren hatte er mich ab und zu in der Ente bedient. Und auch ab und an einen zusammen getrunken.

Hoffentlich sucht der nicht auch einen Job. Aber weit gefehlt. Ich wusste zwar, dass Ralf da und dort sein Händchen drin hat, dass er für oder mit Biolek zusammenarbeitete. Aber da ich nur bedingt neugierig bin, wusste ich nichts genaues nicht.

Hallo Ralf, hallo Ingo, wie geht's bla bla?

„Ingo, ich hätte da eine Idee. Ich verlege doch Bücher und würde gerne ein Buch mit Dir machen. Und ich denke, wir müssten uns ganz dringend und zeitnah unterhalten."

Komisch, ich wusste sofort, jetzt isses soweit. Doch nix Sofa. Der lässt mich nicht liegen.

Da muss ich ran. Ich spürte die Kraft und Innovation, die von Ihm ausging. Dass er vor Ideen nur so sprüht. Das mag ich. Weil ich auch so bin. Ich denke, Ralfs Umfeld ist von ihm genauso genervt und gestresst von seinen Ideen und Einfällen wie mein Umfeld.

Na dann schaun wir mal. Das erste Treffen kam bald. Das erste Mal sehen nach langer Zeit.

Na wenigstens ähnlich ist er mir geworden. Also zumindest um die Taille. Aber das war ja nicht wichtig. Seine Vorschläge und Ideen zu Titel, Konzept und Aufmachung ließen mich oft lachen.
Nächstes Treffen. Der Kreis der Teilnehmer wurde größer. Die Gespräche konkreter.
Die Buchmesse kam. Große Veranstaltung für meinen zukünftigen Verlag.
„Ingo, komm doch abends mal vorbei. Da kannst Du alte Kollegen treffen und ich hab´ da ne' Fotografin, die könnte genau die Richtige für dieses Projekt sein."
Mein Gott, geht das alles schnell. Ist ja fast wie beim ersten Termin mit den Schwiegereltern. Der war mir auch unangenehm.
Der Abend ist da. Ein Gläschen Champagner: „Hallo Hans Stephan, grüß Dich Jörg." Ach Gott, der Martin Scharff ist ja auch da. Langsam wurde es angenehmer als bei den Schwiegereltern. Ja und dann nahm mich Ralf beiseite.
„Ingo, ich muss Dir jemanden vorstellen."
Hmmm? Also das war Sie. Jung, ausnehmend hübsch und schöne Augen. So jemand junges und hübsches soll fotografieren können??? Naja. Ralfs Wort in Gottes Ohr.
Sympathien hatte Sie schon gesammelt. Sie wissen schon. Jung, hübsch …
Aber dann, erst mal kein Wort vom Fotografieren. Musik. Mein Lieblingsthema.
Aber bald waren wir dort wo wir hinsollten. Das Buch natürlich. Ihr gefielen meine Ideen und die Vorstellungen die ich hatte. Es sollte nicht sein wie viele andere. Kein reines Bilderbuch.
Nich nur schön, glänzend und propper. Es sollte sein wie ich, und, es sollte eine Geschichte erzählen. Klasse, die verstehen alles, was ich meine, sie finden es sogar gut.
Na wenn das nichts wird.
Aber zum Glück war ja noch soviel Zeit. Von wegen. Der Herbst war schon da. Weihnachten stand vor der Tür. Zwei Geschäfte am Bein, die jeden Tag den Chef sehen möchten. Na ja.
Das wird schon.
Ende November. Mein schlechtes Gewissen brennt auf den Zehen.

„Meine Gewürze" oder wie das Ingo Holland-Kochbuch entstand

Noch nichts getan für das Erstlingswerk. Das Geschäft rollt. Zum Glück. Aber keine Zeile, kein Rezept geschrieben.
Heute fang ich an. Nach Feierabend geht's an den Rechner und ich schreib ein paar Rezepte.
Im Kopf ist ja alles. Eine Menge Infos, über Jahre gesammelt. Das muss jetzt raus da, über die Finger, in die Tastatur. Kein Problem. Ich sitze, konzentriere mich und …
schlafe ein.
Mein Gott, wie soll denn so das Buch etwas werden.
Weihnachtsfeiern, Weihnachten, Silvester. Die Zeit schießt vorbei. Nur noch eine Veranstaltung mit 150 Personen kochen, dann fang ich an.
Aber schon ist es passiert. Der erste erhobene Zeigefinger kommt. „Herr Holland, wie viele Rezepte haben Sie denn schon, die Sie uns zusenden können?" „Kein Problem, alles im laufen."
8. Januar. Jetzt sitze ich. Fenster zu. Tür zu. Telefon aus und Tango in den CD Player.
Die Anspannung fällt ab. Die ersten Zeilen der Rezepte kommen. Zu langsam.
Der Stress ist in mir, immer noch.
Es wird Nacht. 2 Rezepte fertig. 1 Uhr, 4 Rezepte fertig
4 Uhr, 8 Rezepte geschrieben.
Tag für Tag, schreiben, formulieren. In die Küche gehen, abwiegen, nachkochen. Rezept ändern. Es läuft gut, aber immer noch zu langsam. Ich eröffne Alan, meinem guten Freund und rechter Hand seit langen Jahren, dass wir wohl einige freie Tage nutzen müssen.
Kein Problem, auf ihn kann ich mich verlassen. Er kocht, was wir beide zusammen schon oft gekocht haben, wofür wir aber noch nie ein Rezept benötigten. Er schreibt die Mengen der Zutaten zusammen und ich bringe es mit meinem mir zur Verfügung stehenden Deutsch zu Papier oder besser zu PC. Ich würde lügen, würde ich behaupten, ich wüsste, wie viele Tage ich für die Rezepte brauchte. Zudem ich das eine Rezept fertig hatte und dann plötzlich bemerkte, dass es eigentlich gar nicht in mein Buch passte.
Also raus damit und neu. Trotz der freien Tage an denen ich schrieb, wurden die Nächte noch kürzer. Endlich. Die Rezepte, 54 an der

Zahl, waren fertig. 4 mehr als benötigt, falls doch noch das eine oder andere nicht passen sollte.

Endlich Ruhe. Das Telefon. In dieser Zeit hasste ich es noch ein wenig mehr als sonst. Überhaupt wenn ich auf dem Display eine Wiesbadener Vorwahl sehen konnte. Oh Gott, schon wieder was vergessen. Nochmal umschreiben. „Wie haben Sie das gemeint Herr Holland? Kann diese Menge stimmen?"

Warum hab ich mich nur darauf eingelassen?

Aber es kam noch besser, um nicht noch schlimmer zu sagen.

„Herr Holland, wann kommen denn die Texte, die Sie über die jeweiligen Gewürze schreiben?"

Wieso ich?

Hatte ich doch glatt vergessen, dass dies mein Buch werden sollte. Irgend jemand musste den Käufern dieses Buches ja das erklären, worum es eigentlich gehen sollte.

Könnte das nicht jemand anderes machen?

Jemand, der das auch alles weiß?

Meine Befürchtungen bewahrheiteten sich. Keiner wollte mir diesen Part abnehmen.

Mir schwante Übles. Dem Lektor zum Glück zu diesem Zeitpunkt noch nicht.

Ehrlich gesagt, Interpunktion ist für mich ein Reizthema. Für meinen Lektor seit geraumer Zeit sicherlich auch.

Aber Sie werden es nicht glauben. Es machte Spaß, alles was meinen Kopf ausfüllte zu Papier zu bringen. Das Erlebte, Gefühlte und Gerochene nieder zuschreiben. Ich hatte noch nie so einen Spaß am Schreiben. Meine Lehrer könnten ein Lied davon singen. Aber genau darum sollte es in meinem Buch gehen. Keine Werte, lateinische Namen. Sondern Geschichten wollte ich erzählen. Das macht Spaß. Das verspürte der Lektor auch. Die Texte kamen Schlag auf Schlag. Der Verlag signalisierte sogar, dass das gut wäre, was ich da schreibe.

Diese Meinung hatte mein alter Deutschlehrer nicht sehr oft.

Peng, fertig. Unglaublich. Ich konnte es einfach nicht fassen.

Ich hatte es geschafft.

Aber, Sie merken es sicherlich schon.

„Meine Gewürze" oder wie das Ingo Holland-Kochbuch entstand

„Da fehlt doch noch etwas. Da müssen auch noch Fotos rein."
Ach du meine Güte. 50 Fotos. 50 Gerichte kochen. So wie ich es mir ausgesucht habe auch keine hochstilisierten Glanzbilder. Sondern life. Die Fotografin würde mich jede Minute begleiten hatten wir vereinbart. Alles aufnehmen, die Entstehung jedes Gerichtes.
Also kein Nagellack auf den Kirschen und kein Haarspray auf dem Salat. Und Eli, das ist sie, na meine Fotografin, Elisavet Patrikiu, also Eli ist trotz ihrer tollen Figur eine Feinschmeckerin. Sie genießt es, zu essen. Also konnten wir eh nicht mogeln. Was ich aber auch gar nicht vorhatte. Dass Eli mich immer begleiten sollte, hatte sie sicherlich auch anders verstanden, als ich es dann wahr werden ließ.
So hatte ich dann auch gleich Konzertkarten besorgt für ein Konzert in Frankfurt, das nicht jedermanns Geschmack traf. Eli hatte weniger Probleme damit als Holger Gümpel.
Holger, der die Aufnahmen fachlich begleitete, also aufpasste, dass auch alles im Rezept stand, was ich in den Topf warf, ist bekennender und begeisterter Jazzer. Und das Konzert das wir besuchten, war so, wie es jeder von mir kennt. Schnell, hart und bedingt melodisch. Holger gab nach einer halben Stunde ziemlich genervt auf. Er ver-

Foto-Credit: Elisavet Patrikiou für Tre Torri/ Meine Gewürze

sprach aber, dass er nicht böse sei.
Am nächsten Tag ging es weiter. Wieder gut 10 Aufnahmen in 11 Stunden. „Super Tempo", versicherte man mir.
Aber da konnte man mir alles erzählen. Davon hatte ich keine Ahnung.
Eli ist ein echtes Arbeitstier. Konzentriert ging sie an jeden Teller, jede Aufnahme.
Ein übler Wermutstropfen war, dass sie mich, ja mich, beim Backgammon brutal abzockte.
So hatte mich beim Backgammon noch nie jemand rasiert.
Aber was tut man nicht alles für ein gutes Foto.

Mein Faschingsurlaub ging dann auch noch beim dritten Fototermin drauf. Aber dann war alles fertig. Es ist nicht zu glauben. Wir hatten es geschafft. Alle Rezepte, Texte und Fotos waren im Kasten. Nur noch Kleinigkeiten.
Die Kleinigkeiten bedeuten: Nach Wiesbaden fahren, farbliche Abstimmungen, Titel der Gerichte, einfach Feinarbeiten. Wir telefonierten viel, mein Hass auf diese Ding hatte sich mittlerweile gelegt. Vielleicht auch darum, weil ich einige Tage nach den Aufnahmen danieder lag, weil ich mich wohl etwas übernommen hatte.
Wir suchten den Einband aus, wofür ich mich bei Ralf bedanken muss. Denn er hatte sich durchgesetzt bei den Farben. Erfahrung ist eben viel wert.

Summa sumarum möchte ich sagen. Natürlich haben wir ein wirklich tolles Buch gemacht, auf das ich wirklich sehr stolz bin. Es spiegelt mich in meiner ganzen typischen Art wider.
Ich musste mich nie verstellen. Nicht lachen, wenn ich keine Lust hatte.
Und wie ich zu sagen pflege, mich nicht selbst zum Kasper machen.
Dieses Buch bin ich.

„Meine Gewürze" oder wie das Ingo Holland-Kochbuch entstand

Ob ich noch eines machen werde, kann ich zu diesem Zeitpunkt noch nicht sagen.
Ich denke, dieses Buch ist schön so und es ist wie mit den großen Spielfilmen: Der zweite Teil ist meist ein durchschnittlicher Aufguss.
Aber warten wir doch mal ab, was die Zeit bringt.

Viel wichtiger jedoch sind die Menschen, die mir diese Arbeit nahe gebracht hat. Ich freue mich, mit Ralf und Bettina solch engagierte Verleger bekommen zu haben.

Ich hatte eine „tolle" Fotografin, die schwäbichste Griechin, die ich je kennen lernen durfte.
Klasse Arbeit, auch wenn ich Dir das mit dem Spiel noch nicht verziehen habe.
Ohne Alan, meinen „Ami", der mich bald verlässt, hätte ich es nie geschafft.
Und nicht zu vergessen Gaby Weber, die Geschäftsführerin meines „Gewürzamtes", die mich immer wieder bestärkt hat durchzuziehen wenn die Kraft mal wieder ausgegangen ist.
„Ingo, das ist die Reputation für Dein Gewürzamt und das was Du tust", sagte sie immer.
Ich bin Widder. Die sind starr und eigensinnig. Deswegen tut es fast weh, dennoch: „Gaby, Du hattest recht."
Danke allen.

Foto-Credit: Elisavet Patrikiou für Tre Torri/ Meine Gewürze

Kunst in und aus der Küche

Von Henri de Toulouse-Lautrec bis Bruno Bruni

Joachim Graff / Hädecke Verlag

Vor 40 Jahren entdeckte ich in Publishers Weekly einen Bericht über die Neuerscheinung „L'Art de la Cuisine", mit Menü-Karten von Toulouse-Lautrec, die damals bei Edita in Lausanne erschienen war.

Faszinierend! Dieses Buch musste einfach ins Hädecke-Programm kommen – nicht koste es, was es wolle (einen Lizenzpoker hätten wir nicht mitgemacht), aber doch unter erheblichen Aufwendungen –, weil es im seinerzeit eher bieder wirkenden Kochbuchmarkt eine absolute Sensation war. Wie kam der Verlag des klassischen Kiehnle Kochbuchs auf diese verrückte Idee? So verrückt war sie gar nicht, und sie knüpfte an eine Tradition an, die auf meinen Großvater Walter Hädecke zurück geht. Er liebte es, sorgfältig editierte, bibliophile Bücher zu verlegen, in Leder gebunden, mit Frontispiz, nummeriert – keine Kochbücher, sondern Klassikerausgaben wie die Diotima-Reihe oder Kunstbände mit Landschaftsbildern von Hermann Gradl. Er beauftragte renommierte Buchkünstler wie Karl Sigrist – gelegentlich war das ein teures Verlegerhobby, das jedoch durch die Erfolge von Ratgebern und den Kiehnle Kochbüchern ermöglicht wurde.

Außerdem sind Kunst und Kulinarik schon immer eng miteinander verbunden. Man denke an die wunderbaren Stilleben der flämischen Meister, vergesse die Tafelmusik aller Epochen nicht und betrachte schließlich die kunstvollen Dekorationen und essbaren Aufbauten pompöser Büffets – wenngleich letztere eher dem Kunsthandwerk zuzuordnen sind.

So war es eigentlich für Hädecke nahe liegend, Kunst und Küche in einem bibliophilen Kochbuch zu verbinden, und „Die Kunst des Kochens" von Toulouse-Lautrec war das ideale Erstwerk für diese Kunst-Kochbuch-Linie. Die Übersetzung und Bearbeitung besorgte

Horst Scharfenberg, der den manchmal genialen Beschreibungen und Mengenangaben des Touloue-Lautrec-Freundes Maurice Joyant, etwas präzisere, küchengerechte Daten beigab. Das Buch wurde ein voller Erfolg, von der Presse bejubelt und zweimal aufgelegt. Im Jahr 2004, eine Genießer- und Küchegenerationen später, haben wir es unverändert nachgedruckt, und wieder findet es zahlreiche Freunde, die diese Verbindung von Kunst und Küche schätzen.

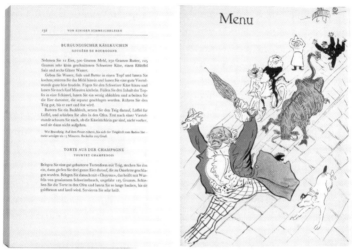

„Die Kunst des Kochens" von Toulouse-Lautrec

Seither hat sich auf dem Markt der Kunst-Kochbücher viel getan: Bei Heyne erschien die ausgezeichnete Reihe „Zu Gast bei…" (für mich besonders eindrucksvoll das Claude-Monet-Buch), bei Draeger in Paris erschien „Salvador Dali, Les Diners de Gala", das 1974 bei Propyläen auf den deutschen Markt kam. Das hätten meine Frau Monika Graff (Innenarchitektin mit Kunststudium und Hädecke-Lektorin) und ich gerne im Verlag gehabt, aber es überstieg die Möglichkeiten eines kleinen Verlags… Interessant ist übrigens, dass die wirklich guten Bücher zum Thema fast alle aus Frankreich stammten. Ausnahmen bestätigen die Regel: „Fridas Fiestas" von Frida Kahlo erschienen 1994 bei Clarkson N. Potter in New York und 1995 bei Christian in der deutschsprachigen Ausgabe. Das

Buch hätten wir auch gerne verlegt, aber auf der ABA in Los Angeles waren die Kollegen eine halbe Stunde schneller. Nehmen wir's sportlich – die Hauptsache ist, dass dieses schöne Buch überhaupt auf dem deutschen Markt erschienen ist.

Die Verbindung von Kunst und Kochen ließ uns seit Tolouse-Lautrec nicht mehr los und zieht sich als roter Faden durch das Hädecke-Programm – nicht immer bestimmend, aber stets präsent und inzwischen fast ausschließlich als Eigenproduktion.

„Kochkunst" hieß konsequenterweise ein weiteres Buch mit Aquarellen der Frankfurter Künstlerin und Foodfotografin Edith Gerlach und edlen Rezepten des Sternekochs Albert Bouley, Ravensburg. Hier verband sich moderne Kunst mit der Nouvelle Cuisine in einem avantgardistischen Kunst-Kochbuch.

So auf den Geschmack gekommen ließen wir uns gerne von den wunderschönen Zeichnungen und Aquarellen Heidi Bauerles hinreißen, die mit „Santorin" ihrer zweiten Heimat in der Ägäis ein künstlerisches und kulinarisches Denkmal setzte, gefolgt von „Athen – Kulinarische Spaziergänge" mit Skizzen und Rezepten aus der Athener Pláka. Hier wird nicht Sterneküche zelebriert, sondern die authentische Küche der Region, begleitet von Landschaftsbildern und skizzierten Küchenszenen.

Auf ähnliche Art greift „CucinArte" von Caesar W. Radetzky das Thema auf, dieses Mal der italienischen Kochkunst gewidmet und ebenfalls ein typisches Beispiel dafür, dass kreative Kunst am Herd und auf der Leinwand oft und gut zusammen gehen.

Mancher Buchhändler mag sich fragen: „stelle ich das nun zur Kunst oder zu den Kochbüchern". Beides geht nicht, und daher würde ich immer das Kochbuchregal empfehlen – sehr zum Leidwesen eines anderen Künstlers, dessen Buch zur Buchmesse 2005 bei uns erschien, Bruno Bruni, und das soviel Kunst zeigt – Grafiken, Skizzen, Aquarelle aus dem überreichen Lebenswerk des Künstlers, dass die Rezepte unverdientermaßen schon beinahe in den Hintergrund gedrängt worden wären, hätten wir sie nicht durch einen „Kunst"griff aufgewertet – durch Foodfotos Christian von Alvenslebens, der die Gerichte in Szene setzte und die Werke Brunis mit einbezog. So entstand ein kulinarischer Bildband, der seinesgleichen sucht und den Künstler wie den generösen Gastgeber Bruno Bruni würdigt. „Ich habe kein Kochbuch geschrieben", wird Bruni nicht

Foto: © Christian von Alvensleben

müde zu betonen. Stimmt. Er hat sein Leben beschrieben, seine „ART zu leben", zu der wie bei vielen Künstlern das Essen, Trinken und Genießen gehört, von der Pasta, wie sie Mamma machte, bis zu den Scampi, die er so gekonnt zubereitet und malt.

Die Fotokunst wurde bereits angesprochen. Damit meine ich nicht die „normale" Foodfotografie, die oft ebenfalls Kunst sein kann, das würde hier aber zu weit führen, sondern Fotokunst, wie sie im Buch „Spaghettissimo" unseres viel zu früh verstorbenen Autors und Fotografen Bruno Hausch gezeigt wird. Hausch hat es verstanden, Berühmtheiten, die sich sonst nur selten und gegen hohes Honorar ablichten ließen, überraschend und immer in Verbindung mit Spaghetti zu porträtieren – ein humorvoller Genuss fürs Auge und schon beinahe als Begleiterscheinung auch für den Gaumen, wenn man die Lieblingsrezepte der porträtierten Persönlichkeiten ausprobiert. Übrigens war das der erste „issimo"-Titel und offensichtlich ein Trendsetter, was Alfred Biolek sicher gerne bestätigen wird.
Zu einer anderen und sehr humorvollen Verbindung von Kunst und Küche kamen wir über eine Art Bratkartoffel-Verhältnis. Uns wurde ein Buch mit rund 50 Bratkartoffelrezepten angeboten. Die Idee war gut, die Rezepte phantasievoll und köstlich. Aber alle Bratkartoffeln in immer neuen Varianten fotografieren? Bei aller Wertschätzung guter Foodfotografie erschien uns das einfach zu langweilig. Und so stießen wir auf die Cartoons von Jirí Slíva aus Prag, der im „Feinschmecker" zahlreiche Karikaturen veröffentlicht hatte. Seine Illustrationen mit hintergründigem (Wort)witz gaben den Bratkartoffeln die richtige Würze und haben uns so begeistert, dass wir gerne den Slíva-Band „Café Fetisch" ins Programm nahmen, der sich dem weltweiten Kaffeegenuss von einer völlig neuen, augenzwinkernden Seite nähert.

Was bewegt uns, Koch-Kunstbände zu verlegen, deren Kalkulation hin und wieder jedem Controller die Haare zu Berge stehen lassen?

Bild: Jiří Slíva aus „Café Fetisch"

Die Freude an der Kunst, am Genießen mit allen Sinnen, an schönen Büchern und last but not least auch am Erfolg, der sich zwar nicht bei jedem dieser Bücher gleichermaßen einstellt, aber eben doch immer wieder, und es möglich macht, dass wir uns auch künftig dieser extravaganten Seitenlinie widmen.

Über 30 Jahre GU-KüchenRatgeber

Die erfolgreichste Kochbuchreihe der Welt macht sich schön

Birgit Rademacker / Leitende Redakteurin
GU Kochen & Verwöhnen, GRÄFE UND UNZER Verlag

GRÄFE UND UNZER feiert mit seinen fast 30 Millionen verkauften GU-KüchenRatgebern eine wahre Erfolgsgeschichte. Seit über 30 Jahren bringen die kleinen quadratischen Kochbücher Genuss und Lebensfreude in deutsche Küchen. In diesen drei Jahrzehnten hat sich viel verändert, auch Stil und Geschmack, technische Möglichkeiten, Einkaufsverhalten und die Ansprüche der Menschen an gutes Essen. Um die KüchenRatgeber immer aktuell zu halten, überarbeitete der Verlag die Reihe jetzt bereits zum vierten Male und präsentiert sich damit auch heute wieder zeitgemäß und topmodern. Anfang August sind die ersten 24 neuen KüchenRatgeber im Handel erschienen.

Essen wie bei Muttern
1975 – Flower-Power-Zeit – alles ist bunt und poppig. Man gab sich wild und weltoffen, bereiste ferne Länder und entdeckte die Multi-Kulti-Küche. Als „Neues Hobby von Millionen" kündigte GRÄFE UND UNZER die ersten beiden Ausgaben der KüchenRatgeber an: „Selber einfrieren, was schmeckt" und „Selber machen" inklusive „20 herrlicher Farbfotos". Man aß eigentlich wie bei Muttern, doch klangen die Rezeptnamen aufregend exotisch wie „Matjessalat Kyllikki", „Hühnerfleisch Mai Lin" oder „Quick-Toast Malibu".

1975　　　　1990　　　　1997　　　　2002

Frisch und munter in die 90er

GRÄFE UND UNZER hatte mit dieser Reihe den Geschmack der Zeit getroffen. Die kleinen Bücher entwickelten sich in 15 Jahren zum Riesenerfolg und werden als Lizenz in viele Länder der Welt verkauft. Doch 1990 war es an der Zeit, die KüchenRatgeber zu überarbeiten und für die nächsten Jahre fit zu machen: Das neue Jahrzehnt kam eher clean und kühl daher. Mode und Design wirkten glatt bis zur Künstlichkeit. So erschienen dann 15 neue Titel mit dem Slogan: „Die meistverkaufte Kochbuchreihe – jetzt mit neuem Konzept für die 90er-Jahre" „frisch, munter, zeitgemäß, bunt und bildschön" „jedes Rezept in Farbe, exklusiv fotografiert". Sie wirkten glatter, die eher barocke Fotografie der Reihe war jetzt reduzierter, Farbe dominierte. Themen wie Brotaufstriche, Salate, Vegetarische und Chinesische Küche erfüllten alle Küchen-Wünsche zum kleinen Preis von 9,80 DM.

Doch die Welt veränderte sich immer schneller und damit auch die Ansprüche an die Kochbücher. Schon sieben Jahre später präsentierte die Kochbuchredaktion die Reihe wieder „mit neuem Konzept und neuem Layout". Rein äußerlich veränderte sie sich nicht sehr stark. Sie blieb die gewohnt bunte Reihe, die in Drehsäulen vor jeder Buchhandlung und in jedem Hausratsfachgeschäft zu finden war.

2006

Inhaltlich wurde das Konzept den veränderten Bedürfnissen angepasst. „Für Familien, in denen regelmäßig gekocht wird und für alle, die Spaß am Kochen und Essen haben". Es wurde noch mehr Wert auf leckere Rezepte gelegt, die jedem gelingen, auf frische Zutaten, die es in jedem Supermarkt zu kaufen gibt und auf kurze Zubereitungszeiten, die den wachsenden Zeitmangel der Menschen berücksichtigen. So sichert die „Benutzerfreundlichkeit" den Erfolg für die nächsten Jahre.

Das neue Jahrtausend
2002 – eine weitere Zeitwende hat sich vollzogen. Die Geradlinigkeit und Coolness der 90er wurde abgelöst von der neuen Relaxtheit und Natürlichkeit des neuen Jahrtausends. Auch die Marke GU wurde blank poliert und bekam 2004 einen ganz neuen Auftritt. „GU – Willkommen im Leben" vermittelt Spaß, Ausgelassenheit und eine neue lebendige Ästhetik. Entsprechend deutlich war auch der Wandel der KüchenRatgeber. Neue Konzepte wie etwa „1 Nudel – 50 Saucen" passten genau zu einer multioptionalen Gesellschaft, in der erlaubt war, was gefällt. Auch die Gestaltung spiegelte das wider: Ansprechend frisch wurden Rat, Unterhaltung und viele Informationen präsentiert. Natürliche „Happycolours" lösten die knallbunten Farben ab und ein weicherer Fotostil, der mit Unschärfen spielte, machte Stimmung.

So blieben die GU-KüchenRatgeber optisch und inhaltlich immer am Puls der Zeit. Um auch weiterhin so aktuell zu bleiben, bringt GU nun 24 ganz neue KüchenRatgeber auf den Markt – denn die Lebensverhältnisse und damit die Ansprüche an Ratgeber verändern sich immer schneller. In einem immer unübersichtlicher werdenden Alltag wird das Bedürfnis nach Rat und Orientierung in den kleinen Dingen immer größer. Und genau das wollen die neuen KüchenRatgeber geben.

GU-Gelingtipps 2006

GU-Spezialisten geben Orientierung

Wir in der Kochbuchredaktion treffen eine Vorauswahl für unsere Leser. Unsere Autoren und die Redaktion Kochen & Verwöhnen entwickeln die besten Rezepte zum Thema, geben viele Informationen und praktischen Service aus persönlicher Erfahrung. Die 10 GU-Erfolgstipps und andere wichtige Infos sind in den neuen Klappen jetzt besonders benutzerfreundlich untergebracht. Die neue Gestaltung und die Fotos sind klar, atmosphärisch und ruhig. Aktuelle, gedecktere Farben haben die „Happycolours" abgelöst. So bleibt das Grundprinzip erhalten: GU-KüchenRatgeber sind kompetent, benutzerfreundlich, praktisch, informativ – mit gelingsicheren Rezepten. Doch wir bieten heute noch mehr Service – zeitgemäß verpackt und unterhaltsam präsentiert. Die neue Welt der KüchenRatgeber ist natürlich, entspannt und auf das Wesentliche konzentriert.

Von alten Kochirrtümern und neuer Küchenliteratur

*Prof. Dr. Thomas Vilgis / Max-Planck-Institut
für Polymerforschung, Mainz*

Vielleicht erinnern Sie sich noch an den alten, abgeschmackten Witz der Siebziger und Achtziger des vergangenen Jahrhunderts: Was ist das wirkungsvollste Verhütungsmittel: Biskin! Es schließt die Poren und hält den Saft zurück. Zugegeben, ziemlich dümmlich und die Bartwickelmaschine muss sich heftigst drehen. Aber dieses Witzchen zeigt mehr als deutlich, wie sich bestimmte Schlagworte und Sätze in den Hirnen und Köpfen festsetzen, wenn sie nur richtig verknüpft werden. So suggerierte damals die Werbung: Braten Sie Ihre Schnitzel oder Steaks mit Biskin, dann kann nichts schief gehen. Die Fleischstücke werden schön knusprig, der Saft bleibt drin, denn diese ominösen Poren sind umgehend mit erstem Pfannen- und Fettkontakt verschlossen. Damit ist das Anbraten auch für den ungeübten Pfannenschwinger sicher. Wie Verhüten. Und schon haben wir den Salat. Aber von derartigen Assoziationen lebt die Werbung, auch wenn sich das alles natürlich als Witz herausstellt. Aber mit Langzeitwirkung. Zumindest wenn viele Jahre später diese Mär der verschlossenen Poren immer noch durch viele Kochsendungen und Kochbücher geistert, weiß man, was Pseudowissenschaft und Werbetexter mit derartigem Unsinn wirklich verbrochen haben. Vor allem, wenn der vermeintliche Wahrheitsgehalt stetig steigt, wenn's immer noch im Fernsehen kommt oder in modern gemachten Kochbüchern und auf Ratgeber- oder sonstigen Seiten der Tageszeitung gedruckt ist. Selbst Dittsche vermutet ja, das alles stimmt, was „in der Bildzeitung drinne" steht. Der Schaden ist also angerichtet und leider beschränkt sich dieser nicht nur auf die Poren, und die Liste der Küchenirrtümer ist lang. Greifen wir ein paar davon auf und blicken ein wenig hinter deren Kulissen, so zeigt sich schnell, dass sich ein kritisches Hinterfragen des täglichen

Küchenprogramms manchmal lohnen kann, sei es beim Griff in den Kräuter- und Gewürzschrank, oder bei rasch ausgeführten Routinehandgriffen.

Scharfes Anbraten schließt sofort die Poren.
Welche Poren, fragt sich ein Küchenphysiker als allererstes und schaut besonders genau auf die Oberfläche seines Schnitzels. Selbst unter Zuhilfenahme schwerer Geschütze, wie Mikroskopen oder anderen Gerätschaften zur Oberflächenanalyse, wird er keine eindeutigen Poren sichten, jedenfalls nicht jene, die ihren Weg in den Witz gefunden hatten. Was er aber sehen kann, sind mit Kollagen ummantelte Muskelfasern, Proteine, Glykogene und bei genügender Vergrößerung auch winzige Abstände zwischen den einzelnen Molekülen. Mit viel Gutem Willen also Poren, ja sogar besonders hip und up-to-date, hin und wieder Nanoporen. Wirft der Physiker dann sein Schnitzel oder Steak samt hitzebeständigem Mikroskop in die Pfanne, so denaturieren die Proteine an der Oberfläche zuerst, das heißt sie verabschieden sich aus ihrer natürlichen Gestalt, werden zu langen Fäden und verhaken und verschlaufen sich. Dadurch verändern sich sogar die Molekülabstände und damit die Nanoporen. Jetzt ist das Biskin oder was auch immer 180 Grad warm, den Proteinen viel zu heiß, weshalb sie sich sofort zerlegen und umgehend chemisch reagieren. Das können wir sogar mit bloßem Auge beobachten. Das Fleisch bräunt. Ist es dann gebraten und ruht ein wenig auf dem Teller, so bilden sich schnell rötliche Pfützen. Fleischsaft tritt aus. Die „Poren" sind offenbar noch weit geöffnet. Allerdings tritt Wasser nicht wegen der Poren aus, sondern weil es einfach keinen Platz mehr hat und von dem neu formierten und sich während der Ruhephase entspannendem Netzwerk aus denaturierten Proteinen nicht mehr gebunden und festgehalten werden kann. Auch ein schärfst in Superfett angebratenes Filet verliert auf einen Teller gebettet sichtbar Fleischsaft. Das passiert immer und ist schlichte Proteinphysik.
Klingt einleuchtend, und trotzdem wurde der Porenunsinn Grundlage einer Fettverkaufskampagne, und setzt sich bis heute noch in manch neuem Kochbuch fort. Vor allem legt es auch eine Gar-

technik fest und verhindert dabei die Suche nach Neuem in den Alltagsküchen. Und allein dies ist schon schlimm genug. Die Wissenschaftler freut es dennoch: Trotz des Nichtverschließens der Nanoporen und deren küchenwissenschaftlichen Aspekte – zumindest beim Vervespern eines Steaks – in aller Munde. Man spricht sogar darüber, und das ist schon einmal ein Fortschritt.

Fett muss beim Frittieren möglichst heiß sein, damit die Pommes nicht zu fettig werden.
Dies ist ein großer Trugschluss, denn das Gegenteil ist der Fall. Stellen Sie sich vor, ein Folterknecht werfe Sie ins 250 Grad heiße Öl. Was dann, abgesehen von der großen Pein, sofort passiert, ist dass Ihre Haut ihre biologische Funktion einstellt, dabei platzt und riesige Löcher hinterlässt, in die sofort Öl fließt. Einem Kartoffelstäbchen geht's auch nicht wesentlich besser. Ist das Fett zu heiß, reagieren Stärke und Proteine an der Oberfläche rapide, das daran gebundene Wasser verdampft sofort, es bilden sich schnell große Dampfblasen, die sich explosionsartig ausdehnen, sofort platzen, um sich den Weg ins Freie zu suchen. Deren Hinterlassenschaften sind tiefe Krater auf der Kartoffeloberfläche, die sich sofort mit Öl auffüllen. Die Folge sind überfettete Fritten. Bei mehr verträglicher Öltemperatur passiert dies eben nicht in diesem Ausmaß, denn die Wärme des Öls hat während des Frittierens etwas länger Zeit, um nach innen zu wandern. Das ist aber von Vorteil, denn dabei kann das Wasser der tiefer liegenden Schichten sich zum Verdampfen bereit machen und langsam in Richtung Oberfläche marschieren. Bevor das Öl die Krater füllen kann, wird es vom nach außen strebenden Wasserdampf davon abgehalten. Der Wasserdampf bildet daher eine ölabweisende Schutzschicht – solange der Nachschub aufrechterhalten ist. Allein diese Tatsache schreibt Frittiertemperaturen von 160 bis 180 Grad vor. Manchmal auch noch 200, je nach Frittierobjekt. Aber es bleibt immer zu beachten, die Oberfläche ist selten so heiß wie das Öl selbst. Dort herrscht auch immer nur eine Temperatur von etwa 103 Grad. Insofern ist eine zu hohe Temperatur des Öls sehr hinderlich. Dann wird zwar die Oberfläche des Frittierguts schnell heiß, beginnt zu bräunen, aber der Wassernach-

schub aus den tieferen Schichten fehlt. Bräunung und Garzustand stehen daher in keinem vernünftigen Verhältnis. Die Pommes frites sind dann außen braun und innen roh. So etwas ist immer höchst unangenehm.

Fond oder Bratensatz muss mit kochend heißem Wasser abgelöscht werden.
Auch so ein Spruch, haben Sie es schon einmal probiert und tatsächlich durchgeführt? Falls Ihre Antwort „Ja" lautet, muss Ihnen kein Physiker mehr etwas über Turbulenz und „random stiring" erzählen. Denn ein 200 Grad heißer, fettiger und mit vielen maillardgebräunten Ablagerungen verzierter Topfboden und 100 Grad heißes, darüber geschüttetes Wasser ersetzt garantiert jedes Rührwerk, denn dabei geht so richtig die Post ab. Jedes Fetzelchen Bratensatz wird bis auf das letzte Molekül vom Topfboden gelöst und trübt Ihren Fond komplett ein. Das ist vermutlich die sicherste Methode, jede Menge Schwebstoffe in die Brühe zu treiben. Zwar ist die alte physikalische Regel, die zusammenzuführenden Komponenten mögen heiß sein, richtig, aber zwischen 200 Grad und 100 Grad besteht nach wie vor eine zu große Temperaturdifferenz. Aber damit nicht genug, denn das heiße Wasser ist seinem Siedpunkt schon so nahe, dass ein großer Teil bei Topfkontakt sofort verdampft, nicht ohne einen Teil des Geschmacks aus dem Fett und den Bräunungsstoffen des Bratensatzes auf seine Reise durch Küche und Dampfabzug mitzunehmen. Schade um die Duftstoffe. Ihre Bratensauce hätte sie dringender nötig, als die Luft Ihres Wohnraums. Auch wenn sie anderntags noch an den köstlichen Schmorbraten erinnert.

Die Antwort zu diesem Ablöschproblem findet sich also wie immer in der Küche: Kommt eben darauf an, was genau Sie vorhaben, denn wenn der Fond möglichst klar sein soll ist es besser, Fleisch und Knochen nach dem Anbraten völlig erkalten zu lassen, vorsichtig mit kaltem Wasser aufkochen und leise bei geöffnetem Deckel ziehen lassen. So können sich Fleischtrümmer und Proteine am Topfboden ablagern, der Fond bleibt klar. Ist es Ihnen wurscht, ob trübe oder klar, können Sie heißes oder auch kaltes Wasser zugeben.

Der Schaum beim Suppenfleisch oder Fondkochen ist schädlich und muss abgeschöpft werden.
Welch ein Nonsens. Nur weil es in verschiedenen Kochstadien ein wenig unappetitlich aussieht, ist etwas noch lange nicht schädlich. Der Schaum besteht lediglich aus Proteinen, die aus dem garenden Fleisch entschwinden, und sich im Wasser „lösen". Sie werden zu Beginn des Kochprozesses nach oben steigen. Ganz ähnlich wie beim Milchkochen. Schädlich sind diese Fleischproteine also nicht, im Gegenteil. Hätten sie das Stück Rind nicht verlassen um ins Wasser zu gehen, würden Sie dasselbe Protein mit Genuss essen. Und sie lösen sich nach gewisser Zeit wieder im Kochwasser. Das Abschöpfen hat also lediglich den Zweck, dass der Fond oder die Suppe möglichst klar wird. Für die Gourmetküche ist Abschöpfen sinnvoll. Für den Hausgebrauch bleibt die Entscheidung bei Ihnen.

Bei Frikadellen funktioniert die Bindung nur mit Ei.
Ein Trugschluss, denn zuviel Eiweiß bindet zu sehr. Das Resultat ist offensichtlich. Viele Buletten verhalten sich wie elastische Gummibälle und sind zwischen den Zähnen relativ bissfest. Daher schlagen Ihnen alle Kochbücher vor, zur Lockerung wieder altbackenes Brot einzukneten. Der Gedanke ist zwar nahe liegend, aber Ei und Brot verwässern Ihnen auch den puren Geschmack. Wenn aber das Fleisch schon Bindemittel in Form seiner eigenen Proteine mitbringt, reicht es vollkommen, das Hack gut mit der Hand durchzukneten. Dabei entfalten Sie bereits eine Vielzahl der Proteine zu langen Ketten. Genau wie beim Schlagen von Eiweiß. Diese langen Fadenmoleküle verhaken sich untereinander und verbinden die Hackfleischkrümel schon vorab. Beim Braten oder Garen im Ofen wird dieser Prozess noch weitergetrieben. Und schon sind Ihre Buletten, Klopse oder Fleischküchle locker und nicht allzu fest und behalten ihren reinen Fleischgeschmack. Versuchen Sie es einmal mit gekochtem Hühnerfleisch (etwa von einem Suppenhuhn). Fleisch wolfen, kräftig kneten, Knoblauch darunter pressen (oder gleich mit durch den Fleischwolf drehen), Salz und Pfeffer dazu und eine handvoll gehacktes Basilikum. Bulettchen formen und anbraten. Hält alles ohne Ei und schmeckt sehr, sehr intensiv nach Huhn.

Bei Mayonnaise müssen die Zutaten Zimmertemperatur haben.
Oft gelesen, stimmt aber auch nicht immer. Versuchen Sie einmal, bei 35 Grad im Hochsommer eine Mayonnaise zu schlagen. Es ist selbst für Ihren Arm und Ihre Kondition zu heiß. Auch für die Moleküle, denn sie bewegen sich bei den hohen Temperaturen viel zu schnell. Folglich entschwinden die Emulgatoren des Eigelbs oft von der Wasser-Öl-Grenzfläche, die Mayonnaise gerinnt. Experimente zeigen es, bei 10 Grad geht's immer noch, wenn nicht sogar besser. Der bestimmende Faktor bei derartigen Küchenexperimenten ist immer die Molekülgeschwindigkeit, und diese ist stets durch die Temperatur geregelt. Das ist leicht verständlich: Sollte Ihnen jemand ordentlich Feuer unterm Hintern machen, werden Sie auch schauen, dass Sie möglichst schnell das Weite suchen, selbst wenn es Ihnen dort, wo Sie sich gerade aufhalten, sehr gut gefällt. Die Emulgatoren des Eigelbs bevorzugen normalerweise die Grenzfläche Wasser – Öl, aber wenn ihre Molekülgeschwindigkeit bzw. ihre kinetische Energie zu hoch ist, dann entfleuchen sie mit großer Wahrscheinlichkeit, und als Folge wird Ihre Mayonnaise nicht so recht fest.

Proteine können sobald sie entfaltet sind keine Grenzflächenaktivität mehr ausüben.
Leider auch ein Trugschluss, denn oft ist gerade das Gegenteil der Fall, es sei denn sie sind als Stabilisatoren von der Natur bestimmt worden, etwa bestimmte Kaseine bei der Milch, um deren Fettkügelchen im Wasser zu halten. Viele Proteine entfalten ihre volle grenzflächenstabilisierende Wirkung erst, wenn sie zu langen Ketten entfaltet sind. Das konnten wir ja gerade beim gekochten Hühnerfleisch schon feststellen. Beim Eischnee ist es allerdings am eindrucksvollsten sichtbar. Dort bekommen die Proteine des Eiklars mit dem Schneebesen gewaltig Energie auf den Deckel, und globuläre, kugelförmig gewickelten Moleküle entfalten sich unter dieser Schlagarbeit zu Ketten, wie Wollknäuel, die Sie Ihrer Katze zu spielen geben. Erst dann sind sie grenzflächenaktiv und stabilisieren den Eischnee, indem sie sich entlang der Wasser-Luft-Grenzfläche schlängeln, und zwar so, dass wie es ihnen ihre ureigene Aminosäurenabfolge zulässt. Im Milchschaum sind es übrigens ähnliche Pro-

teine, die Ihren Cappuccinoschaum oder anderweitige Milchhauben eine Zeitlang am Leben halten.

Etwas Öl im Nudelwasser hilft, dass die Nudeln nicht zusammenkleben.
Aus rein wissenschaftlicher Sicht ist dieser Tipp kompletter Unsinn, reine Ölverschwendung - und das bei den gegenwärtigen Barrelpreisen für wirklich hochwertig natives extravergines Olivenöl. Das Öl hat keinerlei Effekt, es verteilt sich kaum im Kochwasser. Es schwimmt – gemäß der alten Regel „Fett schwimmt immer oben" - stets an der Oberfläche des kochenden Wassers. Die Pasta hingegen geht bis auf weiteres auf Tauchstation im Wasser. Beide sind daher meilenweit von einander entfernt. Öl sinkt ja nie für längere Zeit ins Wasser ein, denn erstens ist dessen spezifisches Gewicht kleiner als das von Wasser und zweitens hasst es Wasser wie die Pest. Das einzige, was man noch gelten lassen könnte wäre, dass das Wasser beim Ausgießen die gegarten Nudeln umspült und so vom Zusammenkleben abhält. Dann ist es aber gleich besser, die Nudeln sofort nach dem Kochen in Fett, Butter, Olivenöl oder was auch immer zu schwenken. Kommt auch dem Geschmack zu Gute, denn welches fruchtige Olivenöl möchte schon 10 Minuten auf kochenden Wasseroberflächen seine besten (und manch flüchtigen) Geschmacksnuancen verlieren.

Saucen könnten ausschließlich mit eiskalter Butter gebunden werden.
Also montieren Spitzenköche zum Binden von Bratenjus gerne reichlich Butter darunter und alle Welt behauptet - Foodjournalisten inklusive - diese müsse eiskalt sein. Ist aber auch nicht notwendig. Funktioniert auch mit zimmerwarmer Butter. Sie müssen lediglich die Öltropfchen klein kriegen. Sie brauchen daher nur mehr Schlagarbeit mit dem Schneebesen. Mag zwar nervig sein, aber es funktioniert. Zumindest wenn die Sauce abkühlt und vom Feuer gezogen wird. Sie können auch gern einmal versuchen, statt Butter Olivenöl zum Binden Ihrer Sauce zu verwenden. Nach etwas Schlagarbeit werden Sie feststellen, wie wunderbar auch dies funkti-

oniert, denn in der Sauce sind eine Vielzahl von grenzflächenaktiven Substanzen – vor allem Proteine aus Fleisch und Polyelektrolyte aus dem Schmorgemüse – gelöst, die sich um die eingerührten Öltröpfchen legen, und die Emulsion so stabilisieren. Schmeckt übrigens wunderbar. Vor allem in Verbindung mit intensiver Kräuterküche nach Marc Veyrat & Cie.

Dies ist nur ein kleiner Auszug einer langen Liste von gut gemeinten Ratschlägen, die durch Funk und Presse geistern, und sich wie böse Dämonen in die Hirne setzen und zu Gesetzen und kreativitätshindernden Regeln werden. Aufklärung täte vielerorts Not. Zugegeben, viele dieser Details will kaum jemand in einem Kochbuch lesen, es interessiert ohnehin nur ein paar Wissenschaftler und Spinner. Und dennoch ist fundiertes und umfassendes Wissen Grundlage jeden Kochens. Fragt sich also, welchen Typus Kochliteratur bräuchten wir? Wie gelingt es, altergebrachte Vorurteile, Fehler und Irrtümer auszumerzen und deren generationsübergreifenden Verbreitung ein Ende zu bereiten. Schließlich schränken altbekannte Sätze wie „von rohem, nicht durchgebratenen Rindfleisch wird man krank" oder „Pilze darf man nicht wieder aufwärmen" oder „die Innereinen sind voller Schadstoffe, weil sie alles herausfiltern" Genuss und Kreativität erheblich ein. Folglich sind eher informationsreichere Bücher vonnöten, als solche, die mit vielen bunten Bildern oft vom Wesentlichen ablenken. Welche aber sind es?

Sind es die dicken, reich bebilderten Wälzer der Spitzen und Sterneköche, die seitenweise wunderbare Ideen und Kreationen ausbreiten, den Meister selbst huldigen und ihn samt Kreationen foodfotografisch in Szene setzen? Leider scheitert dann der Nachkochversuch zu oft an der Machbarkeit in gemeinen Haushaltsküchen, weil schon beim Einbau für den Salamander kein Platz mehr war, keine Nachtigallenzungen aus der inneren Mongolei im Kühlfach liegen, oder die Texturas oder Emulsificàtions im Zauberschrank ausgegangen sind. Oder vielleicht auch nur nicht an das Spray und Licht gedacht wurde, mit deren Hilfe ein trickreicher Foodstylist den Teller schattenfrei und hochglänzend zur Geltung bringt. Sicher, diese Werke regen die eigene Fantasie an und bereichern mit einer Vielzahl von Ideen auf eine konstruktive Art das eigene Werkeln in der Küche. Auch wenn Nachkochen oft zum Scheitern verurteilt ist, sind sie zumindest eine massive Einladung, das Restaurant des Meisterkochs doch einmal zu besuchen und dessen Kreationen ohne Netz und doppelten Boden zu genießen.

Oder ist es das n+1-ste Kochbuch der wilden Chaosköche, derer in Szene gesetzten Bücher keine wirklich neuen Rezepte liefern. Oder die Begleitbücher von lauten und schrillen Kochshows, in denen die Rollen von brüllenden Alphatieren über goldige Problembären bis zur „vache qui rit" gerecht verteilt sind? Oder Kochbücher zur kürzlich zu Ende gegangen Fußballweltmeisterschaft mit tipp-kickenden Köchen und Kickern, die viele wieder aufgewärmte ballaballa Rezepte, belegtes Pausenbrot inklusive, bescheren. Sie sind sicher hin und wieder ein nützliches Geschenk, um nach dem Abpfiff in der hintersten Ecke des Bücherregals bei ähnlichen kurzatmigen Schnellschüssen derselben Kreisliga zu verstauben, weil sie kaum zu einer kulinarischen Herausforderung anreizen.

Oder sind es eher die stillen, leisen, aber klugen Bücher, wie etwa Birgit Vanderbekes immer noch hervorragendes „Schmeckt's?", die mit manchmal beißender, aber stets liebevoller am überpädagogisiertem Labertum und sich festgebackenen Vorurteilen Kritik übt, und dabei eine Reihe Gerichte kocht, an die sich heute kaum noch jemand wagt, weil kaum mehr bekannt ist, dass Lebern nicht nur Alkohol abbauen können, sondern auch noch eine schmackhafte Delikatesse sind, sei es vom Schwein, vom Huhn, vom Lamm und erst recht vom Kalb. Von Herz und Nieren ganz zu schweigen. Ein Confit aus Entenmägen oder ein Ragout aus Hühnermägen und Herzen. Schon probiert? Schweinsfüße – kann man das wirklich essen? Kutteln, bah Hundefutter, und die köstlichen Andouillettes aus gekochten Därmen werden schnell mit einem Zitat der Walter Moersfigur „Das kleine Arschloch": „ich esse doch nichts wo Schweine durchgefurzt hatten", abgetan, statt dieses Wagnis des Versuchens einmal einzugehen, um sie danach mit einem Glas exzellenten Chablis zu genießen.

Oder ist es Ursula Heinzelmanns prall gefüllter Warenkorb „Erlebnis Geschmack – vom Duft der Erdbeere und der Würze des Teltower Rübchens", der trickreiche Gerichte zaubern lässt und scheinbar nebenbei Hintergründe und informative Geschichten liefert? Und dabei noch zeigt, wo und wie diese Köstlichkeiten beim Bauern oder in Käserei entstehen und erzeugt werden. Einkaufen, Kochen und Essen wird dabei, schon allein während des Lesens zum sinnlichen Erlebnis.

Oder ist es gar Jürgen Dollases hochdidaktische „Geschmackschule", die uns Geschmackszusammenhänge und deren Grenzen wirklich lehrt, aber auch erahnen lässt, mit welchen Ideen und überdimensionalem Wissen ein ernsthafter Restaurantkritiker ausgestattet sein muss? Oder müssen wir gar zu Dollases „kulinarische Intelligenz" greifen, die trotz des vermeintlich hochgestochenen Titels letztlich nur die elementarsten Grundlagen des Geschmacks lehrt (und dabei sogar Albert Einsteins unersetzbare Gleichung $E=mc^2$ ein wenig gedankenlos mit Korrekturrot auf dem Umschlag durchstreicht).

Oder ist es Ingo Hollands „Gewürze", das wieder einmal ein Kochbuch ist, das vor neuen Ideen und kulinarischen Zusammenhängen sprudelt. Selbst wenn Sie glauben, Sie hätten doch ohnehin schon mit den meisten dieser Gewürze gekocht, geschieht beim Lesen etwas Wunderbares: Ihre Fantasie und Kreativität wird umgehend angespornt. So kann es sein, dass Sie sich umgehend in der Küche wieder finden und Ihre Gemüsesuppe mit Panch Phoron würzen, obwohl kein Gramm Dal darin ist, oder einfach in einem mit grünem Anis und einem ordentlichen Schuss 51 abgeschmeckten Eis dessen sich gerade bildenden Kristalle zertrümmern. Sie kosten davon, um beim nächsten Versuch, die Idee weiter auszubauen und zu verfeinern. Dann, oder bei ähnlichen Geistesblitzen hätte sich der Kauf eines Kochbuchs wirklich gelohnt.

Welche neuen Kochbücher dies leisten können und derartige Anreize bieten, steht letztlich bei jedem Leser und Käufer auf seinem eigenen Blatt. Harte Kritik soll ja nicht Gegenstand dieser Zeilen sein. Allerdings ist, was das zeitweilige Verbreiten von immer denselben Irrtümern anbelangt, schon Kritik notwendig. Auch hin und wieder bei der Auswahl der Rezepte. Oft reicht der Blick in den alten Stuber, der mit seinem „Ich helf dir kochen" Schritt für Schritt das Handwerk in der Küche lehrt. Nur um eben einmal ein Teil des Pfeffers durch Koriander oder Piment zu ersetzen, müssen vermutlich keine neuen Kochbücher angeschafft werden. Der Genuss wird sonst zu oft zum Déjà vu, wie es bei „neuen" Kochbüchern schnell passiert. Spätestens dann hinterlassen neue Publikationen hin und wieder einen schalen Geschmack im Munde. Wie eben jener Biskin – und – Porenwitz. Aber wenn Sie glauben, der wäre nicht zu toppen, haben Sie sich getäuscht: Warum brauchen französische Frauen kein Verhütungsmittel? Ganz einfach, die nehmen einfach den Roquefort. Aha. Falls Sie die „Pointe" nicht auf Anhieb kapieren, lesen Sie sich die letzten Zeilen einfach halblaut im stillen Kämmerlein vor. Dann kommt's Ihnen. Genüsslich über die Zunge. Wie er eben schmeckt, der höhlengereifte Roquefort aus dem Departement Aveyron. Leicht scharf.

Lustzentrum Kochbuch

Vom Sinn und Verstand, ein "Kochbuch des Monats" zu wählen

Frank Brunner / Vorstand im Deutschen
Institut für Koch- und Lebenskunst

Einführung oder Was weiß der Kopf

Vierzig Prozent der verkauften Sachbücher sind Kochbücher. Das hat zu einer gigantischen Produktion geführt, die sich in die Buchhandlungen ergießt und selbst dem Fachmann dort kaum noch eine Chance auf Überblick gewährt. Deshalb ist es leider für ihn am einfachsten geworden, die zu favorisieren, die ohnehin die Gewinner des Marktes sind: die Kochbücher der Fernsehköche.

Dieser Markt ist schnellebig. Die Zeiten, in denen die Großmutter ihr Kochbuch an die Mutter weitergegeben und die es wiederum der Tochter vererbt hat, in denen Standardwerke des Kochens schon mal ein knappes Jahrhundert Gültigkeit besaßen, sind endgültig passé. Denn die Leichtigkeit des modernen Reisens hat unsere Neugier auf fremde Genüsse gesteigert, popularisiert und zu Urlaubserinnerungen zementiert, die reproduziert werden wollen. Gleichzeitig erzeugen Reisekataloge Konformität ebenso wie die Bestsellerlisten, auf denen sich gerade erstaunlich viel Kochliteratur tummelt. Für einen Widerspruch mag das halten, wer will. Fest steht: Kochbücher spiegeln ihre Zeit. Auch und gerade in ihrer aktuellen Überproduktion beispielsweise und deren Verfallsdaten. Insofern sind sie auch in unseren Tagen Ausdruck der Zeit und ihrer Kultur geblieben. Stets jedoch das Beste davon will geschützt und manchmal gestützt werden. Es bedarf also nicht nur die Koch-, sondern auch die Kochbuchkultur der Förderung – vor allem und am einfachsten durch kritische Selektion. Deshalb kürt das Deutsche Institut für Koch- und Lebenskunst allmonatlich sein "Kochbuch des Monats".

Frank Brunner

Kompetenz oder Was will der Bauch
Wozu aber noch Kochbücher? Stehen doch abertausende Rezepte bereits im Internet. (Apropos: unsere Homepage heißt www.Koch-und-Lebenskunst.de) Zudem, urteilte der bewundernswerte Wolfram Siebeck seinerZEIT, sei es bei Kochbüchern mittlerweile völlig egal, welche Art von Rezepten sie enthielten, denn "jedes Gericht ist inzwischen schon zigfach beschrieben worden. Deshalb lohnen sich nur noch solche, die hübsch anzusehen oder auf eine kurzweilige Weise geschrieben sind." – Recht hat er. Aber ein bißchen mehr darfs trotzdem sein.

Die Kompetenz des *Deutschen Institutes für Koch- und Lebenskunst* im Kochbuch beginnt bei der Auswahl. Es gibt einfache Kriterien dafür, die Kochbücher in den Fokus der Jury rücken. Mal soll das Buch eines großen Kochs geehrt, mal eine schöne Entdeckung jenseits des Mainstreams dem Publikum bekannt gemacht oder es soll ermöglicht werden, daß sich der Vorbote eines neuen Trends unbeschadet aus dem Ei pellen kann. Mal ist ein Thema ganz einfach spannend. Zudem sieht sich die Jury gern als Anwalt kleiner, schöner Verlage, deren Kochbücher mangels Vertriebsmacht sich nicht so ohne weiteres in den Regalen der in Lagerumschlagsgeschwindigkeiten denkenden Buchhändler finden.

Verlagsvorschauen helfen nur bedingt. Sie gewähren lediglich einen Überblick, welche saisonalen Kochbuchlawinen losgetreten werden, aber kaum die Informationen, die für die Arbeit der Jury gebraucht werden. Als da wären Hintergrundwissen oder Vergleiche mit bereits lieferbaren Titeln im Markt. Dort zum Beispiel setzt unser Wissen an.

Ein Verlag will verkaufen; und auch die Mitarbeiter seiner Öffentlichkeitsarbeit stehen unter Zwang zum Erfolg. Anders aber als in den ambitionierteren belletristischen Häusern, wo wie selbstverständlich auch in der Presseabteilung oft Menschen aus oder mit Liebe zur Literatur arbeiten und ergo lesen, spürt man beim Telefonat in so manchen Kochbuchverlag hinein an der Konstruktion der Argumente, an der ganzen Art der Verkaufe, daß nicht immer auch ein passionierter, ein kochender Mensch, ein Genußmensch am anderen Ende der Leitung sitzt – ein Homo sapiens coquens et culinaris.

Wenn dem so wäre, müßte man nicht alles und jedes Kochbuch zur Ansicht anfordern. Wir hätten das Glück, daß bereits in den Verlagen "Vorjuroren" säßen. – Unsere Arbeit wäre erleichtert.
Das Wissen über ein Kochbuch ist das eine, die Lust, die Triebtäterschaft das andere.

Viel Arbeit oder Wie schmatzt die Jury
Die Jury besteht aus drei festen Mitgliedern und einem wechselnden, namhaften Koch als Gast.

Drei Herzen, eine Seele: Robert Menasse, Frank Brunner, Eva Backhaus

Zunächst bespricht ein interner Arbeitskreis des Instituts Themen und Titel. Haben die drei Juroren dann Interesse bekundet, tritt ein Vorjuror in Aktion.
Das ist der Rezeptprüfer. Eine bundesweit einzigartige Institution, ausgeübt von einem Spitzenkoch, der zum einen selbstredend sein Handwerk bestens beherrscht, zum anderen über alle Möglichkeiten des Nachkochens verfügt, um auch in praxi klären zu können, ob im Zweifel ein Rezept mit Mängeln behaftet sei. Er steht einer großen Küche vor mit dem ganzen Repertoire an Zutaten und Mitarbeitern vom Pâtissier bis zum Lehrling. Der Rezeptprüfer besitzt zwar kein Stimm-, aber quasi ein Vetorecht.
Die Einrichtung einer solchen Rezeptprüfung ist der wichtigste Ausweis für die sorgfältige und solide Prüfung der vom Deutschen Institut für Koch- und Lebenskunst nominierten Kochbücher. Denn nirgends sonst, außer vor der Wahl zu unserem "Kochbuch

des Monats", müssen Kochbücher einer solch gründlichen Prüfung standhalten.

Früher war es Usus, daß die Kochbuchlektorate ihre Rezepte ausprobierten, bevor sie gedruckt wurden. Heutzutage ist nicht nur jener gute Brauch in den meisten Verlagen aus Kostengründen abgeschafft, sondern ganze Redaktionen mit ihm. Ungewollt wird der Käufer eines Kochbuches jetzt als Tester mißbraucht; und manchmal erst zu spät, wenn er am Herd steht, merkt er, daß er obendrein der Dumme ist.

Unser Rezeptprüfer derzeit ist Thomas Neeser, Sternekoch im weltberühmten Berliner Hotel Adlon und vom Schlemmeratlas unter die 50 besten Köche eingereiht. Er will im Zweifel die Rezepte eines Prüflings "auch alle schnell mal durchkochen". Ohne Unterschied, ob es sich dabei um eine Einführung für Anfänger oder den Prachtband eines Meisterkochs handelt.

Manchmal tritt ein zweiter Vorjuror hinzu. Das wird dann nötig, wenn ein Kochbuch aus mehr als nur aus Rezepten besteht, beispielsweise bei einem literarischen oder kulturhistorischen Thema, sofern es die im Deutschen Institut für Koch- und Lebenskunst vorhandene Kompetenz oder das Wissen der Jury übersteigt. Ein Brecht-Kochbuch par exemple besteht eben nicht nur aus Rezepten zu dem, was der Meister gegessen hat oder seine Gäste vorgesetzt

Kompetenz im Doppelpack: Juror Lohse, Rezeptprüfer Neeser. Kochen im Fischers Fritz und Lorenz Adlon. Dumas, Klassiker und "Kochbuch des Jahres"

bekamen, sondern es enthält auch Informationen zu Leben und Werk. Die müssen stimmen. Und spannend geschrieben sollte es obendrein sein. Diese Kriterien genießen den gleichen Stellenwert wie die Prüfung der Rezepte.
Die drei festen Mitglieder der Jury sind derzeit der Schriftsteller Robert Menasse, die achtzehnjährige Gymnasiastin Eva Backhaus und der Autor selbst; drei unterschiedliche Temperamente, die drei unterschiedliche Herangehensweisen ans Kochbuch verkörpern. Der im Reich des Genusses flanierende Menasse betrachtet Rezepte häufig eher als Anregungen für eigenes Experimentieren. Eva Backhaus hingegen bewegt sich als relative Kochanfängerin gern auf dem sicheren Pfad eines präzisen Rezeptes. Brunner wiederum beschäftigt sich, bei allem Kochwissen, zudem gern mit dem Medium selber. Denn auch ein Kochbuch ist zuallererst einmal ein Buch. Und dessen Prüfung beginnt bei einer solch simplen Frage wie: Funktioniert das Inhaltsverzeichnis?
Woran soll sich ein Verlag denn orientieren, besitzen wir doch keinerlei kompetente Kochbuchkritik? Und eine innovative, anregende gleich gar nicht.
Zwar bequatscht ein Heer von Dorfjournalisten Küchen- und Rezeptliteratur gern in den Ratgeberspalten der Fernseh- und Tageszeitungen, dies oft aber noch nicht einmal mit dem Wissen und dem Verstand einer Hauswirtschaftsmutti. Anzeigenblätter rücken schnell mal eine Kochbuchabbildung mit Waschzetteltext des Verlages ein und so hat man sich auf bequeme Weise ein Geschenk für Omis bevorstehenden Geburtstag erschnorrt. Das ist die Masse.
Und die Minderheit? Die Elite?
Zausen wir nicht gleich das neue Gault-Millau-Magazin, von dessen Lektüre man zwar eingeschlafene Füße bekommt, das sich aber erst noch freischwimmen darf. Nehmen wir fairerweise ein paar Beispiele aus dem Branchenprimus, der für sich neuerlich mit dem Slogan wirbt "Deutschlands bestes Food-Magazin" zu sein. Das ist er in der Tat. Aber kompetente Kochbuchkritik? – Fehlanzeige.
Dafür viel Getöns und Lobhudelei: Im Februarheft beginnt ein festangestellter Redakteur seine Besprechung von "Zu Gast bei

Mozart" der Eva Gesine Baur mit der Einleitung: "Dies ist keiner der heute üblichen, im Schnellverfahren hingehudelten coffee-table-Schinken." Wie sonst bitte darf man den Umstand bezeichnen, daß wir nirgendwo im Buch einen Hinweis über die Herkunft der Rezepte gefunden haben, ob sie nachempfunden oder aus der Zeit und modernisiert oder Klassiker der österreichischen oder nur der Salzburger Küche sind. Welches etwa stammt aus Mozarts Haushalt und ist Original geblieben? Ein Armutszeugnis für eine Kulturhistorikerin, dieses "Abkochen mit Mozart".

Im März-Heft wurde der Deutschlandfunk-Literaturkritiker Denis Scheck ins Rennen geschickt und eine große Chance vertan. Er lästert über die Bücher der Glotzenköche ab. Daß die nicht gerade die Sahnehäubchen der Kochbuchliteratur schreiben, zumindest ahnte das doch jeder Feinschmecker-Leser schon. Nun weiß er es dank Schecks Häme ganz genau. Solches Abwatschen ist zwar kein Kunststück, aber sicherlich populistischer und allemal einfacher, als sich mit den Highlights, den "Kulturgütern" unter den Kochbüchern auseinanderzusetzen. Dazu fehlt es selbst einem Scheck vermutlich am kulinarkritischen Besteck.

Weiter im selben Heft. Dort wird das Kochbuch "Butt" mit dem Grass-Roman "Der Butt" verwechselt und dessen Erscheinen in den Steidl-Verlag verlegt. Ärgerlich für den kleinen Hampp-Verlag und dessen schönes Buch.

Nun wären wir übrigens wieder bei der Frage: Funktioniert denn das Inhaltsverzeichnis? Dollase bespricht auf jener Butt-Seite das "Dieter Müller"-Kochbuch von Dieter Müller. Aber in solche Niederungen steigt ein Großkritiker nicht hinab. (Wir haben auf Mängel des Inhaltsverzeichnisses hingewiesen, die der Verlag in der 2. Auflage korrigiert – so soll es sein.) Jener Kritiker bezeichnet "Dieter Müller" als ästhetisch sehr gelungen. Ja, tolle Fotografie der Luzia Ellert, wir haben das Buch gern zum "Kochbuch des Monats" gekürt, aber die hochgestellten Überschriften auf den rechten und linken Rändern spotten jeder typografischen Regel. Schriften dienen zunächst ihrer Lesbarkeit und nicht zum Verrenken des Kopfes – von den Einkästelungen der Texte schweigen wir.

Grafiker besitzen oftmals den Zwang zur Gestaltung um jeden Preis

und oft mehr guten Willen als Vermögen. Sie können ein Kochbuch schnell verderben. Bedauerlich, wie diese Zunft des Oberflächlichen dem ehrbaren Handwerk des Typografen, der noch um die Bedingungen von Lesbarkeit von Schrift wußte, die Show gestohlen hat.
Die Jury holt auch dazu gerne externen Rat ein: Fotografien müssen gelobt oder verdammt, jedenfalls gewertet werden. Aber in der Regel sieht man sofort, ob sie kongenial sind oder nur bunte Bildchen auf Kundenfang.
Singulär bei der Zusammensetzung unserer Jury ist die Partizipation eines Spitzenkochs. Das ist in der Regel ein Koch mit höchsten Wertungen. Nun sind das keine gerade unterbeschäftigten Zeitgenossen, denen man mit der Bemerkung ‚such dir eins aus!' 500 Kochbücher vor die Füße kippen kann.

Drei Köche, sieben Sterne: Juroren Bühler, Bourgueil, Haas. Kochen in der Résidence, im Im Schiffchen und im Tantris.

Er wird, ist das Votum der festen Mitglieder einigermaßen klar, danach eingeladen, ob er eine Affinität zum anvisierten Kochbuch haben könnte, ob er also in dessen Thema gut bewandert ist.
Beim "Kochbuch des Monats" September sprach der Rezeptprüfer eine Warnung aus. Aber er rief aus seinem Urlaub an und konnte deshalb nicht nachkochen. Zu diesem Problem befragten wir das geladene Jurymitglied September, den Spitzenkoch und Fischexperten Christian Lohse. Der bestätigte Neeser ohne wenn und aber. So floß in das Votum der Jury Thomas Neesers Warnung ein...

Frank Brunner

Beispielhaft und Sieger als „Kochbuch des Monats" im Januar, Februar und März 2006: Müller: Gräfin Schönfeldt, Fuchs/Harrer.

Ihre Essentials hat die Jury in der Wahl der Kochbücher der Monate Januar, Februar und März abgebildet:

Im Januar wurde an einem Luxuskochbuch, dem Prachtband "Dieter Müller", die Frage ‚Nabelschau oder nachkochbar?' abgearbeitet. Dazu hat Robert Menasse unter der Überschrift "Gemeinsam satt werden" einen ausführlichen und höchst amüsanten Artikel geschrieben, den wir im Feuilleton der "Welt" veröffentlicht haben. Das hat uns sofort unserem Ziel, zu kommunizieren, daß Kochbücher Kulturgüter seien, näher gebracht: die Kritik eines Kochbuchs wurde dort veröffentlicht, wo Bücher üblicherweise rezensiert werden – das Kochbuch zu mehr als bloßem Futter für die Ratgeberseite tauglich.

Im Februar hat zur Begeisterung aller Juror Berthold Bühler einen Beitrag geschrieben, den wir ins Internet gestellt haben. Am Beispiel des gekürten Fontane-Kochbuches fordert der Zwei-Sterne-Koch, daß Kochbücher wieder mehr mit dem Leben der Menschen zu tun haben sollten und nicht nur Sammlungen von Rezepten im luftleeren Raum sein dürften.

Die "Besoffenen Kapuziner", das Kochbuch im März, erfüllt wie kein zweites den Anspruch, daß Kochbücher nicht erst zu Mahlzeiten Genuß bescheren sollten, sondern Vergnügen schon bei der Lektüre. Eine bessere Verlockung zum Kochen läßt sich nicht denken…

Kochbücher sollen für Nachköche taugen, von der Sklaverei am Herd befreien und Lustköche wachküssen.

Leisten das Rezepte im Internet? Niemals. Kochen ist schließlich ein hochgradig sinnlicher Vorgang – und findet im Kochbuch seine haptische Entsprechung.

Der Arbeit der Jury wird dadurch Nachhaltigkeit verliehen – und das macht sie stolz –, daß potente Medienpartner ihr Votum publizieren: das Magazin *Focus* mit 6,9 Millionen Lesern, das Kulturradio *MDR-Figaro* und *Buchmarkt*, die Fachzeitschrift, die den Buchhandel von innen erreicht.

Alle drei veröffentlichen das Votum in derselben Woche. Buchmarkt erscheint immer am ersten Mittwoch des Monats. Am Montag davor wird das Votum "Kochbuch des Monats" auf der Seite Listen ("in und out"), der populärsten Seite des Focus, abgedruckt und am Freitag eben dieser Woche folgt ein Radiointerview über das Kochbuch des Monats im Mittagsjournal von MDR-Figaro zwischen 13 und 14 Uhr, nachzuhören und nachzulesen auf MDR-online.

Aber zuvor, in einer konzertierten Aktion, mit dem Ergebnis der Juryentscheidung in der Hand, darf die Vertriebsabteilung des Verlages aktiv werden. Denn selbstverständlich wollen wir verkaufen helfen. Beispiele belegen auch dabei unseren Erfolg. Wozu sonst sollte eine mit solchen Mühen verbundene Auswahl nützlich sein?

Doch dazu, daß uns allen bereits beim Lesen das Wasser im Munde zusammenlaufe.

Evolution oder Revolution?

Florentine Schwabbauer / Christian Verlag
Übersetzt aus dem Spanischen nach Jose Carlos Capel

Eigentlich wollte ich ja über ´Das fleißige Hausmütterchen´ schreiben. Ich sammle nämlich seit Jahren alle möglichen Kochbücher, Hauswirtschafts-, Geflügel- & Kaninchenzucht- und sonstige Tischkultur-Bücher aus der „guten Alten Zeit". Sie bereiten – mit dem gereiften Blick der 100 Jahre Älteren – ein ungemeines Lesevergnügen, sie bieten große Weisheiten, Althergebrachtes und Exotisches und viele Überraschungen! Es wäre also eine Abhandlung darüber geworden, wie wir Hausmütterchen von heute uns noch immer von Henriette Davidis oder Susanna Müller oder Dr. Erich Urban inspirieren lassen können.

Aber dann lag plötzlich das Manuskript **„Die AVANTGARDEKÜCHE SPANIENS"** auf meinem Schreibtisch und ich entschloss mich, das Hausmütterchen vielleicht auf nächstes Jahr zu verschieben und einen gewaltigen Schritt vom 19. ins 21. Jahrhundert zu machen.

José Carlos Capel hat das Buch, das der Christian Verlag in diesem Herbst publizieren wird, geschrieben. Die Rezepte stammen selbstverständlich von den Küchenchefs, den Anführern der Küchenrevolution gewissermaßen. Im Folgenden gebe ich eine Kurzfassung seiner Einführung, die den Weg der spanischen Küche zur heute führenden Kochkunst Europas, ja weltweit, nachzeichnet. Dass die spanische Avantgarde-Küche im ausgehenden 20. Jahrhundert die Welt überraschen konnte, hat sie den Techniken zu verdanken, die einige Köche entwickelt haben, nachdem Ferran Adrià sie mit seinem Erneuerungsgeist angesteckt hatte:

Als Juan Mari Arzak mit einer Gruppe von Gleichgesinnten die neue baskische Küche ins Leben rief, löste er eine rasante Entwicklung in der spanischen Gastronomie aus. Zum Zeitpunkt der Veröffentlichung dieses Buchs sind nun schon fast 30 Jahre unaufhaltsamer Veränderungen und Umwälzungen vergangen, Jahre, die von Ehrgeiz, Leistungswillen, harter Arbeit, Wissbegierde, systematischer Forschung und launischen Moden geprägt waren. Diese jüngste Geschichte hat die spanische Küche inzwischen an die Spitze der Avantgarde katapultiert. Und deshalb sind die Urheber dieser Revolution, die sich in ganz Spanien wie ein Lauffeuer ausbreitete, noch lange nicht in Vergessenheit geraten: Subijana, Arguiñano, Roteta, Fombellida, Zapiraín, Quintana, Idiáquez, Castillo und Irízar.

Nach den ersten Gehversuchen, bei denen sie bewundernd nach Frankreich schauten und sich insbesondere die Arbeit von Paul Bocuse, Michel Guérard und der Brüder Troisgros zum Vorbild nahmen, begannen die Wegbereiter des Wandels, sich mit größtem Respekt vor den geschmacklichen Traditionen ihrer Heimat weiterzuentwickeln. Als Mitte der 80er-Jahre ein weiterer Baske von sich reden machte – der große Hilario Arbelaitz, der eine klug modernisierte klassische Küche verkörpert – waren die Prinzipien der „Nouvelle Cuisine" unter den spanischen Avantgarde-Köchen praktisch schon zur Routine geworden. Man darf nicht vergesssen, dass Paul Bocuse höchstselbst schon 1982 den Tod dieser Erneuerungstendenz angekündigt hatte. „La nouvelle cuisine est morte", erklärte der Papst der französischen Küche ohne Umschweife und gab damit zu verstehen, dass in Zukunft eine unaufhörliche Folge von Veränderungen zu erwarten war.

In keinem anderen Land Europas war eine so große Dynamik wie hier in Spanien zu verspüren. Der erste Fortschritt führte zur „Küche der Aromen", einem stark mediterran gefärbten Trend, der eine faszinierende Reise in das Reich der nach Gewürzen duftenden und parfümierten Gerichte sowie eine Wiederentdeckung der alten Kräuter und Unkräuter darstellte. Damals kam auch eine „geometrische" Küche in Mode, von Gastronomiekritiker García Santos „Terrinen-Manie" getauft, die pompös und gekünstelt alles Essbare zu Terrinen und Pasteten verarbeitete. Dazu kürzere Garzeiten, nicht durchgebratenes Fleisch, saftiger Fisch und „al dente" gegartes Gemüse – die in Anlehnung an Picassos „rosa Phase" so genannte „rosa Küche". Unterdessen hielten Dinge wie das kunstvolle Anrichten der Speisen, leichte Saucen und die Suche nach neuen Farbeffekten mit orientalischer Inspiration Einzug in eine Richtung der Gastronomie, die unter dem Namen „Autorenküche" bekannt wurde. Auf Schritt und Tritt begegnete man neuen kulinarischen Kreationen, bei denen es zuweilen am Sinn für das richtige Gleichgewicht fehlte. Es ging darum, originell zu sein, was allerdings oft mit der Gefahr einherging, dass absurde Kombinationen entstanden. Aber das machte nichts; der Fortschritt war trotz Fehlern nicht zu bremsen.

Mitte der 80er-Jahre waren die in Vitoria veranstalteten Wettbewerbe für Haute Cuisine bereits eine Institution geworden. Auf Initiative von García Santos und gesponsert vom Restaurant Zaldiarán verwandelte sich die Hauptstadt des Baskenlands Jahr für Jahr einige Tage lang in eine gastronomische Hochburg. Zum großen Vergnügen der Einheimischen und Besucher wurde das Zaldiarán zur Bühne, auf der das aromatische Potenzial der Küche von Michel Guérard, die Theorie der knusprigen Lebensmittel von Michel Tramá, die barocken und gewagt gewürzten Kompositionen von Didier Oudil, die kulinarische Intellektualität von Michel Bras und die kompromisslos mediterrane Küche von Alain Ducasse vorgeführt wurden. Damals fanden auch schon die Eleganz des Hilario Arbelaitz große Beachtung, die Feinfühligkeit des Fermín Arrambide und die kreative Genialität des Ferran Adrià, bei dem bereits zu erkennen war, wie viel Fantasie und Erfindungsgabe er besitzt.

Zwischen 1985 und 1990 war das Goldene Zeitalter der spanischen Küche. Mit dem wirtschaftlichem Aufschwung in der zweiten Hälfte der 80er-Jahre wurde die Haute Cuisine von einem derartigen Erneuerungsfieber ergriffen, dass viele Köche bisweilen die Verbindung mit den traditionellen Rezepten verloren. Die gute alte Küche Spaniens wurde zumindest teilweise auf dem Altar einer angeblichen Modernität geopfert. 1987 bekam das Madrider Restaurant Zalacaín die ersehnten drei Michelin-Sterne; erst zwei

Jahre später wurde Arzak mit zwei Sternen belohnt. Aber trotz der großartigen Leistung einzelner Küchenchefs, manövrierte sich das spanische Gastgewerbe mit seinem übertriebenen Narzissmus in die Krise. Weil man unbedingt als modern gelten wollte, präsentierte man zum Beispiel neue Produkte als Nonplusultra der Eleganz. Die süße Sahne, fett und alles geschmacklich vereinheitlichend, übte weiterhin ihre Tyrannei bei der Herstellung vieler Saucen aus; der schwere Lachs aus nördlichen Gefilden tauchte immer wieder auf den Speisekarten vieler Lokale auf; Ente (Leber und Brüstchen) und Piquillo-Paprikaschoten wurden zu einer öden Leier, und die Kiwis, schön, aber fad, schmückten süße und salzige Speisen. Trotz allem gab es Tag für Tag Fortschritte. Als die Fisch-Carpaccios aus Lachs, Wolfsbarsch und Seeteufel, das Dampfgaren und die Saucen aus Gemüse in Spanien aufkamen, bewiesen die hiesigen Köche erneut, dass ihnen beim Zubereiten von Fisch in Europa niemand das Wasser reicht.

Doch obwohl die spanischen Gastbetriebe jetzt im Eiltempo versuchten seriöser zu werden, konnten sie unzählige Mängel nicht verdecken, unter anderem die fehlende Professionalität im Umgang mit dem Gast. Das galt fast durchgehend als unwichtig, als überflüssig, denn die Autorenküche wollte ja mit Luxus und ausgefallenem Ambiente locken. Die obligatorische Runde durch den Gastraum, bei der die Spitzenköche jeden Tisch besuchten, wurde zum vielfach nachgeahmten Spektakel. Leider konnte in den „glücklichen 80ern" keiner ahnen, dass eine Trendwende bevorstand. Erst als sich Anfang der 90er-Jahre die Wirtschaftskrise bemerkbar machte, erwachte die Haute Cuisine aus ihren süßen Träumen. Den Gerüchten über Bankrotte, Zahlungseinstellungen und Schließungen, die im Frühjahr 1991 kursierten, war ein schwaches Geschäftsjahr vorausgegangen. In der Öffentlichkeit machte sich allgemeiner Unmut über die maßlos ausgeuferten Preise des Gastgewerbes breit. Als die Proteste im Sommer 1992 unüberhörbar wurden, fingen die Restaurants an, als Reaktion auf die Wirtschaftskrise, ihre Gerichte abzuändern und die Speisekarten umzugestalten. Anfang der 90er-Jahre verlor man das Interesse an Neuheiten, Farbeffekten und originellen Kombinationen. Die besten Köche suchten jetzt (wieder) in

Evolution oder Revolution?

der regionalen und traditionellen Küche nach attraktiven Rezepten, um sie an aktuelle Ansprüche anzupassen. Alles schien darauf hinzudeuten, dass die altbekannten Rezepte einen Aufschwung erleben würden. Parallel dazu zeichnete sich immer deutlicher ab, dass die Küche der Zukunft nicht umhin kommen würde, ernährungswissenschaftliche Erkenntnisse zu berücksichtigen. Auf den Märkten tauchten hie und da biologisch-dynamische Lebensmittel auf, und nicht wenige Berufsköche zeigten eine deutliche Vorliebe für die leichte Küche, bei der Anfang der 80er-Jahre der Franzose Michel Guérard Geburtshilfe geleistet hatte.

Ferran Adrià

In der ersten Hälfte der 90er-Jahre erregten zwei große Köche, Martín Berasategui und Ferran Adrià, im kulinarischen Panorama Spaniens immer mehr Aufmerksamkeit. Berasategui mit seinem Restaurant in Lasarte (Provinz Guipúzcoa, Baskenland) beeindruckte mit seinem außergewöhnlichen Arbeitsvermögen und einer nie da gewesenen kreativen Hingabe an die Produkte seiner baskischen Heimat. Seine Küche, die mit ähnlicher technischer Präzision arbeitete wie die großen Patissiers, war voll brodelnder Begeisterung und Experimentfreude. Dutzende von Jungköchen kamen zu ihm, um sich ausbilden zu lassen. Der zweite im Bunde, Ferran Adrià, hatte seinem herausragenden Restaurant elBulli bereits einen soliden Ruf verschafft und begann jetzt dank seinem hohen technischen Niveau und der Fähigkeit zu überraschen, eine steile Karriere. Aber niemand, nicht einmal er selbst, hätte damals voraussagen können, welch große weltweite Bedeutung seine Arbeit einmal haben würde. Nicht weniger relevant war die Arbeit von Santi Santamaría, dessen verfeinerte klassische Eleganz auf katalanischem Boden mit Fug und Recht als vorbildlich galt. Von den Dreien war er der Erste, der (1994) die drei Michelin-Sterne bekam; es folgten Ferran Adrià im Jahr 1997 und Berasategui 2001.

Ende der 90er-Jahre gelang der spanischen Haute Cuisine der Durchbruch. Mit dem ihm eigenen Scharfblick behauptete Adrià, der Fortschritt der Kochkunst werde an dem Tag beginnen, an dem Wissenschaftler und Köche Hand in Hand arbeiteten. 1997 weihte er seine berühmte „Werkstatt" (taller) für Versuche und Forschungen ein, um die kreative Arbeit im elBulli von den täglichen Aufgaben des Restaurantbetriebs zu trennen. Untergebracht war die Werkstatt zunächst in den Küchen, die sein Cateringbetrieb Bullicatering im Aquarium von Barcelona besaß; 1999 kam der Umzug in die Portaferrisa-Straße unweit der Ramblas von Barcelona. In einem Zeitraum von sechs Monaten – während der Winterpause des Restaurants – entstanden dort einige der Ideen und Küchentechniken, die die Köche in aller Welt am meisten beeinflusst haben. Ein Beleg dafür sind seine Kugelgebilde, seine Gelier- und Emulgierprozesse und viele weitere Arbeitsmethoden, die direkt in die Texturen der Lebensmittel eingreifen. Zum Beispiel stellte Adrià Melonenkaviar aus Alginat und Kalziumchloridlösung her. Von Anfang an spielte in Adriàs Arbeitsteam Oriol Castro eine herausragende Rolle, ebenso wie Albert Adrià, der sich im Schatten seines Bruders zum besten unbekannten Koch (vor allem Patissier) der Welt entwickelte.

Beim ersten „Forum Gastronomic de Vic" (gastronomisches Forum von Vic), das im Februar 1999 stattfand, führten Michel Bras, Pierre Gagnaire und Ferran Adrià eine tiefschürfende Debatte über die Dichothomie von Technologie und Kreativität. Fortschritt sei nur möglich, darin waren sie sich einig, wenn man die richtige physikalische und chemische Erklärung für jedes beliebige kochtechnische Verfahren finde.

1988 begründete der französische Physiker und Chemiker Hervé This die molekulare Gastronomie, eine wissenschaftliche Fachrichtung, die er gemeinsam mit dem Physiker Nicolás Kurti, Professor in Oxford, schuf. Hierbei sollen mithilfe der Technik kulinarische Reaktionen erklärt werden. Kein Wunder, dass die Bücher von This, als sie ins Spanische übersetzt wurden, bei den hiesigen jungen Köchen Furore machten. Im November 1999, also kurz nach dem Forum von Vic, verschlug es den Teilnehmern des in San Sebastián veranstalteten Kongresses „Lo Mejor de la Gastronomía"

(Das Beste der Gastronomie) die Sprache, als Adrià die enormen Möglichkeiten des „Pacojet" vorführte, eine Art Sorbetmaschine mit Messern aus Titan, mit der man in Sekundenschnelle geeiste Cremes und Pürees mit bislang unbekannten Konsistenzen zubereiten konnte. So begann die Ära der neuen Geräte, die in Spanien erfunden oder von dort aus bekannt gemacht wurden. Abgesehen von Ferran Adrià und seinem Mitarbeiterteam hatte sich Anfang 2000 eine Gruppe von Spitzenköchen der zweiten und dritten Generation der spanischen Avantgarde – Joan Roca, Andoni Aduriz, Dani García, Quique Dacosta, Josean Martínez Alija – herausgebildet, die mit ihren Arbeitsmethoden neue Moden und Trends schufen. Ihre revolutionären Techniken verändern auch weiterhin das Verständnis der Kochkunst, werden in anderen Ländern imitiert und üben einen erheblichen Einfluss in allen westlichen Industrieländern aus.

Was könnte der passendste Name für diese kulinarische Revolution sein, die nach der „Nouvelle Cuisine" der 70er-Jahre das international bedeutendste Ereignis in der kulinarischen Welt gewesen ist? In einem im August 2003 in der New York Times erschienenen Artikel über die spanische Avantgarde-Küche bezeichnete der Journalist Arthur Lubow diese Bewegung als „neue Nouvelle Cuisine"; der katalanische Journalist Pau Arenós wählte in einem 2006 in El Periódico de Cataluña veröffentlichten Beitrag den Ausdruck „techno-emotionale Küche"; seinem Kollegen Juan Manuel Bellver, Gastronomie-Fachjournalist der Zeitung El Mundo, gefällt die Bezeichnung „techno-logische Küche" besser, während der nicht weniger intuitive Toní Monné, ein katalanischer Journalist, beharrlich am Begriff „Revolution der Schäume" festhält, eine Würdigung der großen Bedeutung der ersten Techno-Kreationen Ferran Adriàs mit dem Siphon von iSi.

Wie dem auch sei, die Arbeiten von Quique Dacosta mit Aloe Vera, die von Dani García mit flüssigem Stickstoff – seine criococina (Tieftemperaturküche) –, die erstaunlichen Destillationen bei niedriger Temperatur von Joan Roca, das vom Andalusier Angel León erdachte System zum Entfetten von Brühen mithilfe von Algen und zahllose andere innovative Küchentechniken, die ab 1995 in Spanien entwickelt worden sind, verdienen es alle, ausdrücklich erwähnt zu werden. In der spanischen kreativen Küche gibt es Profis, die sich neue Rezepte ausdenken, und andere, die sich in die Techniken vertiefen, um die Behandlung der Rohmaterialien zu perfektionieren. Rezepte, auch wenn sie noch so genial sind, kommen aus der Mode. Genau das Gegenteil passiert mit den Techniken: Wenn sie wertvoll sind, werden sie gültig bleiben und Raum für völlig neue Formeln schaffen. Dass die spanische Avantgarde-Küche im ausgehenden 20. Jahrhundert die Welt überraschen konnte, hat sie den Techniken zu verdanken, die einige Köche entwickelten, nachdem Ferran Adrià sie mit seinem Erneuerungsgeist angesteckt und seine Experimente bekannt gemacht hatte. Genauso wie früher die französischen Köche nachgeahmt wurden, werden gegenwärtig die spanischen Erfindungen von Berufsköchen in aller Welt imitiert. Und diese brillante, aus eigener Kraft geschaffene technische Küche („cooking hightech"), die im Grunde nur den Geschmack intensivieren und die Beschaffenheit perfektionieren will, bereichert auch die zeitgenössische Küche Spaniens in ihrer gesamten Breite.

Jaime Renedo

30 Jahre neue Küche, lang genug, um drei Generationen von Spitzenköchen hervorzubringen, denen dieses Buch gewidmet ist. Die letzte Generation besteht aus einer Gruppe junger Kochtalente aus Andalusien, Navarra, Extremadura, Valencia, Madrid, Galicien, Katalonien und dem Baskenland. Es sind Köche um die Dreißig, die, obwohl sie erst am Anfang ihrer Berufskarriere stehen, bereits ihr Können und Wissen bewiesen haben: Eneko Atxa (Restaurant Arzumendi), Darío Barrio (Restaurant Dassa Bassa), Iñigo Lavado (Restaurant Iñigo Lavado), Benito Gómez (Restaurant Tragabuches), Marcos Morán (Restaurant Casa Gerardo), Jordi Vilà (Restaurant Alkimia), Richard Alcayde (Restaurant

Med), David Yarñoz (Restaurant El Molino de Urdaniz), Ramón Caso (Restaurant Altair), Jaime Renedo (Restaurant Asiana), Xosé Cannas (Restaurant Pepe Vieira), Joaquín Felipe (Restaurant Europa Decó), Pedro Martino (Restaurant L'Alezna), Oscar Velasco (Restaurant Santceloni) und Ricard Camarena (Restaurant Arrop). Natürlich ist dies eine zwangsläufig begrenzte Auswahl, die viele andere Jungköche nicht berücksichtigt, die auch schon auf höchstem Niveau arbeiten. Einige von ihnen bieten eine kosmopolitische Küche. Die meisten aber haben sich einer modernen, doch ihren Ursprüngen verhafteten Küche verschrieben, die den Aromen der jeweiligen Region treu bleibt. Und ganz offensichtlich folgen sie alle

den Gedankengängen ihrer Vorgänger, ohne deren Unterweisungen sie niemals dahin vorgedrungen wären, wo sie heute stehen.

Die Liste der Kochgrößen scheint unerschöpflich. Natürlich kann niemand voraussagen, wie lange die spanische Avantgarde-Küche ihre Spitzenposition behaupten wird. Sie hat viel auf der Habenseite: Sie hat alle Grenzen der Fantasie und der Ernährungswissenschaft gesprengt, sie setzt neue Geräte ein, geht mit dem Rohmaterial höchst respektvoll um und verwendet Aromen und Produkte aus aller Welt, mit denen sie sich zu einem internationalen Kulturmix bekennt. Spanien ist aber gerade auch durch die Betonung seiner eigenen Geschmackswelt – Fisch, Gemüse, Olivenöl – zum Mittelpunkt der neuen gastronomischen Tendenzen geworden. Unter dem Einfluss Spaniens kommen die besten Berufsköche der westlichen Welt zu einem neuen Verständnis ihrer Arbeit – nicht umsonst ist Adrià in den USA zu einer der 100 einflussreichsten Personen der Welt erklärt worden. Bis vor kurzem waren die Franzosen noch die großen Lehrmeister der Küche, heute schauen die besten Küchenchefs nach Spanien, wo man an Etabliertem rüttelt und nicht stehen bleiben will.

Aber das Beste kommt erst noch. Während man in den USA und den europäischen Ländern erste Anzeichen für das Entstehen kreativer Schulen beobachten kann, reift in Spanien schon eine großartige dritte Generation von Kochprofis heran, die besser ausgebildet ist als die vorhergegangene. Die Rezepte der jungen spanischen Talente sind weltoffen und wollen mit einem Hauch Leichtigkeit und Exotik verführen – Zeitzeichen, die für eine Moderne ohne Grenzen, ohne Lokalpatriotismus stehen. Nie zuvor waren die Zukunftsaussichten der Avantgarde-Küche so vielversprechend. Wenn alles so weitergeht wie bisher, kann man wohl davon ausgehen, dass die Chronik der Kochkunst noch lange Zeit in spanischer Sprache geschrieben wird.

„Herr Ober, die halbe Rechnung bitte!"

Olaf Plotke / Redakteur
Kai Weidner / Koch

Schäm Dich nicht, beim Kaufen und Verkaufen über den Preis zu verhandeln.
(Jesus Sirach, 42:5)

Bis zum August 2001 war die Welt noch in Ordnung. Da ging man in ein deutsches Restaurant und bezahlte am Ende, was man gegessen und getrunken hatte. So war es immer und so würde es nie mehr sein.

Denn dann fiel das deutsche Rabattgesetz und plötzlich saßen die ersten Gäste mit einem so genannten Gutscheinbuch am Restauranttisch. In diesem Buch fanden sich diverse Restaurants der Gegend, die mit einem Gutschein um Gäste warben. Für diesen Gutschein gab es das zweite, günstigere oder „gleichteure" Gericht gratis. Ein einfaches System, das nur aus dem Land kommen konnte, in dem das Essen nichts mehr wert ist: Amerika.

Den Import der Idee nach Deutschland besorgte die blutjunge Studentin Kerstin Kuffer. Sie gab das erste Gutscheinbuch für Regensburg und Umgebung heraus. Was anfangs vielleicht belächelt wurde, entwickelte sich zu einer Erfolgsgeschichte ohnegleichen. Im Jahr 2005 gab die Kuffer Marketing GmbH bereits Gutscheinbücher für mehr als 200 Städte in Deutschland heraus, mit einer Auflage von 3 Millionen Exemplaren.

Und sie ist längst nicht mehr die Einzige, die auf diesem „Friss-für-die-Hälfte"-Markt mitmischt: Über hundert Millionen Restaurantgutscheine soll es nur 5 Jahre nach dem Fall des Rabattgesetzes in Deutschland bereits geben. Bis zu 50 Prozent der Gäste in Deutschlands Restaurants sind mittlerweile Gutscheinbuch-Gäste. Die gefühlte Preissteigerung durch den Euro holen sich die Verbraucher seitdem mit kleinen bunten Zettelchen doppelt und dreifach zurück.

Der Deutsche ist dafür bekannt, nicht gerne zu feilschen. Deshalb liebt er wohl sein Gutscheinbuch so sehr. Er muss mit dem Ober nicht diskutieren, sondern nur sein Gutscheinbuch zeigen und die Sache ist klar. Eine tolle Erfindung für Restaurantgäste. Für die Restaurantbetreiber aber ist das Gutscheinbuch Fluch und Segen zugleich. Denn eine große Gruppe von Gutscheinbuchnutzern sind Nassauer, die wie Nomaden von einem Restaurant zum anderen ziehen und ganz nach dem Motto „Geiz ist geil" so gut und günstig wie möglich speisen wollen. Diese Gutscheinbuch-Nomaden bestellen dann meist auch nur ein Getränk für beide Personen zum Essen. Und diese Gäste sieht das Restaurant erst dann wieder, wenn es die nächste Auflage des Gutscheinbuchs gibt. Oder sie sind im Besitz gleich mehrerer Gutscheinbücher. Dann lassen sie dem Restaurant die zweifelhafte Ehre ihres Besuchs noch einmal zuteil werden Groteskerweise sind gerade diese Billigheimer die Kunden, die sich stets am lautesten über angebliche Fehler der Küche beschweren. Da wird gerne mal ein Rumpsteak erst halb aufgegessen und dann Alarm geschlagen, weil es ja nicht so blutig ist wie bestellt. Da kann man als Koch oder Ober nur versuchen, Haltung zu bewahren. Auch wenn es schwer fällt.

Olaf Plotke und Kai Weidner

Aber es gibt auch die anderen Gäste. Die, die das Buch als Chance betrachten, auf eine kulinarische Entdeckungsreise durch ihre Stadt oder Region zu gehen. Und diese Gäste kommen auch wieder, wenn es ihnen gefallen hat. Dann ohne Gutschein. Und sie sind es auch, die so herausfinden wollen, wo sie am besten ihren runden Geburtstag oder ihre Hochzeit feiern können. Und dann hat sich auch für das Restaurant die Teilnahme am Gutscheinbuch gelohnt.
Eine wirkliche Wahl haben die Restaurants übrigens nicht: Die Gutscheinbücher sind für sie längst zur Pflichtveranstaltung geworden.

„Herr Ober, die halbe Rechnung bitte!"

Die Bücher werden so massiv genutzt, dass eine Nichtteilnahme dazu führen könnte, dass Restaurants wie leergefegt wären. Es ist also schon fast zum Zwang geworden, auf die eigenen Gerichte einen kräftigen Preisnachlass zu gewähren.

Das versuchen einige Restaurants auch dadurch zu kompensieren, dass sie Gutscheinbuch-Gästen kleinere Portionen oder schlechtere Qualität servieren. Eine Idee, die weder bei der Gruppe der Billigheimer noch bei den Entdeckern Erfolg verspricht. Denn die Mund-zu-Mund-Propaganda funktioniert noch immer. Diese Restaurants schaufeln sich so ihr eigenes Grab. Ihnen ist eher zu raten, an dem Gutscheinsystem gar nicht erst teilzunehmen.

Die Inflation der Gutscheinbücher hat leider dazu geführt, dass es oft kein klares System bei der Zusammenstellung der Restaurants gibt. Da findet sich ein Billig-Schnitzelbräter nur eine Seite vor einem Edelrestaurant, dem dann ein Gyrosparadies auf der nächsten folgt.

Das Gutscheinbuch hat verhindert, dass im Restaurant gefeilscht wird wie auf dem Marktplatz. Beschleunigt hat es aber den Verfall des Werts einer Mahlzeit. Denn es ist ja nicht der Lockruf der guten Küche, der die Gutscheinbuch-Genießer ins Restaurant lockt, sondern der zweistellige Rabatt. Dass gute Produkte und eine frische Zubereitung durch gelernte Köche eben ihren Preis haben müssen, bleibt auf der Strecke. So greift die ALDIsierung jetzt seit einigen Jahren also auch auf die Restaurants über.

Und sie macht dort nicht Halt. Längst gibt es erste Gutscheinbücher

für einen günstigeren Kinobesuch, Kleiderkauf, belegte Brötchen und und und.
Aber aufgepasst, denn eines wird es nicht geben: ein Gutscheinbuch für den 50-prozentigen Sündenerlass im Himmel. Diese Idee erlebte zwar einst auch reißenden Absatz, scheiterte dann aber zu Recht auf ganzer Linie.

Das Buch mit weiteren kulinarischen Gedanken von Olaf Plotke und gekochten Antworten von Kai Weidner ist im Verlag Gebr. Kornmayer erschienen.

Ludwigs kulinarische Streifzüge

Uschi Heusel / Cartoonistin

...und wenn Ludwig noch ein genialer Titel für seine Speise einfällt, steht seiner Karriere nichts mehr im Wege.

Kochbücher, zum Schenken schön

Monika Römer / Hölker Verlag

Klassisch, nostalgisch, emotional gestaltet, voller Charme, originell, typisch Hölker – so beschreiben viele Buchhändler und Kunden das Programm des Hölker Verlags. Angefangen hat alles 1972. Damals hatte der Münsteraner Wolfgang Hölker eine ungewöhnliche Idee: „Das erste Buch ist auf dem Küchentisch unserer Wohngemeinschaft entstanden", erinnert sich der Verleger heute. „Es war ein Kochbuch mit Rezepten aus dem Münsterland, in Leinen gebunden und ungewöhnlich aufgemacht. Ich war überzeugt, dass das Konzept Kochbuchverlage begeistern würde – aber keiner glaubte damals, dass sich regional bezogene Bücher verkaufen lassen." Doch Wolfgang Hölker war so von seiner Idee überzeugt, dass er sich entschloss, das Buch selbst zu verlegen. „Natürlich gab es Schwierigkeiten, einen Geldgeber zu finden. Denn welche Bank gibt einem ambitionierten jungen Mann schon einen Kredit für bedrucktes Papier?! Außerdem musste ich eine Druckerei finden, die das aufwändig gestaltete Buch in einer kleinen Auflage druckt. Noch heute bin ich der Druckerei dankbar, die das Projekt gemeinsam mit mir voller Leidenschaft realisiert hat." Das war der Beginn einer noch heute andauernden, freundschaftlichen Zusammenarbeit.

Wer kennt sie nicht? In nostalgisch gemustertes Leinen gebunden und mit „echten" Fettflecken, Gewürzen und handschriftlichen Randbemerkungen „wie von Oma" versehen, entwickelten sich die Landschaftskochbücher in den 70er und 80er Jahren zu wahren Klassikern der regionalen Küche von Schleswig-Holstein bis Tirol. Unverwechselbar liebevoll ausgestattet, finden sich diese Titel noch heute in vielen Haushalten. Die Nachfrage hält an, entsprechend werden manche Titel bis heute immer wieder nachgedruckt – dabei sind ‚Das Kochbuch aus dem Münsterland' und ‚Das Kochbuch aus Ostfriesland' seit 30 Jahren lieferbar.

Monika Römer

Das Verlagshaus *Wolfgang Hölker*

Erfolgsrezept?!

Fragt man den Verleger, woher der Erfolg dieser Reihe rührt, antwortet er spontan: „Ich glaube, dass gerade die Regionalität der Rezepte den Erfolg ausmacht. Denn durch sie haben wir ganz klare Zielgruppen definiert: die Lokalpatrioten, die Urlauber und diejenigen, die ein Gastgeschenk suchen. Ein weiterer Erfolgsfaktor ist sicherlich die ungewöhnliche Aufmachung. Das gilt aber nicht nur für die Landschaftsküche. Da ich ein visueller Mensch bin, ist es mir wichtig, dass all unsere Kochbücher das ‚besondere Etwas' haben. Wir verlegen keine umfangreichen Grundkochbücher, in denen man Basisrezepte für Suppen und Saucen sowie eine Sammlung von Standardgerichten und Backrezepten findet, die mit einem gewissen Anspruch auf Vollständigkeit daherkommen. Wir setzen auf kleine, aber feine Kochbücher, die bis ins letzte Detail liebevoll gestaltet sind und entsprechend bei den Buchhändlern und Kunden eine große Emotionalität wecken. Dabei haben wir immer eine konkrete Zielgruppe bzw. einen besonderen Geschenkanlass vor Augen."

Mehr als nur ein Buch

„Um auf Dauer Erfolg zu haben, muss man aber auch den Mut zur Veränderung besitzen", erläutert Wolfgang Hölker. „Mir ist es wichtig, dass wir nicht nur mit der Landschaftsküche identifiziert werden. Ich möchte die Freunde des Verlags immer wieder aufs Neue mit ungewöhnlichen Ideen überraschen und neue Zielgruppen gewinnen." Und das gelingt ihm ...

So richtet sich die Reihe ‚Augenschmaus & Gaumenfreude' an die Zielgruppe der Reiselustigen: Neben den traditionellen und originellen Rezepten aus verschiedenen Urlaubsregionen wie beispielsweise Kreta, Mallorca oder Provence finden Liebhaber dieser Reiseziele Informationen rund um die regionalen Küchentraditionen – und den Umschlag ziert jeweils ein landestypisches Mitbringsel zum Beispiel ein kretischer Honigspender, eine Tapasgabel oder ein Kräutersäckchen.

Ungewöhnliche Buchideen finden die Leser insbesondere im Programmbereich ‚Geschenkbücher mit Pfiff'. So weist ‚Das Mafia-Kochbuch' einen echten Pistolen-Durchschuss auf, der Titel ‚Männerwirtschaft' hält einen handlichen Dosenöffner bereit, und ‚Satt durch alle Semester', ein Kochbuch von Studenten für Studenten, knüpft mit einem frechen Layout und den witzigen Ansteckbuttons an den Erfolg seiner Vorgänger an. Fotos, Einkaufszettel und Quittungen, die den Innenseiten den besonderen Pepp geben, sind dabei von den Studenten mitgeschickt worden.

„Wir bauen das Programmsegment ‚Geschenkbücher mit Pfiff' außerdem weiter aus, indem wir zum Beispiel klassischen Themen wie ‚Waffeln', ‚Bier' oder ‚Weihnachtsgebäck' ein neues Gewand verleihen: Als formgestanzte Bücher sind sie das attraktive kleine Mitbringsel für jede Gelegenheit", so die Lektorin Monika Römer.

Ungewöhnlich für einen Buchverlag sind aber auch die Geschenksets „Book mit Non-Book", die man sonst nur bei spezialisierten Anbietern findet. Diese kaufen beide Artikel bei den Herstellern ein, fügen sie zusammen und verpacken sie originell – all das macht der Hölker Verlag in Eigenregie und bietet somit tolle Geschenkideen wie das ‚Dim-Sum-Set' mit Bambusdampfkorb, die Stern-Backform mit Rezeptbüchlein oder das aus Cocktail-Shaker und Buch bestehende Set ‚Fifty Drinks' an.

„Besonders stolz bin ich auf unseren Programmbereich ‚Modern Living', weil wir hier immer wieder völlig neue Wege gehen", gesteht Wolfgang Hölker. „Sehr am Herzen liegen mir hier die beiden Titel ‚Küchenkerle' und ‚Küchenprinzessin', die mit ihrem poppigen Design junge Leute ansprechen, die sich kulinarisch selbstständig machen wollen. Auf derselben Linie liegen unsere aktuellen Titel ‚Wasser, Wanne, Wellness' und ‚Baden à la carte', die das aktuelle Thema ‚Wellness in der eigenen Badewanne' ganz und gar hölkerlike aufnehmen: Sie haben einen mit „Schaumbad" gefüllten PVC-Umschlag, in dem eine kleine Badeente beziehungsweise ein Badefisch schwimmt.

Dim-Sum-Set

Kochbücher, zum Schenken schön

Programmbesprechung
Eine Voraussetzung dafür, dass immer wieder neue Produktideen entwickelt werden können, besteht in der Arbeitsweise des Verlags: Innerhalb des Hölker-Teams, das aus der Cheflektorin Monika Römer, der Herstellerin Susann Seiffert und der freien Grafikerin und Lektorin Christiane Leesker besteht, gibt es die in anderen Verlagen übliche Trennung zwischen Lektorat und Herstellung nicht. Mit vereinten Kräften sind die Drei stets auf der Suche nach dem originellsten Konzept, dem schönsten Papier, dem aktuellsten Einbandstoff, dem sinnvollsten Accessoire oder der tollsten Ausstattungsidee. Doch nicht nur Konzeption und Realisierung der Ideen liegen in ihren Händen. Auch um das Marketing machen sie sich Gedanken. Wie soll das Verkaufsdisplay aussehen oder welche Kooperationspartner können gefunden werden?

Mag das Kochbuchsegment insgesamt auch stark von der zur Zeit schwachen Konjunktur in Mitleidenschaft gezogen worden sein, im Hölker Verlag macht sich niemand Sorgen um die Zukunft. „Geschenke sind immer gefragt, wenn sie zum jeweiligen Anlass passen

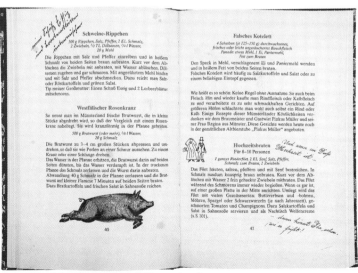

Das Kochbuch aus dem Münsterland

und ein gutes Preis-Leisungs-Verhältnis haben", erwähnt Wolfgang Hölker. „Und der Schenkende kann dann selber noch kreativ werden: So lässt sich ein Titel wie ‚Käse & Wein' in klein oder groß wunderbar mit einer Flasche Wein kombinieren oder sogar mit einem zusätzlichen Stück Käse zu einem kompletten Geschenkpaket zusammenstellen."

Was verbindet den Verlag mit STERN, DIE ZEIT, KOZIOL und Wolfgang JOOP?

Ungewöhnliche Wege geht der Verlag auch, wenn es um Kooperationen geht. „Auch hier sehe ich eine unserer Stärken", sagt Wolfgang Hölker. „Wir sind ein Nischenverlag mit flachen Hierarchien und überschaubaren Strukturen. So können wir Projekte effektiv im Team bearbeiten und zeigen eine Flexibilität, die für Kooperationspartner interessant ist." So servierte der Verlag seinen Kunden beispielsweise Ende der 90er Jahre in Kooperation mit dem STERN einige ganz besondere Leckerbissen, veröffentlichte 2005 in Kooperation mit der Wochenzeitung ‚DIE ZEIT' das Kochbuch ‚Siebecks deutsche Klassiker' und realisierte mit der Firma KOZIOL die peppige Rezeptkartenbox ‚go & cook'. Besonders großes Interesse fand 1999 das ungewöhnliche Kochbuch des Modeschöpfers Wolfgang Joop, Hectic Cuisine', das nach wie vor nichts von seinem Reiz verloren hat.

Vielfalt unter einem Dach
Wer den Hölker Verlag im Binnenhafen von Münster besucht, wird schnell erkennen, dass Wolfgang Hölker mehr ist, als der Verleger von Kochbüchern. Denn in dem alten Speicher sind auch der Coppenrath Verlag mit der Edition ‚Die Spiegelburg' zu Hause. Seit Ende der 70er Jahre veröffentlicht Hölker im Coppenrath Verlag, der seit 1768 volkskundliche Bücher publizierte, Kinderbücher und hat somit dem traditionsreichen Verlag neue Impulse gegeben. Mittlerweile darf sich Hölker auch als Patenonkel des reiselustigen Hasen Felix, der Prinzessin Lillifee und vieler anderer Charaktere bezeichnen. Neben den vielen Büchern und Geschenkideen für Kinder werden – auch darin liegt eine Stärke des Verlags – Geschenkbücher und -artikel für Erwachsene kreiert. „Die Vielfalt unserer Programme ermöglicht es, viele Synergien zu schaffen", sagt Wolfgang Hölker. „Und so ist es für uns selbstverständlich, dass an den Programmbesprechungen des Hölker Verlags auch Kollegen aus dem Geschenkbuchlektorat und der Spiegelburg teilnehmen." Die Ergebnisse geben dem Verleger Recht: So besticht eine Valentinsaktion nicht nur durch Accessoires ‚mit Herz', sondern hält auch das passende Kochbuch bereit. Und wer aufmerksam zur Weihnachtszeit durch eine Buchhandlung geht, wird schnell erkennen, dass klassische und aktuelle Hölker-Kochbücher gerne gemeinsam mit kleinen Geschenkideen aus der Spiegelburg dekoriert werden. „All das ist nur möglich, weil sich alle Mitarbeiter stark mit ihren Programmen und dem Verlag identifizieren und sich gegenseitig inspirieren", sagt Wolfgang Hölker und hat damit sicherlich den alles entscheidenden Erfolgsfaktor genannt.

„Deine Lebensmittel seien Arznei und deine Arznei sei Lebensmittel."

Hippokrates

Pia Werner / Zabert Sandmann Verlag

Brot, Olivenöl, Wein. Den Griechen der Antike waren diese Nahrungsmittel geheiligte Geschenke der Götter Ceres, Athene, Dionysos. Brot, Olivenöl, Wein sind auch die drei Elemente der Sakramente der christlichen Kirche. Die symbolische Verwandlung von Brot und Wein in das Fleisch und Blut Christi ist das zentrale Geschehen der Heiligen Messe. Olivenöl dient als sakrales Salböl. Das bedeutet eine unauflösliche Verbindung des Göttlichen mit dem Menschlich-Irdischen.
Über die ursprünglich lebensspendende Bedeutung hinaus galten die geheiligten Lebensmittel auch als heilsam. Waren sie einem geschenkt, ging man sorgsam mit ihnen um, war einem nicht nur Leben sondern auch Gesundheit gegeben. Den Ansatz, dass Lebensmittel Arznei sind und Arznei Lebensmittel, vertrat bereits Hippokrates. Die Klosterheilkunde, die an das Wissen der Antike anschließt, stützt sich auf diesen Gedanken der Prävention von Krankheiten durch die richtige, die gesunde Ernährung.

Dieses alte Wissen stellt der Zabert Sandmann Verlag in dem Buch *Ernährung nach der Klosterheilkunde* vor. In diesem Band widmet sich ein hochkarätiges Autorenteam dem alten Wissen um die Bedeutung der Nahrung für den Körper. Denn mit der richtigen Ernährung können wir nicht nur unser Immunsystem stärken, sondern auch vielen Zivilisationskrankheiten wie Herz-Kreislauferkrankungen, Diabetes und Krebs vorbeugen.

Pia Werner

Klosterheilkunde-Experte Pater Kilian Saum OSB ist ausgebildeter Heilpraktiker und Physiotherapeut.

Der Experte für Klosterheilkunde, Pater Kilian Saum, war jahrelang Leiter der Krankenstation des Klosters St. Ottilien und gehört zur Forschungsgruppe Klostermedizin, sein *Handbuch der Klosterheilkunde* wurde zu einem Bestseller und Standardwerk.

Es geht ihm um das Wiederentdecken von traditionellem Wissen, denn: „Die Wurzeln unserer abendländischen Naturheilkunde reichen Jahrtausende zurück, die Klöster haben davon vieles bewahrt und weiterentwickelt. Es gilt, diesen Schatz zu heben." Welche bedeutende Rolle die Ernährung bei der Linderung und Heilung von Krankheiten spielt, ist Pater Kilian bei seiner täglichen Arbeit bewusst geworden.

Gemeinsam mit dem ganzheitlich ausgerichteten Mediziner Dr. Witasek und dem Medizinhistoriker Dr. Mayer zeigt er in dem neuen Buch *Ernährung nach der Klosterheilkunde*, wie man mit der richtigen Ernährung Krankheiten vorbeugen und sogar heilen kann.

Du bist, was Du isst! Keine sehr neue Erkenntnis, aber wahr – und im Augenblick aktueller den je. Noch nie wurde so viel über die „richtige" Ernährung geredet oder geschrieben. Ernährungsexper-

ten sind gern gesehene Gäste in diversen Talkshows, und verkünden dort entweder die nächste gesund und glücklich machende Diät oder den neuesten Ernährungstrend. Bei jeder Gelegenheit gilt ein anderer Nährstoff als gesundheitsschädlich, einmal war es das Fett, dann die Kohlenhydrate, und als nächstes könnten die Ballaststoffe auf den Prüfstein gestellt werden. Es ist schwierig, aus dieser Fülle an Informationen für sich das richtige herauszufinden, und da fast monatlich eine neue Ernährungs-Erkenntnis verkündet wird, weiß man gar nicht mehr, was man überhaupt noch essen darf.
Obwohl das Thema Ernährung so populär wie noch nie ist, haben wir offensichtlich das richtige Essen verlernt.
Kein Wunder, dass die Zahl der Menschen, die an ernährungsbedingten Krankheiten leiden, immer größer wird. Die Ausgaben für Medikamente gegen diese „Zivilisationskrankheiten" sind seit 1992 um 900% gestiegen. Die meisten dieser Patienten haben erhöhte Cholesterinwerte, Magengeschwüre und Bluthochdruck. Der Hausarzt wird somit mehr und mehr zum Ernährungsspezialisten, da er immer öfter mit den Auswirkungen der falschen Essgewohnheiten seiner Patienten zu tun hat.

Du bist, was Du isst. Was bedeutet das nun für uns, ganz speziell für uns Deutsche, die wir doch bekanntlich nicht den größten Wert auf die Qualität unserer Lebensmittel legen? Zählen in anderen Ländern vor allem die Frische und Qualität, ist bei uns immer noch der Preis ausschlaggebend. Zögert man beim Kauf eines teuren Olivenöls noch, ist man jedoch meist gewillt, für Motorenöl mehr als 12 Euro zu zahlen. Obwohl alles billig sein soll, ist die Entrüstung sehr groß, wenn wieder ein Skandal um billig produzierte Nahrungsmittel publik wird. „Kochen" wird oft nur mit dem Erhitzen eines Fertiggerichts übersetzt. Essen mit Muße und Kultur scheint ganz in Vergessenheit geraten.
Somit stehen wir vor dem Problem, dass wir die raffinierten, synthetisch aromatisierten oder anderweitig veredelten Lebensmittel nicht nur nicht gut vertragen, sondern dass uns unsere Ernährungsweise einfach krank macht.
Gegen diesen „Billigtrend" setzt sich seit einiger Zeit die Erkenntnis

durch, dass gesunde Ernährung ein Schlüsselfaktor für unser Dasein ist. Gesunde, ökologisch produzierte Nahrungsmittel führen inzwischen kein Mauerblümchen-Dasein mehr. Es gibt florierende Öko-Supermärkte, denen nichts mehr von den Schafwoll-Pulli-Zeiten anhaftet. Ökoprodukte haben nichts Exotisches mehr, sondern gehören längst zum Alltag unserer modernen Konsumwelt.
Viele suchen einen Weg aus dieser „Ernährungs-Falle", suchen eine Antwort bei altem Wissen, bei Bewährtem. So ist die Klostermedizin gefragt wie nie zuvor, schließlich haben Wissenschaftler inzwischen bestätigt, was Klostermedizin und abendländische Volksheilkunde seit vielen Jahrhunderten praktizieren. Aber auch die großen Lehren Asiens, die Chinesische Medizin und Ayurveda erfreuen sich stetig wachsender Popularität. Dabei sind die Ansätze dieser Lehren oft verblüffend ähnlich.
In unseren Breitengraden war es die Klostermedizin, die das jahrtausende alte Wissen um die Erhaltung von Gesundheit und der Behandlung von Krankheiten innehatte. Im Mittelalter interessierte man sich in den Klöstern für heilkundliche Schriften und Ernährungsregeln der Antike und legten somit den Grundstein für die Klosterheilkunde.

Über Jahrhunderte bewahrt: das alte Wissen um die Heilkraft der Natur

Diese basierte im Wesentlichen auf der Viersäftelehre des griechischen Arztes Galen (*um 129 n. Chr.). Viersäftelehre bedeutet, dass der Körper vier Säfte - Blut (sanguis), Schleim (phlegma), gelbe (cholé) und schwarze Galle (mélancholía) – enthält. Jeder Mensch hat ein individuelles, aber dennoch ausgewogenes Verhältnis an Säften. Je nachdem, welcher im Körper überwiegt, ist man vom Charakter und Temperament her Sanguiniker, Phlegmatiker, Choleriker oder Melancholiker. Ein Ungleichgewicht führt zu Krankheit. Diesen Säften ordnete man Primärqualitäten zu, also die Eigenschaften kalt/warm oder feucht/trocken. Eine Harmonie der Säfte im Körper erzielte man durch die gezielte Verordnung von entsprechenden Nahrungsmitteln und mit bestimmten Gewürzen.

Die Lehre der Ayurveda entspricht weitgehend der Viersäftelehre, die die Medizin von der Antike bis in die Renaissance beherrscht hat. Auch weisen die ayurvedischen Empfehlungen zur Ernährung erstaunliche Parallelen zu den Klosterregeln des heiligen Benedikt auf. Sie bildet auch die Grundlage für die Medizin der Hildegard von Bingen.

Anders als im arabisch-persischen Raum galt in Europa die Medizin als Wissenschaft zunächst wenig. Im frühen Christentum hielt sich lange die Auffassung, dass Krankheiten von Gott verhängte Strafen seien, folglich war ein Versuch, sie zu heilen, nicht gerade nach Gottes Willen. Auch galt die Heilkunde wegen ihres antiken Ursprungs als heidnisch. Erst ab dem 8. Jahrhundert fand ein Umdenken statt, medizinische Versorgung galt nun als ein Akt göttlicher Gnade. Von nun an waren die Mönche und Nonnen nicht nur für das Seelenheil sondern auch für die Gesundheit der Menschen zuständig.

Der heilige Benedikt (ca. 480 – 547 n. Chr.) hatte sowohl auf die Klosterheilkunde als auch das ganze Klosterleben den bedeutendsten Einfluss. Für ihn stand die Gesundheit von Körper und Geist im Mittelpunkt und hierbei spielte die Nahrung eine entscheidende Rolle. Bereits in seiner Ordensregel gab er klare Vorgaben, was auf dem täglichen Speiseplan gehört. Rasch wurde die Regel für alle Klöster und für die gesamte römische Kirche verbindlich. Die Regel war streng und verlangte den Mitbrüdern und -Schwestern einiges an Disziplin ab. Bei Kranken, Schwachen oder Kindern gab es jedoch Ausnahmen, zum Beispiel wurde ihnen der Genuss von Fleisch zur Stärkung erlaubt.

In der Klosterheilkunde war die Erhaltung der Gesundheit von Körper und Geist das zentrale Anliegen. Die wichtigste Rolle spielte hierbei die Verdauung, ihr kommt für die Erhaltung der Gesundheit die entscheidende Bedeutung zu. Entsprechend wichtig war die Nahrung, ihre Zubereitung und schließlich deren Verwertung im Verdauungsprozess. Man folgte dem hippokratischen Ansatz, der bereits in der Antike festlegte, dass ein Lebensmittel Medizin und Medizin ein Lebensmittel sein soll, denn man war sich der ausgleichenden Wirkung und der gesund erhaltenden Eigenschaften der Nahrung sehr bewusst.

Auch zur Qualität und zur angemessenen Menge von Speisen und Getränken hatte Benedikt in seiner Regel bereits klare Anweisungen gegeben.

Grüne Apotheke: ein prächtiger Klostergarten

Aus der Sicht der heutigen Ernährungswissenschaft sollte der Hauptteil der Ernährung aus Vollkornprodukten, frischem Gemüse und Früchten und wertvollen Fetten natürlichen Ursprungs bestehen. Weißes Fleisch und Fisch, Eier, Hülsenfrüchte und Milchprodukte sollten in Maßen genossen werden, während rotes Fleisch, Süßigkeiten und Weißmehlprodukte einen sehr kleinen Teil der Ernährung ausmachen sollen. Das ist sehr nah an dem, was bereits vor gut 1000 Jahren in den Klosterküchen praktiziert worden ist: Das, was auf den meist klostereigenen Gärten und Äckern wuchs

„Deine Lebensmittel seien Arznei und deine Arznei sei Lebensmittel."

– Getreide, Gemüse und Obst gab es je nach der Jahreszeit reichlich. Fisch, Geflügel und Eier ein bis zweimal in der Woche. Auch heute rät die Ernährungsmedizin dazu, zweimal in der Woche Fisch, einmal Fleisch und jeden zweiten Tag vegetarisch zu essen. Fleisch war wie gesagt den Kranken vorbehalten, Benedikt hatte es jedoch klar abgelehnt, Fleisch vierfüßiger Tiere zu essen. Süßigkeiten gab es nur zu bestimmten Festtagen. Auch Bier oder Wein, meist aus eigener Herstellung, gehörte zum Essen, die Empfehlung von rund einem Viertel Liter Wein entspricht den Empfehlungen der modernen Medizin.

Man beginnt jetzt wieder, vieles von diesem alten Wissen neu zu entdecken. Inzwischen haben auch die moderne Naturwissenschaft und Medizin einen Großteil des Wissens bestätigt, und es wäre töricht, diese Erkenntnisse zu missachten. Nahrung kommt somit endlich wieder die Bedeutung zu, die das Wort Lebensmittel eigentlich hat: etwas, was uns am Leben und gesund erhält.

TEUBNER Kochkurse für Genießer – Making of

Claudia Bruckmann / Redakteurin
TEUBNER, GRÄFE UND UNZER Verlag

Ob beim professionellen Spitzenkoch oder beim leidenschaftlichen Hobbykoch: TEUBNER steht für höchste Kompetenz in den Bereichen Warenkunde, Küchenpraxis und Rezepte. Bei TEUBNER werden Klassiker der internationalen Kochkunst sowie Themen rund um das Essen ästhetisch inszeniert. Die Marke gilt als Basisbibliothek, als Kochbuch, Fachbuch und Lesebuch. Höchste Qualität und Ansprüche werden bei TEUBNER erwartet und erfüllt.

Neue Buchreihe von TEUBNER
Vor zwei Jahren wurde beschlossen, im TEUBNER Verlag eine neue Reihe zu entwickeln. Zu Beginn war noch nicht klar, in welche Richtung es gehen sollte. Themenkochbücher zu Produkten werden bereits in enzyklopädischer Vollständigkeit in der TEUBNER Edition aufbereitet und Kochbücher zu Länderküchen gibt es schon eine Vielzahl auf dem Kochbuchmarkt. Auch Trendkochbücher, die nur kurze Zeit aktuell sind, passen nicht ins TEUBNER Programm mit seinen langlebigen Standardwerken. Bei der Recherche stieß die betreuende Redakteurin immer wieder auf Kochkurse zu den unterschiedlichsten Themen und Preisklassen. Kochen aus Leidenschaft, sich an Rezepte von Spitzenköchen wagen und Kochkurse besuchen, das war und ist für die TEUBNER Redaktion ein permanentes Thema. Die Programmmacher hatten zuletzt bei der Zielgruppen-Analyse in 2004 – im Rahmen der Neuausrichtung der TEUBNER Edition – festgestellt: die TEUBNER Zielgruppe der Hobbyköche interessieren sich nicht nur für Produkte und Zutaten, diskutieren über die Reifegrade von Käsesorten oder die Qualität des Wolfsbarschs, sondern widmen sich auch mit Hingabe der Zubereitung anspruchsvoller Gerichte und genießen schlussendlich

„Kochkurs für Genießer: Asiatisch"

mit Freunden das Zubereitete. Für Hobbyköche ist der Weg, also die Vorbereitung, Zubereiten und Kochen, das eigentliche Ziel: Abschalten vom Alltag und ein Glücksgefühl entwickeln und genießen. Und dabei orientiert man sich gerne an Profis mit ihrem Know How und besucht teure Kochkurse unterschiedlichster Themen. So entstand die Idee, Kochkurse in Buchform zu entwickeln, dafür dem Profi fotografisch über die Schulter zu schauen und Rezepte aus der Spitzengastronomie zu liefern.

Konzept und Layout

Aus der Idee entwickelte die Redaktion ein schlüssiges Konzept. Die neue TEUBNER Reihe basiert auf zwei Buchteilen. Im Kochkursteil werden alle themenrelevanten Küchentechniken vom Experten gezeigt und kommentiert. Der Profikoch vermittelt hier seine Tipps und Tricks und verrät zudem seine Küchengeheimnisse. Der Rezeptteil bietet über 80 Rezepte von renommierten Spitzenköchen, den jeweiligen Meistern ihres Fachs, so dass das Kochkurswissen auch problemlos angewendet werden kann. Informationen zu Zutaten und Produkten finden sich auf speziellen Warenkundeseiten. Das gesamte Kochbuch ist so brillant und appetitlich bebildert, dass man bereits beim Anschauen der Fotos am liebsten sofort mit dem Essen beginnen möchte.

Der Kochkursteil wird mit Hilfe des Sternekochs Markus Bischoff erarbeitet und in seiner Profi-Kochschule fotografiert, wodurch ein besonders authentischer Eindruck entsteht. Noch bevor die Startthemen der neuen Reihe feststanden, ließen wir das Layout entwickeln.

Das neue Layout ist anschaulich, lädt zum Verweilen ein und es ist subtil: Eine imaginäre Tischplatte zieht sich durch die Seiten, so dass der Eindruck entsteht, der Profi stünde daran – wie in der richtigen Kochschule.

Rezepte von den Spitzenköchen

Welche sind nun die beliebtesten Themen für die Starttitel der neuen Reihe? Um das herauszufinden, orientierten wir uns am Programm der zahlreichen und zunehmend stärker boomenden Kochschulen Deutschlands. Viele Kurse sind bereits Wochen im Voraus ausgebucht, vor allem dann, wenn ein Spitzenkoch beteiligt ist.

Bei den ersten beiden Bänden entschieden wir uns für die Themen „Desserts" und „Asiatisch" und akquirierten Profiköche für den Rezeptteil der Bücher. Schließlich hatten wir acht Profis für die Rezepte gefunden: Gerd Eis, Wolfgang Müller, Markus Herbicht, Kai Sanders und Markus Bischoff für „Asiatisch", Melanie Woltemath-Kühn, Matthias Buchholz und Peter Hauptmeier als Dessert-Spezialisten.

In einem Rezept vom Profikoch steckt immer eine geniale Idee, eine interessante, neue Interpretation eines klassischen Gerichts, die raffinierte Kombination von Zutaten, viele Tipps, Tricks und Anregungen. Aber man kann das Niedergeschriebene nicht sofort drucken. Ein professioneller Koch kocht meistens für mehr als 4 Personen, er hat einen Induktionsherd, Timbale-Förmchen in allen Größen und er verwendet Kuvertüre, für deren Preis der Hobbykoch die Zutaten für sein komplettes Menü einkaufen könnte. Diese Vielzahl von Besonderheiten muss zuerst an das Buchkonzept und für den Leser angepasst werden.

Claudia Bruckmann

Vom Probekochen zum Foto

Bevor die Gerichte der Spitzenköche fotografiert werden können, müssen sie erst einmal probegekocht werden. Das machen ausgewählte Hobbyköche und –köchinnen zu Hause am eigenen Herd. Dort können sie auch gleich feststellen, was im Rezept für den Laien nicht praktikabel ist, welche Zutaten schwer zu bekommen sind und ob die Kosten dafür im Rahmen liegen. Zudem wird festgestellt, wie lange das Nachkochen dauert, ob das fertige Gericht appetitlich aussieht und letztendlich auch wirklich gut schmeckt. Finden sich auf dem Bewertungsbogen, der für jedes nachgekochte Rezept erstellt wird, Anmerkungen wie „Die Nocken sind eher fad und die Sauce schmeckt nach nichts" oder „Enoki-Pilze konnte man nicht bekommen", wird das Rezept überarbeitet oder durch ein neues ersetzt. Erst wenn die Gerichte garantiert funktionieren, kommt der Foodfotograf zum Einsatz.

Für die Bebilderung der TEUBNER Kochbücher arbeiten wir nur mit den besten ihres Fachs zusammen. Nachdem diese Profis gefunden sind, werden sie von der Redaktion ausführlich für das neue Buchprojekt gebrieft: Scharf müssen die Fotos sein, man soll deutlich erkennen können, was darauf ist, ohne modischen Schnickschnack und mit stilvollen zeitlosen Requisiten im Styling. Appetitlich und natürlich müssen die Gerichte aussehen und zum Nachkochen animieren. Auf jedem Foto soll eine Anrichteidee zu erkennen sein, eine bestimmte Art des Servierens und Garnierens. Komplexere Abläufe bei der Zubereitung werden in Steppfotos dokumentiert. Hier kommt es auf Authentizität an, denn in der Küche des Hobbykochs liegen ja auch einmal ein paar Krümel herum. Ist das Dargestellte auf den Fotos allzu perfekt, hat der Hobbykoch das Gefühl, es selbst so nicht hinkriegen zu können. Einen besonderen Stellenwert haben die Aufmacher, große doppelseitige Bilder, die so schön sind, dass sie sich auch als Poster eignen würden.

Kochkurs beim Profikoch

Der Kochkursteil der neuen Kochbücher sollte möglichst realitätsnah fotografiert werden, denn wir wollen die Atmosphäre einer echten Kochschule vermitteln und dem Profi über die Schulter schauen. Um das authentisch umzusetzen, verbrachte die betreuende Redakteurin zusammen mit den People-Fotografen fast zwei Wochen in der Kochschulküche von Markus Bischoff im Hotel Bischoff am Tegernsee. Dort dokumentierten sie auf über 100 Bildern pro Buch die küchentechnischen Abläufe, die Handgriffe und Tricks des Profis. Zudem wurden die Erklärungen und Kommentare zu den einzelnen Zubereitungsschritten von Markus Bischoff mitgeschrieben. So entkam kein ausgeplaudertes Küchengeheimnis und alle wichtigen Informationen konnten später ins Buch einfließen.

Umfassender Inhalt - schöner Einband

Nach und nach lagen Texte und Fotos für die neuen TEUBNER Bücher vor. Alles wurde zusammengeführt, viele Male vom Redaktionsteam überarbeitet, korrigiert und schließlich gesetzt. Da hervorragende Inhalte eine entsprechend edle Verpackung benötigen, machten wir uns die Suche nach einer besonders stilvollen Umschlagsgestaltung nicht leicht und diskutierten über fast 50 verschiedene Entwürfe. Schließlich bekamen die Bücher – wie auch bereits die Titel der TEUBNER Edition - einen besonders stilvollen, grafisch gestalteten Umschlag mit tiefgeprägter Schrift im Buchdeckel und silberfarbenem Logo. Besonders praktisch sind die beiden Lesebändchen: eines für den Weg durch den Kochkursteil und eines für das Ziel im Rezeptteil, denn „der Weg ist das Ziel" – und mit dem Kochkurs für zu Hause kann der passionierte Hobbykoch so oft wie er möchte mit Genuss und Hingabe kochen.

Hugh Johnsons Weinwelt

Ein (sehr persönliches) Porträt des erfolgreichsten Weinautors der Welt

Dorothee Seeliger / Verlagsleitung TEUBNER und HALLWAG im GRÄFE UND UNZER Verlag

Man möchte ihm einfach nur stundenlang zuhören, wenn der renommierteste Weinautor der Welt, Hugh Johnson, über sein Leben und den Wein erzählt. Er ist eine wirkliche Persönlichkeit - und trotz seines internationalen Erfolgs ist er vor allem eines geblieben: sehr bescheiden und bodenständig, natürlich und unglaublich sympathisch. Oft und gerne lädt er Verwandte, Freunde aber auch Geschäftspartner in sein elisabethanisches Haus mit dem Namen „Saling Hall" in der Nähe von London ein, wo er zusammen mit seiner Frau Judy seit über 30 Jahren lebt. Im Sommer sitzt man dort unter alten Apfelbäumen im so genannten Blumengarten und genießt nicht nur seine herzliche und großzügige Gastfreundschaft und – wie könnte es anders sein – ein gutes Glas Wein, sondern ganz besonders das Gespräch mit ihm.

Trotz seines immensen Wissens rund um den Wein, das er in über 40 Jahren angesammelt hat, gilt für Hugh Johnson: „Wein ist nicht kompliziert, sondern sehr einfach. Er ist eine Passion, der man sich mit ganzem Herzen oder gar nicht hingibt. Um ihn zu schätzen und zu genießen muss man kein Lexikon verschlingen, doch zuwenden muss man sich ihm schon".

Natürlich spielt der Wein in seinem Leben, neben seiner Familie, die absolute Hauptrolle. Doch verrät er im persönlichen Gespräch sehr gerne, dass seine wahre Leidenschaft die Bäume sind. Mit dem ihm eigenen britischen Understatement bietet er seinen Besuchern einen Gang durch seinen „Garten" an, der sich beim Rundgang sehr rasch als 5 Hektar große Parklandschaft mit einem „Arboretum"

(= Sammlung verschiedenartiger Gehölze) entpuppt. Seit 1971 hat er in diesem Park auf seinem Landsitz „Saling Hall" über 1.000 verschiedene Bäume aus aller Welt zusammengetragen und alle persönlich angepflanzt. Dabei kommt seine internationale Tätigkeit als Weinautor, Weinkenner und –Berater Johnsons Sammelleidenschaft entgegen. Jedes einzelne Gewächs hat seine eigene Geschichte. Und so steht dort eine himalayische Kletterrose aus Asien neben einer kalifornischen Kastanie, die er im Handgepäck nach England geschmuggelt hat.

Im Gegensatz zu Deutschland ist Hugh Johnson in seiner Heimat Großbritannien daher nicht nur für seine herausragenden Werke über Wein bekannt, sondern auch für seine Bücher über Bäume und Pflanzen. Doch wie vereint der Autor diese beiden Themen und Leidenschaften? Für ihn ist das sehr einfach zu erklären: „Ein Wein ist ebenso wie ein Baum ein Gewächs, ein Naturprodukt.". „Beide benötigen eine intakte Umgebung, um gedeihen zu können - und für beide benötigt man Geduld." Dabei ist Geduld eigentlich nicht seine Stärke. Dies zeigt sich vor allem in seinem beeindruckenden Lebenslauf, dessen Komplettabriss inklusive aller Auszeichnungen und Ehrungen den Rahmen dieses Beitrags sprengen würde.

Auf den Wein gekommen
1939 in London geboren, absolvierte Hugh Johnson ein Anglistikstudium am renommierten King's College in Cambridge. Dort begann er auch seine beeindruckende „Weinkarriere". Der Tag, an dem er dem Wein verfiel, ist ihm noch plastisch im Gedächtnis, nicht zuletzt, weil die Frage nach seinem Weg zum Wein eine der zwei häufigsten an ihn gestellten Fragen ist. „Jeder Experte hat eine Frage, die ihm am häufigsten gestellt wird. Ich habe zwei: „Wie sind Sie eigentlich zum Wein gekommen?" und die Zweite: „Welches ist Ihr Lieblingswein?".

Die Antwort auf die erste Frage ist relativ einfach und er erzählt die Geschichte, wie er sagt, immer wieder gerne:

Hugh Johnsons Weinwelt

Hugh Johnson

„Ich saß eines Abends in meiner Studentenbude in Cambridge und hatte mich, was selten genug vorkam, tief in meine Bücher und Aufzeichnungen vergraben. Mein Zimmergenosse war zu einem Empfang mit vielen Weinen gegangen. Plötzlich ging die Tür auf und er stand im Smoking und mit leicht gerötetem Gesicht vor mir. In der Hand hielt er zwei Gläser Rotwein, die er mir mit einem „probier mal" reichte. „Was für Weine sind das?", fragte ich ihn. „Probier einfach. Was hältst Du davon?" „Ganz nett", antwortete ich, „Aber der hier scheint mehr Geschmack zu haben." „Genau. Dabei stammen sie aus derselben Lage und demselben Jahr. Die Trauben sind nur auf verschiedenen Seiten der Straße gereift.". Dann begann er mir einen Vortrag über Burgund und Vosne-Romanée und Grand crus und Premiers crus zu halten, den ich angesichts der späten Stunde für etwas deplatziert hielt. Schließlich marschierte er zu Bett und ich wieder zu meinem Schreibtisch. Doch die Saat war gesät. Als er das nächste Mal zu einem Essen ging, war ich mit dabei. Ich stattete dem Land des Weins meinen ersten Besuch ab."

Diesem ersten Besuch von Frankreich sollten in den nächsten Jahren unzählige folgen, denn das Thema Wein hat für Hugh Johnson auch nach 40 Jahren nichts von seiner Faszination verloren – im Gegenteil: „Neugier war es, die meine Aufmerksamkeit zum ersten Mal auf Wein lenkte. Und diese Neugier treibt mich immer noch, wenn ich ungeduldig erfahren will, was unter einem jeden Korken schlummert."

Die Leidenschaft wird zum Beruf
Im Anschluss an sein Studium, das er 1961 abschloss, arbeitete Hugh Johnson zunächst als Redakteur für die britische „Vogue" und „House & Garden" und schrieb dort die Reiseberichte, Restaurant- und Weinkritiken. 1963 wurde er Generalsekretär der „Wine & Food Society" sowie Redakteur der Zeitschrift „Wine & Food". Im Alter von nur 27 Jahren schrieb er das Buch „Wein", das bereits 1966 bei Gräfe und Unzer unter dem Titel „Das große Buch vom Wein" in deutscher Sprache erschien.

1969 trat James Mitchell, Verleger des damals gegründeten Londoner Verlags Mitchell Beazley, an Hugh Johnson heran und bat ihn, einen Weinatlas zu verfassen. Die Recherche zu diesem Werk führte Hugh Johnson durch die Weinberge der ganzen Welt. Das Resultat seiner Reisen war das erste Weinbuch, das umfangreiche und detaillierte Weinkartographie enthielt und die Welt des Weins nicht nur beschrieb, sondern auch auf Karten illustrierte. „Hugh Johnsons Weinatlas" erschien erstmals 1971 in englischer Sprache und wurde bis heute weltweit mehr als drei Millionen mal verkauft und in 13 Sprachen übersetzt. Das Buch war zugleich der Grundstein der modernen Weinliteratur.

Doch Hugh Johnson gab sich mit diesem Erfolg nicht zufrieden, sondern suchte nach neuen Wegen, um Weininformationen zu vermitteln. Dem „Weinatlas" folgte 1977 die erste Ausgabe des legendären „Kleinen Johnson", dem erfolgreichsten Weinbuch der Welt. Auch diese Publikation verdankt ihre Existenz dem Duo Hugh

Johnson und James Mitchell, der – als er Hugh Johnson eines Tages zuhause besuchte – ein kleines Notizbuch aus der Tasche zog und lakonisch meinte: „Eigentlich müßte Dein geballtes Weinwissen auch in diesem handlichen Format zu vermitteln sein". Von diesem kompakten Taschenbuch, dessen 30ste Jubiläumsausgabe in diesem Jahr bei HALLWAG im bekannten schwarzen Coverdesign erscheint, wurden weltweit acht Millionen Exemplare verkauft – unter anderem auch in russischer Sprache und mandarin-chinesisch. Das Buch hat sich zum Klassiker der Weinliteratur etabliert und beschreibt kurz und knapp die Besonderheiten des aktuellen Weinjahrgangs, die Anbaugebiete und ihre Top-Winzer. Im  HALLWAG Programm werden der „Weinatlas" und der „Kleine Johnson" um den „Grossen Johnson" ergänzt, der erstmals 1983 erschien. Er charakterisiert Weinregionen und Winzer und vermittelt zudem Wissenswertes vom Weinanbau bis zur Verkostung.

In all seinen Publikationen bewertet und beschreibt Hugh Johnson die Weine der Welt – er presst sie jedoch nicht in ein scheinbar objektives Punkteschema wie dies viele seiner Kollegen tun. Vielmehr ist er der festen Überzeugung, dass sich der Geschmack und die Qualität des Weins nicht auf eine pseudowissenschaftliche Punkteklassifizierung reduzieren lässt, zumal der Weingeschmack jedes Menschen höchst subjektiv ist. „Wein hat immer mit Gefühlen zu tun", erklärt er. „Er weckt Erinnerungen und ruft subjektive Empfindungen wach." Für ihn sind die wertvollsten Flaschen seines Weinkellers die, die nicht nur einen großen Jahrgang enthalten, sondern mit persönlichen Erinnerungen verbunden sind.

Die Memoiren

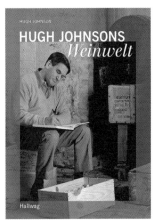

Seine Weinerinnerungen hat Hugh Johnson nun in einem sehr persönlichen Wein-Lesebuch zusammengefasst. Im Herbst 2006 erscheint „Hugh Johnsons Weinwelt"– wie alle Werke von Hugh Johnson – in deutscher Sprache im HALLWAG Verlag. Ihm liegt dieses Buch ganz besonders am Herzen und er nennt das Werk sehr liebevoll seine „mit dem Korkenzieher verfassten Memoiren." Das Buch ist jedem Hugh Johnson Fan und jedem Weinliebhaber wärmstens zu empfehlen, denn es vermittelt ebenso unterhaltsam wie informativ das ganz persönliche Weinwissen des erfolgreichsten Weinautors der Welt. Es beantwortet nicht nur die Frage nach seinem Weg zum Wein – sondern auch die nach seinem Lieblingswein. Zu viel wollen wir hier nicht verraten, vielleicht aber, dass seine deutsche Lieblingsrebsorte der Riesling ist. Und auch, dass der älteste Wein, den er je verkosten durfte, aus Deutschland stammte - ein 1540er Steinwein aus den Kellern der Würzburger Residenz, der einst König Ludwig II. gehört hatte.

Ein typischer, ebenso einfacher wie prägnanter Satz von Hugh Johnson sei abschließend noch erwähnt, der zugleich ein Credo seiner Arbeit ist: „Es sind die Wissbegierigen, die den meisten Genuss am Wein haben". Sein Lebenswerk trägt dazu bei, ein wenig von diesem Wissensdurst zu stillen. Ein herzliches „Cheers" auf Hugh Johnson!

Genuss trifft kulinarische Intelligenz

Ralf Frenzel / Tre Torri Verlag

Kochbücher gibt es viele und die Zahl derjenigen, die zwar eine breite Masse erreichen sollen, dafür aber beinahe so schnelllebig sind wie die Entertainmentbranche, allen voran das Fernsehen, scheint ständig zu wachsen. Trotzdem sind wir überzeugt davon, dass sich langfristig die Bücher durchsetzen, die dem Käufer einen Mehrwert liefern: indem Sie Wissen vermitteln, Geschichten erzählen und die kulinarische Intelligenz des Genussinteressierten fördern. Denn eines ist klar: Wenn ein Großteil der Menschen weiterhin die Kompetenz zu kochen verliert, wenn sie nicht mehr wissen, wie man mit den Zutaten umgeht, um ein größtmögliches Genusserlebnis zu haben, dann wird ein wichtiger kultureller Teil unserer Gesellschaft einfach so verkümmern. Das wollen wir nicht. Und deshalb arbeiten wir daran, dieser Entwicklung entgegen zu steuern. Denn Essen und Trinken ist mehr als Nahrungsaufnahme, es ist Genuss, Lebensfreude, Geselligkeit und vieles mehr.

Kochbücher erzählen Geschichten
Eine Reise an den Arlberg – sofort denken die meisten an schneebedeckte Skihänge, Après Ski und Snowbams. Andere verbinden den Arlberg mit langen naturnahen Wanderungen über Almen und Felslandschaften im atemberaubenden Gebirgsmassiv zwischen Vorarlberg und Tirol. Auch das ist Genuss. Doch der Arlberg bietet noch eine ganz andere Seite – den kulinarischen Genuss. An kaum einem anderen Ort der Welt kommen so viele Feinschmecker zusammen, gibt es eine so hohe Konzentration der Spitzengastronomie. Diese Geschichte haben wir erzählt, in unserem Buch „Arlberg, das Kochbuch zur Region". Dass wir diese Geschichte überhaupt erzählen konnten, setzte Wissen und Kompetenz voraus. Das Wissen um

Ingo Holland und Ralf Frenzel Foto-Credit: Elisavet Patrikiou für Tre Torri / Meine Gewürze

die kulinarischen Gegebenheiten der Region und die kulinarische Kompetenz, die Qualität der gebotenen Gaumenfreuden einzuschätzen. Ähnlich ist es auch bei dem bereits 2004 erschienenen Buch „Deutschlands junge Spitzenköche kochen deutsch". Mit 50 Spitzenköchen haben wir gezeigt, was Deutschlands Regionen kulinarisch zu bieten haben und dass man mit regionalen Produkten durchaus in der Spitzengastronomie trumpfen kann. Wir haben den Trend zu regionalen Produkten in der Küche erkannt und diese Geschichte erzählt.

Auch die Geschichten von bedeutenden Marken wie Maggi, Verpoorten, Goutess oder Iglo erzählen wir. Die Konsumenten vertrauen den Marken und im Alltag bieten sie oft eine große Hilfestellung. Die Menschen beschäftigen sich nicht nur mit der Spitzenküche oder den Markenprodukten. Beides existiert parallel und durchaus im Einklang. Denn so mancher, der sich an einem kulinarischen Wochenende in die Höhen der Spitzengastronomie hinaufschwingt, ist froh über die Ideen und Tipps aus den Markenbüchern im Alltag.

Können Rezepte Geschichten erzählen? Das ist die zentrale Frage, die wir uns bei jeder Buchidee stellen, egal ob es sich um Bücher von Spitzenköchen, über Themen oder Markenbücher handelt. Denn für uns sind Kochbücher mehr als Rezeptsammlungen. Wir sind davon überzeugt: Nur wenn die Rezepte eine Geschichte erzählen, lebt der Genuss in der Erinnerung fort.

Genuss schenkt Erinnerungen mit Geschmack und Gerüchen

Kulinarischer Genuss bedeutet mehr als ein Essen zu zelebrieren. In den Genuss und die damit verbundene Wahrnehmung von Geschmack und Geruch fließen zum Beispiel Emotionen, Erinnerungen und Erfahrungen aus der Vergangenheit ein. Denken Sie doch einmal an den Duft in der Küche Ihrer Kindheit, wenn die Mutter einen Geburtstagskuchen gebacken hat. Und an das Gefühl, wenn Sie denselben Kuchen an einem anderen Ort zufällig wieder bekommen. Oder denken Sie an einen Geruch, der Ihnen vertraut vorkommt, den Sie aber nicht gleich deuten können. Sofort fängt ihr Gehirn an zu assoziieren und die passende Erinnerung an den Moment, in dem Sie diesen Geruch wahrgenommen haben, herauszukramen. Wie häufig fragen Sie sich „Das kenne ich, wonach schmeckt oder duftet das noch mal…?" Das, woran man sich erinnert, sind häufig sehr persönliche Momente.

Je mehr Sie genießen, desto größer wird Ihr Genuss-Spektrum – ähnlich übrigens, wie ein Kind eine Sprache erlernt. In der Kombination mit den Erfahrungen und in ständigem Abgleich mit den bereits vorhandenen Erinnerungen speichert das Gehirn das Neue ab. Positives genauso wie negatives – umso wichtiger ist es, viele positive kulinarische Erfahrungen zu machen und dazu gehört der richtige Umgang mit Genuss. Eines unserer Hauptanliegen ist die Vermittlung von Wissen über Essen und Trinken.

Perfekter Genuss setzt für Tre Torri Wissen um Zutaten und die richtige Zubereitung voraus

Lebensmittel sind Mittel zum Leben. Doch nur noch wenigen Menschen ist das tatsächlich bewusst. In Deutschland wird meist mehr Geld für die Einrichtung der Küche ausgegeben als für die Lebensmittel. Die „Geiz ist Geil"-Mentalität greift auch in einen Bereich ein, der für das körperliche Wohlbefinden, ja sogar für die Gesundheit enorm wichtig ist. Um den „Mitteln zum Leben" wieder den richtigen Stellenwert einzuräumen, wollen wir kulinarische Kompetenz vermitteln und die kulinarische Intelligenz fördern.

Nur wer weiß, wie er gute Lebensmittel erkennt und wie er mit Ihnen umgeht, kann die für einen gesteigerten Genuss so wichtige kulinarische Intelligenz ausbauen. Unser Autor Jürgen Dollase hat in seinem Buch „Kulinarische Intelligenz" eingehend beschrieben, was er unter kulinarischer Intelligenz versteht und wie man sie fördert.

Die Vermittlung von Wissen, setzt Kompetenz voraus. Das bedeutet für unser Team, sich ständig mit dem Thema Essen und Trinken auseinander zu setzen. Das betrifft das Wissen über Herkunft und Qualitäten der Produkte, ernährungswissenschaftliche Erkenntnisse genauso wie Trends aus der Gastronomie, im Ernährungsverhalten oder neue Garmethoden. Nur mit dieser Kompetenz ist es möglich zu beurteilen, welche Themen Zukunft haben und welche einen nachhaltigen Einfluss auf die kulinarische Intelligenz der Menschen nimmt.

Nehmen wir das Beispiel der viel diskutierten Molekularküche. Ist es nicht selbstverständlich, dass ein guter Koch über gewisse physikalische Prozesse und chemische Reaktionen Bescheid wissen sollte, um das bessere Ergebnis zu erzielen? Denken wir doch nur einmal an die Niedrigtemperatur-Garmethode. Frischer Fisch, bei 80° C über einen Zeitraum von ca. 1/2 Stunde im Ofen gegart, bleibt zart und saftig, weil das Wasserbindungsvermögen des Eiweißes bei dieser Temperatur nicht so stark abnimmt.

Oder nehmen wir das Beispiel von Prof. Dr. Thomas Vilgis vom Max-Planck-Institut für Polymerforschung in Mainz aus seinem Beitrag „Moleküle im Kochtopf", Kulinarischer Report des dt.

Buchhandels 2005-2006: Der Fruchtsalat wird mit der Gelatine niemals zu einem leichten Sommerdessert gelieren, wenn sich Ananas im Fruchtsalat befindet. Das Enzym der Ananas verhindert die Festigung der Gelatine, indem es ihre Eiweißstruktur zerlegt.

Natürlich gibt es wahre Künstler, wie zum Beispiel Ferran Adrià, die ihr sehr großes Wissen um physikalische und chemische Prozesse nutzen, um ganz neue kulinarisch-sinnliche Erfahrungen zu schaffen. Zugang zu den Kreationen und Techniken dieser Künstler werden aber nur kulinarisch sehr Interessierte und Versierte finden. Heruntergebrochen auf „alltagstaugliches Wissen" – das bei vielen Menschen inzwischen leider verloren gegangen ist – wird das Thema aber weiter an Bedeutung gewinnen, denn es geht um kulinarische Intelligenz.

Die Vermittlung kulinarischer Kompetenz kombinieren wir mit moderner authentischer Fotografie, die Lust darauf macht, sich mit dem Thema näher zu beschäftigen. Keine unappetitlichen Tricks der Foodstylisten, um den natürlichen Anblick der Zutaten zu „hübschen": Die Gerichte auf den Tellern können so wie sie fotografiert werden auch gegessen werden.

Natürlich setzen wir als Verlag mit unseren Büchern und der Wissensvermittlung auf ganz unterschiedlichen Ebenen an: angefangen bei den Kochnovizen, die einen leichten Zugang zum Kochen erhalten – beispielsweise über Tiefkühlzutaten – über die „Familienmanager", die sich täglich Gedanken über die Ernährung ihrer Familie machen müssen, bis zum geübten Hobbykoch, der sich in die handwerklichen Höhen der Spitzengastronomie begeben möchte. Für all diejenigen bieten wir Bücher mit Rezepten, die ein Erfolgserlebnis schaffen.

Jedes Rezept, das in den Tre Torri-Büchern erscheint, wird „im Windkanal" getestet, mehrmals in der verlagseigenen Küche sowie anschließend durch Hausfrauen und Hobbyköche. Ebenso die Rezepte für die Bücher der Spitzenköche. Wir wissen, dass es darauf ankommt, dass die Rezepte „funktionieren". Wenn jemand ein Kochbuch kauft und die Rezepte nachkocht, wollen wir, dass er ein Erfolgserlebnis hat. Wenn er dann immer wieder zu diesem Kochbuch greift und Rezepte aus dem Buch kocht, ist das für uns ein erfolgreiches Kochbuch. Und nur dann wird er weiter bewusst seine kulinarische Intelligenz fördern wollen.

Zur Unterstützung geben wir unser Wissen um Lebensmittel, ihre Zubereitung, moderne Garmethoden und ihre Verfügbarkeit weiter. Zu unserer kulinarischen Kompetenz gehört auch, dass wir uns aktiv am Diskurs über Entwicklungen, Trends und das Ernährungsverhalten der Zukunft beteiligen und damit die kulinarisch intelligente Zukunft Deutschlands aktiv mit gestalten. Wir fördern die Slow Food Deutschland e.V. und ich selbst bin Mitglied der Deutschen Akademie für Kulinaristik. Diese Bildungsakademie besteht aus einem Experten-Netzwerk aus Kulturwissenschaften, Gastronomie und Hotellerie. Die Akademie widmet sich unter anderem der Fort- und Weiterbildung sowie dem Studium und der Forschung im Bereich Essen und Trinken als festen Bestandteil der menschlichen Kultur.
Besonders wichtig sind uns dabei die Kinder. Immer mehr Kinder und Jugendliche entfremden sich deutlicher von ihren Fähigkeiten, gesund, ausgewogen und sinnvoll zu essen. Deshalb haben wir im Herbst 2005 das Buchset „Bosse, Palle und die Köche des Königs" herausgebracht. Eine absolut nicht alltägliche, appetitanregende Abenteuergeschichte und ein kerngesundes, kunterbuntes Kinderkochbuch beschäftigen sich wissenschaftlich fundiert und doch spielerisch mit dem Thema „Bewusste Ernährung" – ohne erhobenen Zeigefinger, aber mit hohem Unterhaltungswert. Schule und Elternhaus, aber auch die Öffentlichkeit sind gefragt, sich in die Förderung kulinarischer Intelligenz bei Kindern einzumischen. Der Tre Torri Verlag gestaltet die Etablierung des Themas Essen, Trinken und Genuss als wichtigen gesellschaftlichen Bestandteil unserer Kultur und des Bildungssystems aktiv mit. Wir fordern jeden auf, sich an dieser Etablierung zu beteiligen, denn die kulinarische Intelligenz unserer Kinder ist ein wichtiger Faktor für die Entwicklung unserer künftigen Ernährung.

Der Aufbau kulinarischer Kompetenz und eine bewusstere kulinarische Sozialisation der Gesellschaft, haben einen großen Einfluss mit gesellschaftspolitischer Dimension. Hier nur einige Stichworte: Das Angebot an Lebensmitteln ebenso wie Herstellungsmethoden, Konsumverhalten und ganze Lebensstile werden sich hin zur Qualität verändern. Wir finden wieder bessere Lebensmittel in den Regalen der Supermärkte, die Menschen leben gesünder, ernähren sich bewusster und fühlen sich wohler.

Wir werden uns auch weiterhin auf das Kompetenz-Thema „Essen, Trinken und Genuss" konzentrieren und die Bücher zu einem angemessenen Preis anbieten.

Ludwigs kulinarische Streifzüge

Uschi Heusel / Cartoonistin

... und reichlich Gebrauch von Medikamenten gegen Magendruck, Völlegefühl und Verstopfung zu machen!

Mehr Appetit auf Genussbücher

*Holger Mühlberger / Gourmet-Autor und
Werbetexter / Neuer Umschau Buchverlag GmbH*

Aus Sicht des Laien ist der Kochbuchmarkt ein Moloch. Die Zahl der Titel und die Fülle der Themen ist nicht mehr zu überschauen: Wer soll das alles denn kaufen und lesen – und wer soll die ganzen Rezepte nachkochen? Beim Neuen Umschau Buchverlag, seit 2003 angesiedelt in Neustadt an der Weinstraße, machen sich die Fachleute ähnliche Gedanken. „Wir versetzen uns gedanklich in die Rolle des Laien. Aber Nicht-Käufer sind für uns Noch-nicht-Käufer und Nicht-Leser sind Noch-nicht-Leser, man muss sie nur mit Qualität und Originalität zu Lesern und damit zu Kunden machen", sagt Geschäftsführerin Katharina Többen.

Dem progressiven Ansatz geht eine 278 Jahre lange Firmengeschichte voraus. In Frankfurt am Main hat der Verlag seinen Ursprung, sogar Johann Wolfgang von Goethe zählte zu den frühen Autoren. Mit Büchern und Zeitschriften etablierte sich das Traditionsunternehmen – und fand später unter anderem mit Publikationen wie der „Umschau", einer „Wochenschrift über die Fortschritte in Wissenschaft und Technik" sein Publikum. Basis des Geschäfts war die große Druckerei, in die das Unternehmen Anfang des 3. Jahrtausends nochmals kräftig investierte, um zwei Jahre später in der Krise zu scheitern. Die Brönner Umschau Gruppe musste sich unter anderem von ihrer Buchverlags-Tochter trennen. Die Neustadter Niederberger-Gruppe, bisher vor allem im Bereich Werbung stark, übernahm die Firma, die sich jetzt Neuer Umschau Buchverlag nennt. Katharina Többen, bis dahin Verlagsleiterin bei Umschau in Frankfurt, übernahm nach Umfirmierung und Standortwechsel die Geschäftsführung des neuen Verlages.

Sogar die Landschaft gibt Impulse

Der Orts- und Besitzerwechsel hat dem Verlag gut getan und neue Energien freigesetzt. Denn Achim Niederberger steht nicht nur als erfolgreicher Geschäftsmann an der Spitze seiner Unternehmensgruppe, er ist auch ein Genussmensch. Diesem glücklichen Umstand verdankt der Neue Umschau Buchverlag attraktive Partnerfirmen in der Gruppe – zum Beispiel eines der berühmtesten Weingüter der Pfalz samt Nobelrestaurant – und das persönliche Engagement des Besitzers in Sachen „gedruckter Genuss". Ein weiterer glücklicher Umstand ist sicherlich der neue Unternehmenssitz. Nicht irgendwo in der Großstadt residiert der Verlag, sondern im Herzen der „Genusszone Pfalz", in der Weinhauptstadt Deutschlands. Neustadt an der Weinstraße zählt rund 50.000 Einwohner und ist traditionelle Krönungsstätte der Deutschen Weinkönigin. Die „Perle der Pfalz" glänzt mit Spitzenweingütern und erfreut sich an der Präsenz einer soliden gastronomischen Kultur in der Nachbarschaft – Häuser mit Michelin-Stern inbegriffen. „Hier lässt sich herrlich leben und arbeiten. Die Landschaft sorgt für frische Impulse, und wir sind gleichsam direkt im Thema unserer Arbeit." Katharina Többen und ihre zwei Dutzend Mitarbeiter schöpfen tatsächlich Kraft aus der Pfälzer

Lebensart und haben den Umzug von Frankfurt ins größte zusammenhängende Weinbaugebiet Deutschlands keine Minute bereut. Die Frage, was in den nächsten Jahren besser läuft, Kochbücher oder Diätbücher, beschäftigt natürlich auch die Gemüter in der Neustadter Chefetage. Aber: Statt zu orakeln, hat der Verlag auf seiner soliden Basis neue Säulen gebaut. Zur Basis zählen in der Tat Koch- und Diätbücher. Dazu gehören Klassiker wie „Kalorien mundgerecht" und die „Kleine Nährwerttabelle", deren Auflage längst die Millionenschwelle überschritten hat und solche Standardwerke wie unter anderem produktbezogene Rezeptbücher vom Spargel bis zum Bärlauch, von Wildkräutern bis zu Sommerfrüchten. Asiatisches hat sich, dem Mega-Trend an heimischen Herden folgend, längst einen Weg ins Verlagsprogramm gebahnt. Trendy ist auch der Wunsch nach neuem Lebensgefühl, den der Neue Umschau Buchverlag mit Titeln wie „Zauberdrinks", „Zaubersuppen" und „Zaubersäfte" erfüllt. Die helfen zwar „ganz einfach und lecker gegen Kopfschmerzen, Bluthochdruck oder Allergien", so der Verlag, aber sie sind nicht die wirklich wesentlichen Zutaten des Erfolgsrezepts. Diese Rolle haben zwei andere Reihen übernommen.

50 Mal auf Entdeckungsreise
Eine dieser Reihen sind die „Kulinarischen Entdeckungsreisen", im Verlag kurz „KE" genannt und seit vielen Jahren ein professionelles Steckenpferd von Geschäftsführerin Katharina Többen. Diese großformatigen Bildbände öffnen dem Leser in hochwertigen Fotos, ansprechenden Texten und Rezepten das kulinarische Spektrum der schönsten Urlaubsregionen Deutschlands und jüngst auch Österreichs und der Schweiz. Eine „Kulinarische Entdeckungsreise" durch Mallorca hat der Verlag in der Pipeline. Fast 50 Titel sind in der Reihe bisher erschienen – und weil die Welt groß ist, scheint auch kein Ende absehbar. „Wir arbeiten dabei eng mit Winzern, Gastronomen, Hoteliers und Erzeugern besonderer Produkte zusammen. Sie sind unsere Partner, deren Arbeitsweise und Angebot wir den Lesern auf attraktive Art vorstellen. Da haben beide Seiten was davon." Dass der Verlag damit auch gutes Geld verdient, versteht sich von selbst.

Die „KE's" gehören also zum Pflichtprogramm des rührigen Neustadter Verlages. Die Kür, das sind hochwertige „Genussbücher". Hier spielen, aufbauend auf dem Erfahrungsschatz aus den „Kulinarischen Entdeckungsreisen" Spitzenköche die Solisten. Immer mehr Protagonisten der kulinarischen Szene Deutschlands erscheinen bei Umschau: So hat Heinz Winkler, mit drei Michelin-Sternen ins Olymp der Spitzenköche erhoben, sein gastronomisches Lebenswerk mit dem Buch „Die Klassiker der Cuisine Vitale" präsentiert. Christian Bau, jüngstes Mitlied im Drei-Sterne-Club, hat mit seinem von Thomas Ruhl fotografierten und gestalteten Design-Kochbuch Furore gemacht: Das Buch hat serienweise Auszeichnungen erhalten.

Spitzenköche bekommen Appetit
Auch für ausgefallene Themen ist Platz in der Genussbuch-Nische von Umschau: „Essigpapst" Georg Heinrich Wiedemann hat mit „Sinnlichkeit und Leidenschaft" dem gar nicht so sauren Thema zu neuer Popularität verholfen. Wiedemann ist Pfälzer, aber auch andere tragen ihren Teil zum Standortvorteil des Neuen Umschau Buchverlages bei. Stefan Neugebauer gehört dazu. Der junge Küchenchef des legendären „Deidesheimer Hofes" gehört zu den viel beachteten Newcomern der Szene. Sein Buch ist im Frühjahr 2006 erschienen. Auch Karl-Emil Kuntz aus der Südpfalz, der seit vielen Jahren zur deutschen Koch-Elite zählt, publiziert 2006 bei Umschau. Abgerundet wird das Programm mit einem Band zur

japanischen Küche von Kiyoshi Hayamizu und Rainer Mitze und mit dem von Thomas Ruhl herausgegebenen Buch „Die See – Das Culinarium der Meeresfische". Dafür investiert ein fortgeschrittener Kochbuch-Käufer schon mal zwischen 40 und 60 Euro, um sich selbst etwas Gutes zu tun oder um einem geschätzten Gourmet-Freund ein wertvolles Geschenk zu machen.

Mit der Präsentation solcher Genussbücher hat Katharina Többen auch Deutschlands kulinarischer Nummer eins Appetit gemacht: Harald Wohlfahrt, seit zehn Jahren höchst dekorierter Koch der Republik, arbeitet derzeit unter dem Arbeitstitel „Kunst und Magie in der Küche" mit dem Umschau-Team an einem neuen Band, der „ganz anders werden soll". Das Buch kombiniert eine ausführliche Biografie mit ausgewählten Rezepten in Form von Jahreszeiten-Menüs. Der Leser weiß am Ende, was Wohlfahrt denkt, wie eine solche internationale Karriere des als drittes von sieben Kindern in einem Schwarzwälder Dorf geborenen Meisterkochs möglich wurde, was ihm die Familie bedeutet und was er im Urlaub am liebsten isst. „Es geht darum, so nahe wie möglich an den Koch und Menschen Harald Wohlfahrt heran zu kommen", sagt Katharina Többen. „Die Methode ist eher journalistisch-investigativ als deskriptiv", sagt der Autor, und der Fotograf leistet in enger Zusammenarbeit seinen Beitrag dazu: Schnappschüsse aus dem Leben in und außerhalb der Küche kombiniert mit gekonnter, frischer, fast unbeschwerter Food-Fotografie.

Weitere „Genussbücher" in dieser Machart werden folgen. Sie sind die Flaggschiffe unter den jährlich rund 50 Neuerscheinungen des Hauses, und das Team vom Umschau-Verlag ist überzeugt davon, dass es den ersten Platz im Literarischen Wettbewerb der Gastronomischen Akademie Deutschlands nicht zum letzten Mal bekommen hat. Auf das knappe Dutzend Auszeichnungen beim „Gourmand World Cookbook Award" ist man bei Umschau stolz – aber längst noch nicht am Ende der Möglichkeiten, die solche „Genussbücher im Top-Segment" einem unternehmungslustigen Verlag bieten.

Zur Rolle der Verlags-PR am Kochbuchmarkt

Ralf Laumer / Geschäftsführer von Mediakontakt Laumer

Durchstöbern die geneigte Leserin und der geneigte Leser die Kochbuchabteilung in ihrer Buchhandlung, können sie hoffentlich feststellen, dass es da einen sehr ausdifferenzierten und lebendigen Markt gibt. Vom broschierten 2,95 Euro-Büchlein bis hin zum fünfzigmal so teuren Coffeetablebook reicht das Spektrum. Dasselbe gilt für die thematische Bandbreite und die Zielgruppen der Kochbücher. Von der aufwendig gestalteten Sternekoch-Monographie über Länder- und Produktküchen bis hin zu den zahlreichen kleinen Büchlein, die es auch dem unerfahrenen Koch ermöglichen, eine sättigende Mahlzeit zu erstellen, ohne Freundschaften oder das eigene Leben aufs Spiel zu setzen. Von längst zu einer Marke gewordenen Verlagen wie GU bis hin zu Kochbuchnovizen mit kleinem aber spannenden Programm oder Verlagen mit einzelnen innovativen Titeln reichen die Akteure. Interessant auch, dass in den letzten Jahren immer mehr Frauenzeitschriften und Magazine aus den Bereichen Kulinarik und Ernährung dazu übergegangen sind, neben den Stammtiteln eigenständige Rezeptbooklets herauszugeben, die der Leser- und Leserinnenbindung dienen, zusätzliche Umsatzerlöse generieren und darüber hinaus im niedrigpreisigen Kochbuchsegment wildern.

Die Marketingabteilungen von Filmproduktionsfirmen, Fernsehen und Hörfunk planen mit passenden Produkten auch den Kochbuchmarkt oft ein. Dazu gehören zum Teil auch die ganzen Prominentenkochbücher, die ihre Marktberechtigung nicht zwingend aus der Qualität oder Innovation der Rezepte ziehen, sondern allein aus der vermeintlichen, gewesenen oder tatsächlichen Prominenz ihrer Protagonisten. Das muss nicht immer funktionieren, denn schon so mancher Verleger hat sich bei der Rechnung: TV-Star + Rezepte = Umsatzbringer vertan.

Dennoch scheint es sich beim Kochbuchmarkt um einen stabilen Markt zu handeln, der nicht nur die Grundversorgung mit klassischen Hochzeitsgeschenken garantiert, sondern innovative und spannende Produkte liefert. Diese sind zum einen eng verbunden mit dem Wunsch nach gutem Leben und Genuss. Viele der zahlreichen jährlichen Novitäten richten sich an Menschen, denen das abwechslungsreiche, gern gesellige Kochen fester Bestandteil ihres Lebens ist.

Gerade die Sterne-Köche – und wer von ihnen hat nicht mindestens ein Kochbuch gemacht oder produzieren lassen – haben in den letzten Jahrzehnten dazu beigetragen, dass das Kochen auf hohem Niveau als Kunst begriffen und als Bestandteil unserer Kultur verstanden wird. Nahrungsaufnahme dient auch in Deutschland seit vielen Jahren nicht mehr allein der Sättigung, sondern immer mehr auch dem sinnlichen Erlebnis. Es geht also auch um Lebensqualität, wenn wir über Kochbücher reden.

Zum anderen schlagen sich mit Sicherheit die gesellschaftlichen Entwicklungen der letzten Jahrzehnte auch im Kochbuchmarkt nieder. Die deutsche Gesellschaft ist in den letzten 40 Jahren individueller, die Menschen sind autonomer geworden. Zum Beispiel gibt es die früher bei uns und auch in anderen Ländern oft festgelegten Gerichte für bestimmte Wochentage so nicht mehr. Die Menschen entscheiden selbst, was sie wann und wo essen wollen.

Und schließlich ist auch der Markt der schnelldrehenden kleinen Kochbroschüren und der 1,2,3-fertig-Kochbücher Ausdruck gesellschaftlichen Wandels. Immer mehr Menschen leben in Deutschland in Singlehaushalten. Dies erfordert ein anderes Kochen, als es in der Fleisch-Kartoffel-Mischgemüse-Zeit der Generation Golf-Kinder noch üblich war. Die Tatsache zudem, dass diejenigen Menschen, die in unserer Gesellschaft über Arbeit verfügen, immer mehr arbeiten müssen, führt dazu, dass der eigentlich sinnliche Vorgang der Zubereitung der Mahlzeiten unter Effizienzgesichtspunkten gestaltet wird. Ein Hoch auf diejenigen, die da nicht vollständig dem Fastfood verfallen und versuchen, auch in 15 Küchenminuten ein Gourmet zu sein.

Warum nun diese lange Einleitung? Zum einen, weil sie dem Autor die Möglichkeit der Selbstvergewisserung bei einem Thema und über ein Marktsegment gibt, welches für sein eigenes Unternehmen von nicht kleiner Bedeutung ist. Also durchaus aus egoistischen Gründen. Zum anderen aber auch, um zum eigentlichen Thema dieses Beitrages überzuleiten. Der Rolle der Verlags-PR auf und für diesen Markt.

Aufgrund unserer täglichen Arbeit für Kochbuchverlage, den umfassenden und persönlichen Kontakten zu zahlreichen Journalistinnen und Journalisten, Autorinnen und Autoren sowie Köchen, wissen wir, wie notwendig Information für den Erfolg eines Kochbuches ist. Gerade aufgrund des differenzierten und bunten Marktes. Es gibt einen ausgeprägten Wunsch nach Orientierung und Information. Sowohl in Redaktionen als auch beim Verbraucher.

Der Wunsch nach Information und Orientierung gerade im Kochbuchbereich wird deutlich unter anderem am Beispiel der vom Branchenmagazin BuchMarkt, dem Nachrichtenmagazin Focus sowie MDR Figaro unterstützten Institution *Kochbuch des Monats*. Diese vom Leipziger Gastronomie-Kritiker Frank Brunner initiierte und von ihm sowie seiner Jury monatlich verliehene Auszeichnung wird offensichtlich gut wahrgenommen und wirkt sich positiv auf die Verkaufszahlen der ausgezeichneten Bücher aus. Selbst Titel, die aufgrund von Vertriebsschwächen des Verlages eine nur geringe Präsenz im Buchhandel hatten, erleben nach der Veröffentlichung der Kolumne deutlich steigende Verkaufszahlen. Diese positiven Auswirkungen passen in den Kontext des generellen Konsumentenwunsches nach Orientierung und Empfehlung in unübersichtlichen Märkten. Denn auch der Kochbuchmarkt ist mit seiner ausdifferenzierten Produktpalette nicht anders einzuschätzen als etwa die Marktsegmente Kriminalroman oder Hörbuch. Dort sind z.B. Bestenlisten längst sowohl Möglichkeit der Orientierung für die Verbraucher als auch Marketinginstrument der Verlage.

Einen wichtigen Beitrag zur Orientierung am und über den Markt leistet die Verlags-PR – sowohl intern in den Verlagen als auch gegenüber journalistischen Kolleginnen und Kollegen. Wer so wie wir regelmäßig auf Redaktionsreise unterwegs ist, um aktuelle Kochbuchprojekte in Redaktionen vor Ort vorzustellen, weiß, was Redaktionen als wichtige Vermittler von Informationen an die Konsumenten wünschen: Praktikabilität von Rezepten, Verfügbarkeit von Zutaten, scharfe Fotografie - oder auch einmal nicht -, saubere Übersetzungen von Lizenztiteln, ein Lektorat, das diese Bezeichnung verdient, große Namen oder schöne Themen, handwerkliches Können oder Promifaktor und so weiter und so fort. Die Mitarbeiterinnen und Mitarbeiter der Presse- und Öffentlichkeitsarbeit befinden sich da oft in einer ähnlichen Vermittlerrolle wie die Buchhandelsvertreter im Sortiment.

Andersherum versorgen die Kolleginnen und Kollegen der Pressestellen in Verlagen und externer spezialisierter Agenturen die Redaktionen mit Informationen zu Buchprojekten, die diesen die Arbeit deutlich erleichtern. Sie tun dies durch grundsätzliche Informationen über den Kochbuchmarkt, durch die Vermittlung von Kenntnissen über die Verlagsbranche und ganz praktisch durch zuverlässige, gut vorbereitete, inhaltlich und zeitlich punktgenaue Informationen und guten Service, wenn es z.B. um die Beschaffung von Bildmaterial oder das Vermitteln von Autorenkontakten geht. Die Kolleginnen und Kollegen der Verlags-PR erweisen sich als in der Regel verlässliche und kompetente Partner der Redaktionen. Zahlreiche Medien könnten ihre Rezeptstrecken ohne den Service der Verlags-PR und die regelmäßige Zulieferung durch die Buchverlage überhaupt nicht mehr bestücken – oder nur durch einen deutlich höheren personellen und finanziellen Aufwand.

Da das Buch generell nach wie vor einen hohen kulturellen Stellenwert besitzt, kann es die Glaubwürdigkeit und die Qualität eines Koches oder einer Köchin unterstützen bzw. dokumentieren. So manchem Koch wurde durch die Arbeit der Kolleginnen und Kollegen in Verlagspressestellen oder Agenturen für sein Kochbuch der

Weg ins Fernsehen oder in ein Printmedium geebnet. Manchmal vergessen sie zwar, wer da eigentlich großen Anteil an diesem Erfolg hatte – in der Regel erfreut sich die Arbeit der Verlags-PR aber großer Wertschätzung, auch und gerade von Seiten der Autorinnen und Autoren. Dass die Mitarbeiterinnen und Mitarbeiter in der Verlags-PR selbst sowie die meisten Verlage um die Bedeutung der Kommunikationsaufgaben im Buchmarkt allgemein wissen, belegte zuletzt die 2005 vom Verlegerausschuss des Börsenvereins und dem Arbeitskreis der Verlags-Pressesprecherinnen und –Pressesprecher (AVP) durchgeführte Studie zum Berufsbild der Verlags-PR.

Nicht nur aufgrund gesunden Eigeninteresses, sondern aus voller Überzeugung soll dieser Beitrag deshalb verstanden werden als Plädoyer für das Erkennen der Bedeutung und der Rolle der Verlags-PR im Kochbuchmarkt. Keine versierte Kollegin, kein kompetenter Kollege würde sich heute noch auf die Rolle der/des Rezensionsexemplarverschickers reduzieren lassen. Durchaus selbstbewusst verstehen sie sich als wichtiges Scharnier zwischen unterschiedlichen Akteuren auf dem Kochbuchmarkt, ohne dessen Arbeit mancher Kochbucherfolg so nicht möglich gewesen wäre.

Regina Eisele und Martin Spiele in der Diskussion zum Thema „Exklusivität in der Verlags-PR"

Verlags-PR trägt nicht nur zum kommunikativen, sondern in großem Umfang auch zum wirtschaftlichen Erfolg des Unternehmens Verlag bei.

Es ist an der Zeit, dass auch im Verlagswesen die Kompetenz der Kommunikationsabteilungen in einem Maß genutzt wird, wie dies in anderen Branchen längst üblich ist. Zum einen als eine Funktion, die – unabhängig von Größe und Organisationsform des Unternehmens – immer der Geschäftsleitung zugeordnet und stets zumindest gleichberechtigt neben den anderen Kommunikationsdisziplinen Werbung und Marketing agieren kann. Zum anderen – speziell auf die Verlagsbranche bezogen – intensiv bereits in die Programmplanung und -entwicklung sowie generell in die Entwicklung der gesamten inhaltlichen Ausrichtung des Unternehmens einbezogen wird. Durch die umfängliche Nutzung der Erfahrungen und Informationen der Kommunikationsabteilungen der Verlage gewinnen die Unternehmen für den ökonomischen Erfolg nützliche Kompetenzen. Denn schließlich geht es doch jenseits aller Ideologie der Besonderheit und Individualität der Verlagsbranche und ihrer Akteure darum, am Markt zu bestehen und ökonomisch erfolgreich zu sein, also Geld zu verdienen. Und das ist gut so!

111 Jahre Dr. Oetker Kochbücher

Eine Marke, die Orientierung verspricht

Susanne Schaefer-Dieterle / ssd Kommunikations-Management für Dr. Oetker

„Die Trunksucht mancher Männer hat sehr häufig ihre ersten Ursachen in einem schlecht geführten Haushalte. Frauen, welche schlecht kochen und welche kein gemütliches Heim zu schaffen vermögen, treiben ihren Mann aus dem Hause und dem Schnapsteufel in die Arme. Von diesen zweifelsosen Verlusten an Geld und Zeit könnte viel gerettet werden, wenn die jungen Damen sich mit den Grundlehren der Küchenchemie und Haushaltskunde vertrauter machen wollten."

Dieses Zitat aus dem ersten Dr. Oetker Kochbuch stammt aus dem Jahr 1895. Das erste Buch des Bielefelder Apothekenbesitzers Dr. August Oetker enthielt viele wertvolle Tipps zur „Chemie der Nahrungsmittel", die heute so treffend sind wie damals und viele „preisgekrönte Rezepte für Haus und Küche".

Selbstverständlich nutzte der Apotheker, der immer auch ein glänzender Geschäftsmann war, sein erstes Kochbuch bereits als Werbeplattform für Dr. Oetkers Backpulver – inklusive einer Dokumentation von „Anerkennungsschreiben", die begeisterte Frauen aus bestem Hause aus ganz Deutschland nach Bielefeld schickten.

Es macht viel Spaß, im Archiv des Verlages und den mehr als 600 in den letzten 111 Jahren erschienen Dr. Oetker Büchern schmökern. Zeigen sie doch, dass der Dr. Oetker Verlag immer mit der Zeit gegangen ist, ohne seine Traditionen und Wurzeln zu vernachlässigen.

Heute ist Backen kinderleicht, doch das war nicht immer der Fall. Früher war der Erfolg vom Zufall abhängig: Entweder ging der Kuchenteig auf oder er war klitschig und fest. Ein Problem, das erst 1891 mit dem Backpulver Backin von Dr. Oetker gelöst wurde. Das kleine Päckchen löste einen regelrechten Backboom aus, denn seither sind die Deutschen Weltmeister beim Backen und geben für Backartikel jährlich etwa 150 Millionen Euro aus.

Erste Rezepte veröffentlichte der Inhaber der Aschoff'schen Apotheke in Bielefeld auf der Rückseite jedes Backin-Tütchens, dessen Inhalt genau für 500 Gramm Mehl reichte. So hatte die Hausfrau nicht nur die Garantie für den Backerfolg, sondern gleichzeitig Tipps für immer neue Kuchen, die auf den Tisch kamen. Ein Service, der sich für den geschäftstüchtigen Apotheker schnell auszahlte.

Etwa zeitgleich mit Backin wurde Ende des 19.Jahrhunderts der Gas- und Elektroherd eingeführt. Von nun an waren diese Geräte häufiger in den Haushalten anzutreffen und alles ging plötzlich viel leichter, für die Frauen eine enorme Zeitersparnis. Kohle holen, Feuer machen, Asche forttragen – all diese aufwendigen Arbeiten fielen weg.

Die Frauen in Bielefeld, unter denen die ersten Verwender von Backin waren, zeigten sich unglaublich dankbar für das Backpulver von Dr. Oetker. Denn nach dem damaligen Verständnis fiel das Kochen und Backen allein in ihren Bereich. Bielefeld als Standort für die Leinen-Industrie erwies sich für den Erfolg von Backin als Glücksfall, denn der Anteil der berufstätigen Frauen war überdurchschnittlich hoch. Um die Jahrhundertwende waren siebzig Prozent aller berufstätigen Frauen in der Bielefelder Textilindustrie beschäftigt.

Durch die Doppelbelastung von Haushalt und Beruf blieb nicht viel Zeit, um sich mit schlechten Backergebnissen herumzuschlagen. Denn gebacken wurde nur ein Mal die Woche: „Sonnabends wird ein einfaches Essen bereitet, dann wird der Sonntagskuchen gebacken", berichtet eine 36jährige Textilarbeiterin Anfang des

20. Jahrhunderts. Die ganze Familie freute sich nicht nur über den leckeren Kuchen, sondern auch über das Zusammensein und die gemütliche Stimmung am Kaffeetisch. Die Aufgabe der Frau war es mittlerweile auch, eine Atmosphäre von Liebe und Häuslichkeit zu schaffen. Der Kuchen spielte dabei eine wichtige Rolle. Wen wundert es da, dass der Haussegen durch ein missratenes Backwerk leicht schief hängen konnte.

Backin kam da gerade richtig. Die Nachricht, dass der Kuchen nun garantiert gelingt, sprach sich herum wie ein Lauffeuer. Ganz klar, dass die Produktion von Backpulver in Bielefeld in die Höhe schnellte. Aus diesem Grund wurde 1900 ein eigenes Backpulver-Gebäude in Bielefeld errichtet. Bereits fünf Jahre später belief sich die Jahresproduktion von Backin auf zwanzig Millionen Päckchen.

Einige Jahre danach, im Jahre 1912, hatte Dr. Oetker den Absatz verdoppelt und vierzig Millionen Päckchen seines Backpulvers verkauft. Das Oetker Werk in Bielefeld hatte sich zur „größten Backpulverfabrik des Kontinents" entwickelt, und der Siegeszug von Backin hielt an. Ständig wurde die Produktion gesteigert. Wenige Jahrzehnte später hatte sich der Absatz sogar verzehnfacht. Die Jahresproduktion erreichte 1950 ihren Höchstwert mit über 400 Millionen Päckchen. Weltmeister im Backen sind die Deutschen nach wie vor. Pro Jahr werden bei uns circa 500 Millionen Kuchen selbst gebacken.

Der Firmengründer Dr. August Oetker hatte schnell erkannt, dass Koch- und Backbücher eine lohnende Investition als Werbeträger waren. Bis 1900 lag die Gesamtauflage der bis dahin erschienenen vier Kochbüchern schon bei insgesamt 600.000 Exemplare. 1911 erschien erstmals das legendäre Dr. Oetker Schulkochbuch und 1930 „Dr. Oetker Backen macht Freude". Zwei Bücher, die fast schon zu einem Synonym für klassische Grundkoch- und Backbücher geworden sind. Bis heute regelmäßig überarbeitet und auf den neuesten Stand gebracht konnte man bisher insgesamt über 46 Millionen Exemplare verkaufen.

Seit 1950 werden die Bücher von Dr. Oetker in einem eigenen Verlag vertrieben. Das Programm der Folgejahre spiegelt die rasante kulinarische Entwicklung wider. Die Deutschen entdeckten die Welt und brachten von ihren Reisen Anregungen und den Wunsch nach Kochbüchern mit, die fremde Länder in die heimische Küche holten. Später kam die fett- und cholesterinarme Küche hinzu und neue Kochtechniken wie Römertopf, Grill, Wok oder die Mikrowelle eroberten die Haushalte. Die „Modetorten", 1997 erstmals erschienen, wurden zu dem modernen Klassiker mit Millionenauflagen.

Zielgruppe sind heute längst nicht mehr so wie früher einmal junge Frauen mit Familien. „Viele junge Männer stehen heute gerne in der Küche", resümiert Redaktionsleiterin Carola Reich die Ergebnisse einer vom Verlag im Mai 2006 durchgeführten Marktforschungstudie. „Und auch ältere Männer wollen einfach, schnell und quasi mit Erfolgsgarantie kochen" und sie weiß nur zu gut: „Frauen bekommen immer noch glänzende Augen, wenn „Er" in der Küche seinen Mann steht."

Kochbücher, die früher eher schulmeisternd daher kamen, überraschen heute mit prachtvoller Aufmachung und ungewohnten Rezeptkombinationen. Der Dr. Oetker Verlag setzt in seinen Büchern Kompetenz und das Versprechen der Sicherheit dagegen, hat auch intensiv an der Optik und lesefreundlichen Texten gearbeitet. „Unsere Kunden wollen Anregungen für die eigene Phantasie und Kreativität, aber nichts Abgedrehtes." So werden z.B. im Herbst dieses Jahres Torten als „Torten Couture" in einem ganz neuen Look präsentiert – für alle, die normale Torten eher spießig finden oder Tipps suchen, wie man mit etwas Besonderem schnell von anderen bewundert wird.

Und für die vielen Menschen, die von Grund auf lernen wollen und sich zum Beispiel überhaupt nicht vorstellen können, wie man erfolgreich ein Spiegelei auf den Tisch bringt, gibt es die neue Reihe „So geht das!" Leicht verständlich und Schritt für Schritt hilft der

Nachfolger des klassischen Grundkochbuches dem Einsteiger an den Herd – das „Kleine Eierlatein" ist ganz ernst gemeint.

Drei von 15 neuen Koch-und Backbüchern, die der Verlag in diesem Herbst herausgibt.. Optisch opulent aufbereitete Titeln, die auf aktuelle Trends reagieren und in die der Verlag, trotz des seit Jahren rückläufigen Kochbuchmarktes soviel wie noch nie investiert hat.
„Illustrierte Bücher zu machen, ist teuer", betont die Geschäftsführerin Annelore Strullkötter: „Gute Food-Fotografen ‚Food-Stylisten und Rezeptentwickler haben ihren Preis."
Selbstverständlich werden alle Rezepte sorgfältig geprüft und dann in der berühmten Dr. Oetker Versuchsküche in Bielefeld getestet. Damit folgt der Verlag auch heute dem Oetker-Versprechen von 1895: der Gewissheit des Gelingens, der Geling-Garantie.
„Wir bieten Sicherheit, Erfahrung und Tradition im besten Sinne,, so Annelore Strullkötter– „denn die Marke Dr. Oetker verspricht Orientierung."

Auf den Spuren kulinarischer Erinnerungen

Christa Winkelmann / Geschäftsführerin des
BuchVerlag für die Frau

Als der Verlag für die Frau 1986 sein Regionalkochbuch „Küchenrenner für Landschaftskenner" veröffentlichte, hielt sich das Unbehagen der bisher regionalen Themen wenig aufgeschlossenen DDR-Zensur-Obrigkeit in Grenzen. Einsicht in veränderte Leseransprüche und eine gewisse Lockerung bei der Reglementierung spielten dabei sicher eine Rolle. Die publizistische Zensur in der DDR, im Buchbereich als Druckgenehmigungsverfahren installiert, diente zum einen der Kontrolle der Buchinhalte, zum anderen der Übersicht über die Verteilung des (immer knappen) Papierkontingentes. Mit der Druckgenehmigung erfolgte die Freigabe des Buchinhaltes wie auch die Zuteilung der benötigten Papiertonnage. Ratgeberverlage wie der Verlag für die Frau hatten weniger zu kämpfen um die Erlaubnis für ihre Inhalte als vielmehr um die Freigabe der Papiermenge. Die hohen Auflagen der Ratgebertitel erwiesen sich als wahre „Papierfresser". So blieb meist nur der Kompromiss, sich mit minderwertigem holzhaltigem Offsetpapier oder Werkdruckpapier auch für Farbausgaben zu begnügen oder die Ausstattung dem Papier anzupassen durch ein- bis zweifarbige Illustrationen. Die aus heutiger Sicht sehr reichhaltige Illustrierung von Ratgebern und die Verwendung sparsamer Tafelteile bis in die 1980er Jahre rührt nicht zuletzt aus diesen Zwängen her.

So kommt der „Küchenrenner" 1986 auch bescheiden einher, nur mit humorvollen zweifarbigen Vignetten ausgestattet. Das Buch beschreibt ostdeutsche Regionalküchen von der Insel Rügen bis zum Fichtelberg in sorgfältig gesammelten und begutachteten Traditionsrezepten, eingebettet in liebevoll dazugestellte Geschichten, Anekdoten und historische Reminiszenzen. Mit dem wenige Jahre zuvor im Leipziger Fachbuchverlag erschienenen Titel von Drummer/Muskewitz „Von Apfelwein bis Zwiebelkuchen" waren dies die beiden beliebtesten, in hohen Auflagen verbreiteten Regionalkochbücher der DDR. Kleinere, sehr gründliche Arbeiten zur Thematik gab es durchaus auch – aus Vereinen, Institutionen, Museen und Zentren regionaler Kulturarbeit, sie hatten nur geringe Verbreitung.

Mit der Wiedervereinigung erlebte das Thema einen kräftigen Aufschwung, Regionalkochbücher in Massen fanden ihren Weg in ostdeutsche Buchhandlungen. Leider vieles schnell zusammengestellt, vieles austauschbar, viel auch Mangelhaftes dabei. Das Regionalthema erlebte seit den 1990er Jahren Auf- und Abbewegungen am Markt, wie andere kulinarische Themen ebenfalls. Tatsache und nicht zu übersehen bei der Betrachtung all der Regionalreihen und Einzeleditionen ist, dass hier vorwiegend ein Lesepublikum im mittleren Alter angesprochen werden soll, dass Traditionelles in Wort und Bild prägend ist. Die Zeit für Neues scheint gekommen. Junge Leser mit veränderten Ansprüchen an Inhalte und Darstellungsformen wie auch Ausstattung zeigen durchaus Interesse für das Thema, aber fühlen sich oft vom bisherigen Standard nicht angesprochen. Hier eröffnet sich ein lohnendes verlegerisches Spezialgebiet mit neuen Möglichkeiten, das der heutige BuchVerlag für die Frau in Leipzig ambitioniert bearbeitet. Seit 1993 sind erfolgreiche Titel vor allem zur Thüringer und sächsischen Küche erschienen.
Regionalküche als Verlagsthema zu bearbeiten, heißt lebendige kulinarische Traditionspflege zu betreiben. Das geht weit über das Zusammentragen verbreiteter Rezepte hinaus. Übrigens: Ein kürzlich in Sachsen durchgeführter Test zur Geschmackserinnerung an Ostprodukte ergab, dass das „Geschmacksgedächtnis" sehr langlebig ist – vor allem die Getränke hatten sich dauerhaft eingeprägt!
Regionalküche lebt, entwickelt sich, nimmt Aktuelles auf, formt Altbewährtes so um, dass es heute bestehen kann. Eine spannende

Aufgabe, diese Prozesse als Verlag zu begleiten. Unsere Arbeit zu diesem Segment im Verlagsprogramm hat uns in den letzten Jahren die große Bandbreite an Möglichkeiten, die Entwicklungspotenzen gezeigt.

Sie reicht von historischen Darstellungen abgeschlossener Themengebiete wie z.B. die Nachkriegsküche bis zur aktuellen Darstellung der ostdeutschen Landesküchen.

Regionales Kochen, Backen und Trinken lebt stark vom Nahrungsangebot der Region, es folgt in seiner Grundorientierung dem saisonalen Angebot, es stützt sich auf bewährte Erfahrungen und Gebräuche der Vorfahren und ist – im besten Fall – in den Rezepturen auf der Höhe der Zeit. Autoren aus der Region mit Kompetenz, vor allem umfassender Kenntnis der regionalen Besonderheiten, sind die Grundlage des Erfolges. Mündliche Überlieferungen des Kochens und Backens, früher die Methode des Weitergebens von Rezepten in den Familien, funktioniert heutzutage nicht mehr. Detailreiche und praktikable Literatur muss diese Lücke schließen. In diesem Sinn ist die Herausgabe regionaler Kulinaria ein dankbarer Beitrag zur Pflege der Alltagskultur für einen stabilen, ja wachsenden Leserkreis.

Auf den Jahrgang kommt es an...

Thomas Hesele / Buchautor

Die Qualität eines Weines hängt in ganz deutlichem Maße von den klimatischen Randbedingungen des betreffenden Jahrganges ab. Zudem wird es immer schwieriger, den Überblick über die expandierenden Weinmärkte in aller Welt zu behalten. Ein schier unübersichtlicheres Angebot an guten Tropfen macht es immer komplizierter, den Überblick zu behalten, und erst recht für Neueinsteiger, sich einen Überblick zu verschaffen. Wer Qualitätsweine kauft, sollte daher wissen, welcher Qualität die Jahrgänge in den betreffenden Anbaugebieten waren. Das schützt sie vor bösen Überraschungen.

Über Wein wird viel philosophiert und natürlich noch viel mehr geschrieben. Da werden Weinanbaugebiete „neu" entdeckt und Weine, die vor 2 Jahren niemand kannte, zu absoluten Kultweinen hochgejubelt. Ein Paar Pünkt'chen von diesem, ein paar Pünkt'chen von jenem Weinpapst – und siehe da, der so gelobte Winzer braucht sich um den Absatz der nächsten Jahresproduktionen keine Gedanken mehr zu machen. Und da sich's gerade so schön sorgenfrei verkauft: ruhig mal fünf Euro rauf mit dem Flaschenpreis. Schließlich fand der Wein den Gefallen der Gelehrten. Pech natürlich nur für den, dessen Herz nicht für die im Barrique ausgebauten Cabernet Sauvignon- und Merlot-lastigen Fruchtbomben schlägt. An ihm geht der internationale geschmackliche Einheitstrend vorbei. Und er wird sich schwer tun auf seiner Suche nach dem richtigen Tropfen.

Am gleichen Punkt kommt an, wer auf Gut Glück in ein fremdes Land reist, um dort festzustellen, dass man auch anderen (weniger trendig beschriebenen) Orts ganz passablen Wein zu machen in der Lage ist. Nun ist guter Rat teuer, denn unsere großen Weinatlanten sind nicht zur Hand (sie stehen erhaben zu Hause im Bücherregal) und falls man doch weitsichtig ein Büchlein einpackte, müssen wir feststellen, dass von den 25 regionalen Weinpositionen auf der Weinkarte dieses lauschigen Restaurants, in dem wir gerade sitzen, kein Einziger in unserer Taschenbuchausgabe „Weine der Welt" zu finden ist. Missliche Situation. Die übliche Literatur, müssen wir feststellen, hilft uns hier nicht weiter. Schon gar nicht bei über 70 Weinanbaugebieten wie z.B. in Spanien (im Vergleich hierzu haben wir in Deutschland gerade einmal übersichtliche 13).

Als ich vor gut 20 Jahren anfing, Spanien zu bereisen, musste ich diese Erfahrung machen. Jedes Strand- und Hafenlokal, von den Restaurants im Hinterland, die sich nur dem „einheimischen Kenner" erschließen, hatte gute, süffige und vor allem preiswerte Tisch- und Tafelweine: Meist aus der Region und immer „offen" verkauft. Auch in größeren Mengen konsumiert, durchaus immer noch lecker und meist (da mussten die Mengen schon sehr groß sein) ohne Folgen am nächsten Morgen. Aber auch die Flaschenweine - nicht schlecht! Ich war begeistert. Nur leider konnte ich außer Rioja und Penedes, Navarra und Jerez kaum eines der exotischen Weinanbaugebiete näher definieren, da die Literatur dazu fehlte. Ein, zwei Bücher über spanische Weine waren zu bekommen; diese allerdings – nach wie vor - auf die großen Highlights und Evergreens beschränkt. Also keine guten Aussichten.

Also schied der theoretische Ansatz bei meinen Exkursionen aus. Ich war auf die Praxis angewiesen. Und wie es Einem so geht, der weinprobierend und deshalb oft angesäuselt durchs Land zieht: man lernt Gleichgesinnte kennen. Mein großes Glück war das Treffen mit einem Herrn, Katalane durch und durch, in den siebziger Jahren seines Zeichens Olympiateilnehmer des spanischen Schwimm-Teams, heute, dreißig Jahre und zweieinhalb Zentner Leibesfülle später, Wein- und Delikatessenhändler mit Schwerpunkt gehobene Gastronomie. Dieses Schwergewicht an Fachwissen nahm mich nun einige Wochen im Jahr unter seine Fittiche. Ich lernte Spanien von seiner vinophilen Seite kennen. Da wurde degustiert und geschlemmt, mit

Winzern und Händlern gefachsimpelt und regionale Weinmessen erkundet. Ich kann nur empfehlen, am ersten Wochenende im Mai die Feria del Vi in Falset zu besuchen: Dort bieten die ansässigen Winzer auf der malerischen Plaza Mayor im Rahmen eines Weinfestes die Weine des Priorat und des Montsant feil und man kann alles probieren und verkosten, was diese Region an „High-Potencials" bietet; schlichtweg ein Schlaraffenland.

Ich musste lernen, dass der spanische Winzer generell seinen Wein ab Bodega auch dem Weitgereisten nicht zum Schnäppchenpreis abgab, da das unfair seinen Handelsvertretern gegenüber sei, lernte stolze Winzer-Söhne und -Töchter kennen, die aus einfachsten Mitteln Weine berauschender Machart in kleinsten Mengen laborierten und schätze noch heute die goldgräberhafte Aufbruchsstimmung in den frühen neunziger Jahren, als sich der spanische Wein aufmachte, die Welt zu erobern. Nur mit der Theorie und der Literatur, da war es halt leider immer noch nicht besser. Also musste ich einen anderen Weg finden, die Vielzahl der unbekannten Weine vorzuselektieren. Ich beschäftigte mich mit den Rebsorten, die natürlich in jedem Seitental des Ebros und der kastilischen Hochebene einen anderen Namen hatten, was es mir den Ansatz aus dieser Richtung auch nicht unbedingt leichter machte. Und dann kam ich darauf, mich auf die Jahrgangsqualität zu konzentrieren. In einem guten oder exzellenten Jahr gelingt es beinahe jedem Winzer, einen spitzen Wein (nicht unbedingt einen Spitzenwein, das ist ein kleiner Unterschied) zu produzieren. In einem mittelmäßigen, erst recht in einem schlechten Jahr hat der einfache, kleine Winzer schon seine Mühe. Da bekommen die großen Bodegas mit all ihrer Technik und dem studierten, geballten Spezialistenwissen auch noch einen einiger Maßen passablen Wein in die Flasche.

So trug ich also immer öfter einen kleinen, handgekritzelten Spickzettel bei mir, in den ich eifrig meine Neuentdeckungen eintrug. Der Zettel wurde unübersichtlich und schließlich zum Notizbuch, die Notizbücher allmählich noch unübersichtlicher, schließlich zur Excel-Tabelle und irgendwann kam die Idee: Ich bringe die zusammengetragenen Informationen über die Anbaugebiete, die regionalen Weinspezialitäten deren klimatischen und geologischen Randbedingungen und die zugelassenen Rebsorten einerseits, die klimatischen Randbedingungen der einzelnen Jahre andererseits in Buchform zusammen. Zunächst ausschließlich für meinen privaten Gebrauch bestimmt, interessierten sich immer mehr Menschen in meiner Umgebung für dieses kleine Brevier, dem ich es verdankte, schnell und ziemlich zielsicher aus einer Vielzahl mir unbekannter Weinpositionen eine recht passable Auswahl zu treffen. Aus meinen Listen wurden Bücher, das System überzeugt nun auch die Fachwelt.

Kennt man die Rebsorte sowie die Klima und Bodenverhältnisse, kann man schon Rückschlüsse auf das ziehen, was einen geschmacklich in etwa erwarten wird. Fragt man dann noch, ob und falls ja, wie lange der Wein im Barrique war, ob der Winzer mit Edelstahl und kontrollierter Vergärung arbeitet, kommt man schon ziemlich weit, ohne auch nur einen Schluck degustiert zu haben. Aber die wichtigste Information im Zusammenhang mit Lagerzeit und Produktionsjahr ist für mich der Jahrgang. Auf den Jahrgang kommt es an. Wenn ich mehrere Weine zur Auswahl habe, entscheide ich mich immer für den aus dem besseren Jahrgang. Hier wird der große Unterschied gemacht.

Ein Wein schwachen Jahrgangs ist in jungen Jahren unausgeglichen und schnell überlagert, die Risiken, etwas Zweit- oder Drittklassiges ins Glas zu bekommen sind hoch. Die Winzer müssen tricksen, um den Wein zu stabilisieren, es wird geschwefelt und getüftelt auf „Teufel komm raus". Ergebnis: ein schlapper Säuerling im Glas und eine dicke Birne am nächsten Tag.

Ein Wein aus einem Spitzenjahrgang ist in der Regel ausgeglichen, voluminös, in jungen Jahren oft ungestüm aber charaktervoll, ins Alter gekommen abgerundet und in sich ruhend. Gute Jahrgänge sind immer lagerfähig. Warum also – wenn sich einem die Alternative bietet – nicht auf den Wein aus dem perfekten Jahrgang zurückgreifen?

Die Weinjahrgangsführer zeigen schnell und sicher auf einen Blick die Qualität der Weinjahrgänge nach Ländern und Anbaugebieten geordnet. Sie sind konzipiert als hilfreicher Ratgeber für unterwegs und als Buch zum Mitnehmen. Dabei sind die Weinjahrgangsführer nicht als Konkurrenzprodukt zu den herkömmlichen Weinführern gedacht, sondern als sinnvolle und praktische Ergänzung. Wer viel in Weinregionen und Weingeschäften unterwegs ist, wird an diesem kleinen Buch viel Freude haben, hilft es doch bei wichtigen Kaufentscheidungen, 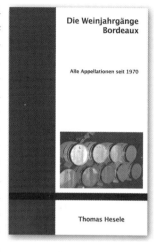 immer den richtigen Jahrgang zu treffen. Die Jahrgangstabellen reichen bis in Jahr 1970 zurück und enthalten die offiziellen Jahrgangs-Klassifizierungen. Für Anbaugebiete, für die solche nicht verfügbar sind, wird auf eigene Recherchen zurückgegriffen. Zwischenzeitlich sind die Weinjahrgangsführer für Spanien und Portugal, sowie für Deutschland, Österreich und die Schweiz erhältlich. Das neueste Werk umfasst die 64 Appellationen des Bordeaux.

Der Weinjahrgangsführer „Spanien Portugal" wurde 2003 mit einem World-Cookbook-Award ausgezeichnet und fand auch in der Fachpresse durchweg positive Resonanz.

Wo Kaiser Probus die Reben pflanzte

Wein- und Weinliteraturland Österreich

Egon Mark / Dipl. Sommelier

Es ist ein kleines, aber feines Weinland. Nicht einmal jede hundertste Flasche Wein, die in der Welt produziert wird, kommt aus der Alpenrepublik. Was aber zwischen Bodensee und Neusiedlersee abgefüllt wird, ist bei Kennern über alle Kontinente bekannt.

Mehr oder weniger offiziell gilt der „Weinkaiser" Probus als Begründer des Weinbaus im heutigen Österreich. In Wirklichkeit wird schon seit der keltischen Besiedelung, vor fast 3.000 Jahren, Weinbau betrieben, wie es Funde von Traubenkernen im Burgenland und im Weinviertel beweisen.

Wie fast überall in Europa, erlebte der Weinbau auch in unserem Land während der Regierungszeit von Karl dem Großen einen enormen Aufschwung. Der Blaufränkische – in Deutschland als Lemberger bekannt – erhielt wohl in dieser Epoche seinen Namen, als erstmals die verbreiteten Rebsorten in zwei große Gruppen eingeteilt wurden: In die guten „Fränkischen" und die schlechten „Hunnischen" oder „Heunischen".

Im Mittelalter waren die Klöster und Bistümer Klosterneuburg, Melk und Göttweig, alle entlang der Donau gelegen, die Träger der Weinbaukultur. Die Anfänge des Dinstlgutes in Loiben gehen bis in das 9. Jahrhundert zurück und das Freigut Thallern in Gumpoldskirchen wurde im 12. Jahrhundert von den Zisterziensern gegründet.

Im späten Mittelalter, als unser Land schon längst den Namen »Ostarrîchi« (Österreich) trug, erlebte der Weinbau seinen absoluten Höhepunkt und die Rebfläche war mit 150.000 bis 200.000 vier bis fünfmal so groß wie heute. Damals gab es auch noch nennenswerte Weingärten in den westlichen Bundesländern und die Hauptstadt Wien wurde praktisch direkt in die Weinrieden gebaut.

Ein Glas Wein und ein Geschichtsbuch
Eigentlich wollte ich nicht über die Geschichte des Weines in Österreich, sondern über Weinbücher schreiben. Woher sollte man sein Weinwissen beziehen, wenn nicht aus Büchern. Zumindest damals, als ich begann, mich intensiv mit dem köstlichen Thema zu befassen, waren Bücher die einzige Möglichkeit.

Rund um den Wein interessierte mich ganz besonders die Geschichte und zwei Bücher halfen mir dabei, meinen Wissensdurst zu stillen:
Einmal war und ist es noch immer HUGH JOHNSONS WEINGESCHICHTE; Von Dionysos bis Rothschild; Hallwag.
Die aktuelle Ausgabe erschien 2005 und bietet auf ca. 250 Seiten und mit vielen Bildern reichlich Information und Unterhaltung zu allen möglichen Themen rund um den Rebensaft.
In einer älteren Ausgabe von 1990 steht auf der Rückseite des Einbandes ein sehr interessantes Zitat des Verfassers: „Je mehr ich während eines Vierteljahrhunderts über Wein gelernt habe, desto mehr ist mir bewusst geworden, dass er uns wie ein roter Faden durch die ganze menschliche Geschichte führt. Im Wein leben sogar Erinnerungen aus der Steinzeit weiter."
In den mehr als vierzig Kapiteln kann man sich leicht heraussuchen, was einen gerade am meisten interessiert. Vom Wein in den Religionen über Portwein, Napoleons Kriege, die Reblauskatastrophe oder die Zeit der Prohibition in Amerika - jedes einzelne Kapitel ist interessant und absolut keine trockene Geschichte.

Viel weniger bekannt, aber nicht minder lesenswert ist ein Buch, das anlässlich der Steirischen Landesausstellung 1990 in Gamlitz erschien. Schon vor, aber vor allem nach dem Besuch dieser Ausstellung, war das Buch für mich eine unheimlich interessante Lektüre und ich blättere noch heute gerne darin.

Das reichlich illustrierte Buch trägt den schlichten Titel WEINKULTUR; Herausgeber war das Kulturreferat der Steiermärkischen Landesregierung in Graz.

Eingang zu Egon Marks Weinkeller

Auf rund 460 Seiten sind mehr als sechzig verschiedene Themen von fast gleich vielen Autorinnen und Autoren beschrieben, was das Lesen besonders interessant macht. Mit der Ur- und Frühgeschichte der Weinkultur beginnend, beziehen sich die Beiträge allerdings mehr und mehr auf die Zeit der K & K - Monarchie und auf die heutige Steiermark.

Sorgenschwere Zeiten

Das 19. Jahrhundert brachte eine Reihe von Katastrophen ins Land: Außer extremen Kälteeinbrüchen und aus Amerika eingeschleppten Pilzkrankheiten, war das Auftreten der Reblaus der negative Höhepunkt, der ganze Weinbaugebiete verwüstete. Will man jedoch aus all den Problemen etwas Positives ableiten, dann war es die Gründung der ersten Weinbauschule der Welt in Klosterneuburg im Jahr 1860. Von Anfang an hatte die Lehranstalt unter dem ersten Direktor Freiherr von Babo eine Fülle von Aufgaben. Ganz oben auf der Liste war die Erforschung und Bekämpfung von Mehltau und Reblaus.

Nicht durch natürliche Katastrophen, sondern praktisch selbst verschuldet durch eine verschwindend kleine Minderheit von Winzern, machte das Weinland Österreich im Jahr 1985 Schlagzeilen: Ein Weinskandal wurde aufgedeckt und in allen Medien als „Sommerthema" lang und breit ausgeschlachtet.

Der Schock saß tief an dem Julitag, aber die Behörden reagierten ungewöhnlich schnell. Schon sechs Wochen nach dem Auffliegen der kriminellen Machenschaften verabschiedete das Parlament in Wien eines der strengsten Weingesetze der Welt. Und es dauerte nur noch einige weitere Wochen bis zur ersten rechtskräftigen Verurteilung.

Wissensdurst
Nachdem die Weinwelt (in Österreich und anderswo) so richtig aufgerüttelt war, begannen immer mehr Leute, sich dem Thema Wein kritischer zu nähern. Das Allgemeinwissen über den Rebensaft war vor 25 Jahren sehr mager und beschränkte sich weitgehend auf die Farbe im Glas. Aber plötzlich wurde mehr und mehr über Wein gelesen.

Egon Mark

Ein Buch, das mir damals bei meiner Weiterbildung sehr geholfen hat, habe ich gerade aus meiner umfangreichen Weinbibliothek genommen. Was auf der ersten Seite, schön mit Tinte geschrieben, steht, freute heute noch gleich wie damals: „Weihnachten 1980, für Papa, von Deiner Familie…"

Das Buch trägt den Titel
DAS GROSSE ÖSTERREICHISCHE WEINLEXIKON; herausgegeben von György Sebestyén, Lizenzausgabe mit Genehmigung des Molden-Verlages, Wien.
Es ist ein klassisches Lexikon über Wein und Weinbau in Österreich. Hunderte Illustrationen lockern das Lexikon auf und die zahlreichen Sonderbeiträge haben zu einem großen Teil noch heute eine gewisse Aktualität.

Das Weinwunder
Längst sind alle dunklen Spuren verwischt und Österreichs Winzer sind inzwischen erfolgreicher denn je. Es begann die eigentliche Erfolgsgeschichte: Das neue Weingesetz mit strengen Qualitätskontrollen wurde eingeführt und die Vergabe von Prüfnummern für jeden einzelnen Wein ermöglicht die lückenlose Kontrolle vom Weingarten bis in die Flasche. Und die erlaubten Hektarerträge – schon ab der Qualitätsstufe Landwein – sind seither deutlich geringer als in allen Nachbarländern.
Zur Unterstützung und Koordination der neuen Maßnahmen wurde 1986 die Österreichische Weinmarketinggesellschaft gegründet und es gelang ihr ziemlich rasch, den Anteil an Qualitätsweinen zu steigern. Im Ausland bieten die von der ÖWM seither organisierten Präsentationsplattformen wertvolle Kontaktmöglichkeiten für Österreichs Winzer. Im Vergleich zu den großen Weinbaunationen der Welt arbeitet Österreichs Weinmarketinggesellschaft mit einem Mini-Budget und beweist damit, dass es nicht nur auf das wie viel, sondern auf das wie ankommt.
Die neue Winzergeneration hat bei der vollständigen Erneuerung der Weinwirtschaft aktiv mitgeholfen. Die Ausbildung der jungen Garde ist enorm verbessert worden und Praktika in den großen Weinbauländern der Welt sind für den Nachwuchs schon fast selbstverständlich. Mit vielen neuen Erfahrungen zurück in den elterlichen Betrieben, wurde bestimmt so manches verändert, doch der Stil wurde beibehalten und die eigenen Weine sollten frisch und fruchtig bleiben.

Internationale Erfolge

Dass die österreichische Leitsorte Grüner Veltliner bei Weltweinverkostungen und in den Spitzenrestaurants Amerikas vom Nischenprodukt in die oberste Liga aufsteigen konnte, erfreute ganz besonders. Dass aber auch Rieslinge und Sauvignon Blanc's gegenüber deren großen und klassischen Anbauländern so erfolgreich sind, gilt als Sensation. Die Schweizer Fachpresse erkennt „Österreich im Rotweinglück" und bei all den Erfolgen dürfen die edelsüßen Weine ruhig auch weiterhin als „Flüssiges Gold" aus Österreich das Ganze abrunden.

Die landschaftliche Vielfalt

Österreichs Weinlandschaft ist so vielfältig wie die Stilistiken der Weine. Die Weinbaugebiete liegen zumeist in gemäßigten Klimazonen etwa auf dem 47. und 48. Breitengrad und dies ist mit Burgund in Frankreich vergleichbar. Das Klima ist weitgehend kontinental geprägt und von Kleinklimazonen durchzogen, die durch Wälder, Flüsse und Seen entstehen. Die östlichsten Teile des Landes profitieren zusätzlich von pannonischem Klima und in der bilderbuchartigen steirischen Weinlandschaft sorgen die Einflüsse des illyrischen Klimas für die fruchtig-frischen Weine.

Die Sorten und Stile

Für weniger als 50.000 Hektar Weingärten sind 3 Dutzend verschiedene Rebsorten eigentlich viel. So aber besteht die Möglichkeit, überall die genau richtigen Trauben anzupflanzen: Auf Löss, lehmigem Schotter, Urgestein, Braunerde, vulkanischen Böden oder auf den unterschiedlichsten Mischformen, die uns die Natur bietet.

...mehr als „nur" Sommelier.

Die Weintypologien

Klima, Böden und Rebsorten sind die wesentlichen Voraussetzungen für gute Weine, der tüchtige Winzer veredelt das, was ihm die Natur schenkt. Unzählige verschiedene Möglichkeiten bieten sich anschließend bei der Verarbeitung im Weinkeller.

Das große Bestreben der Qualitätswinzer besteht darin, den Weinen die Typizität des jeweiligen Gebietes mit in die Flaschen zu geben. Wer die entsprechende Größe hat und wenn es der Jahrgang zulässt, werden aus einer Rebsorte Weine unterschiedlicher Stile gewonnen. Besonders bei den Weißweinen bietet es sich an, leichte, mittelschwere und auch füllige trockene Spätlesen zu keltern.
Aromatische Weine wie Sauvignon, Gelber Muskateller oder Traminer sind inzwischen beliebte Begleiter der Asia-Küche.
Fruchtige Rotweine der leichten Spielart, wie etwa Zweigelt oder Blauer Portugieser bereiten vielseitigen Trinkgenuss. Wer es gerne kraftvoller hat, findet Blauburgunder, St. Laurent, Blaufränkisch, Cabernet, Merlot und noch mehr.
Das Angebot an edelsüßen Prädikatsweinen von Spätlesen bis zu Trockenbeerenauslesen ist riesengroß und wenn in einem Jahr einmal die Edelfäule nicht so richtig auftreten will, kann man auf delikate Eis- oder Strohweine setzen.

Wein zum Essen oder Essen zum Wein

Ob sich im Laufe der Zeit die regionalen Speisen an die Weine oder die Weine an das oft bäuerliche Essen angepasst haben, ist wohl nicht ganz klar. Tatsächlich haben sich unzählige klassische Kombinationen entwickelt, die aus der Phantasie des Genießers nicht mehr wegzudenken sind. Aber trotzdem bleibt für den persönlichen Geschmack noch genügend Freiraum. Denn ob man zu einem Wiener Backhendl mit lauwarmem Erdäpfelsalat ein Glas reschen Veltliner oder lieber einen etwas milderen, goldgelben Neuburger trinkt, kann nur eine Frage des persönlichen Geschmacks sein.

Österreich als große Vinothek

Mit der Fülle an Rebsorten, Lesearten und Ausbaustilen können Österreichs Weine die gesamte Fülle an regionalen und internationalen Speisen bestens begleiten und dies wird in vielen Top-Restaurants der Welt immer öfters praktiziert. Dabei hat die weiße Leitsorte Grüner Veltliner wohl am meisten überrascht. Vom oft einfachen Schankwein in der Doppelliterflasche haben sich in den letzten Jahrzehnten die unterschiedlichsten Spezialitäten entwickelt. Von leichten Sommerweinen über mittelgewichtige Kabinettweine, bis zu gehaltvollen und goldgelben Genussweinen. Vom Urgestein, dem Löss- oder Sandboden, mit einem dezenten „Pfefferl" oder einer ausgeprägten Würze begleitet, alles ist möglich und immer sind die Weine in erster Linie natürlich und fruchtig.

Einfach schön – „Weinbilderbücher"

Zeitlos schön sind viele Bildbände über Wein und Weinlandschaften. Eines dieser Kunstwerke, das mich weniger wegen der Texte, dafür aber wegen der wunderschönen Aufnahmen faszinierte, erschien 1993.

Das Cover zeigt ein Glas mit funkelndem Rotwein und der schlichte Titel lautet

VINARIA; Herausgeber und Fotograf ist Peter Oberleithner, Oberleithner's Kulinarium-Verlag, Wien.

Die Genesis – von der Knospe zur Traube – ist in wunderschönen Hochglanzbildern dargestellt. Man muss nicht Weinfreund sein, um an dem Buch Gefallen zu finden, ein Sinn für Schönes genügt schon.

Außer den verschiedenen Stadien in der Vegetation der Traube sind die wichtigsten Rebsorten Europas kunstvoll dargestellt. Keller und Landschaften runden das Ganze ab und kurze Texte in Deutsch und Englisch begleiten die vielen schönen Bilder.

Ein kunstvolles Souvenir aus dem „Land der weißen Wolke" – wie Maoris. Ihre Heimat Neuseeland nennen, zählt für mich zu den schönsten „Weinbilderbüchern" die ich kenne.

Wo Kaiser Probus die Reben pflanzte

Wenn ein renommierter „Winemaker" seine Arbeit auf dem Weingut Cloudy Bay in Marlborough mit seinem Interesse an der Fotografie teilt, kann man Besonderes erwarten.
THE COLOUR OF WINE, ist der Titel des Bildbandes. Der Meisterfotograf ist Winemaker Kevin Judd und Herausgeber ist Craig Potton Publishing. Frühling, Sommer, Herbst und Winter in der berühmten Weinlandschaft auf der Südinsel Neuseelands sind in dem Buch festgehalten.

Als langjähriger Trainer und Prüfer bei der Sommelierausbildung und Lektor der Österreichischen Weinakademie war es für mich naheliegend, nicht nur vieles zu lesen und zu verkosten, sondern auch fremde Anbauländer zu besuchen. Nach vielen Reisen in die europäischen Weinländer, waren die Länder der Neuen Welt an der Reihe.
Jahrzehntelange Erfahrung mit Wein und eine pädagogische Ausbildung brachten mich auf die Idee, zum Thema Wein ein Quiz für den Computer zu erstellen. Nach langem Sammeln von Fragen entstand das Weinquiz auf CD „Wein erlernen mit Spaß". Inzwischen ist es die zweite, aktualisierte Auflage mit mehr als 1.100 Fragen. Aus jeweils vier Antwortmöglichkeiten kann gewählt werden und für den Lerneffekt das Wichtigste: Zu jeder richtigen Antwort gibt es eine kurze Erklärung bzw. Begründung.

Auch im Zeitalter des Computers sind Bücher gefragt und viele Anfragen haben mich dazu bewogen, das Weinquiz auf Papier zu bringen. Voraussichtlich im November/Dezember 2006 wird das Quizbuch erscheinen.
1.101 Fragen aus 8 verschiedenen Wissensgebieten sind vorgesehen und gegenüber der Version für den PC sind die Erklärungen deutlich erweitert. Lerneffekt und Unterhaltung werden in dem Buch gleichermaßen geboten. Jeweils auf der rechten Seite werden die Fragen stehen und auf der Rückseite findet man

die richtigen Antworten mit Begründung oder Erklärung. Verschiedene Artikel zu fachlichen Themen und Bilder werden das Ganze zu einer Lektüre machen, wie es sie derzeit noch nicht gibt.

„Die Diät, die Hochzeit und ein Buch"

- Kochbücher aus dem wirklichen Leben -

Evert Kornmayer / Verlag Gebrüder Kornmayer

Mit Genuss zum Wunschgewicht
Es ist 3 Monate und die Produktionszeit eines Kochbuches her, als ich meinen guten Freund Kai Weidner in der Küche seines Restaurants „Leckermeulken" besuchte. Gerne lege ich bei meinen Fahrten in Deutschlands Norden einen kurzen Stopp bei ihm ein, um ihm etwas von seiner Zeit oder von seinen Tellern zu stehlen. Was Tim Mälzer seine Ravioli sind, ist mir Kais Sauce zur Curry-Wurst (die steht nicht auf der Karte, doch wenn es Sie mal nach Schwelm verschlagen sollte - berufen Sie sich bei Ihrer Bestellung einfach auf mich...).
Wir kennen uns schon eine Weile, haben immer viel zu erzählen, über das Thema, was der eine kocht und worüber der andere schreibt - und um persönliche die „Bestmarke" welche bei uns beiden stets um die 110 pendelte. Nicht Pfund, sondern Kilo. Als ich nun an diesem besagten Nachmittag durch den Lieferanteneingang in seine Küche kam, war er nicht mehr wiederzuerkennen. Hatte mal eben 20 Kilo abgenommen, den gemeinsamen Bund der „über 100er" gebrochen und erzählte mir, während ich mich an seinen Currywürsten mit der Sauce aus dem großen Topf zu schaffen machte, über Obstsalt, Gemüse und einer Ernährungsumstellung mit dem Name „Wakeup". „Darüber musst Du unbedingt ein Buch schreiben und abnehmen musst Du natürlich auch.", hatte Kai beschlossen. „Ja, abnehmen muss ich, dass sagt meine Frau auch.", bestätigte ich ihm, damit beschäftigt, eine seiner krossen Kroketten aus der Fritteuse zu fischen. „Schreib doch mal ein Kochbuch, das den Leuten mal wirklich was nutzt und wo es nicht um die tausendste Diät geht, man aber trotzdem auch abnimmt.", versuchte er mich

In der Küche beim „Wakeup-Koch" Kai Weidner

bei meiner Autorenehre zu packen. „Diätbücher liegen im Trend, ist doch langweilig.", erwiderte ich, während ich die Krokette von einer Hand in die andere fallen ließ, um mich nicht zu verbrennen. Kai fing sie mir aus der Hand hielt sie direkt vor meine Augen, deutete mit ihr auf mich und gebot: „Das ist keine Diät, sondern eine tiefgreifende Ernährungsumstellung. Außerdem hat Wakeup 80.000 Mitglieder und kein Kochbuch."

Wer bin ich, dass ich einem Koch, der Kroketten frisch aus der Fritteuse festhalten kann, widersprechen könnte?

„Aber nur, wenn Du die Rezepte für das Buch kochst. Sind es wirklich 80.000?", vergewisserte ich ´völlig gelassen´ und griff nach der Krokette vor meinen Augen. „Sind es, mein Lieber und wenn Du Wakeup für den Verlag gewinnst, koche ich für Dich.", versicherte er und freute sich, dass er mich genau da gepackt hatte, wo er es sich vermutlich schon lange ausgemahlt hatte...

Wir haben dieses Buchprojekt umgesetzt und je mehr ich über das Konzept von ausgewogener Ernährung, Ess-Pausen, Bewegung und Entspannung erfuhr, so mehr wich meine „Diätbuch-Skepsis": Das war keine Diät, sondern wirklich etwas Neues. Das Beste aber war, dass Freund Kai im Wort stand und so für dieses Buch viele wunderbare Gerichte und Fotos entstanden.

Was schenkt ein Kochbuchautor seiner Schwester zur Hochzeit?

Dieses Jahr hat meine „kleine" Schwester geheiratet. Zum ersten Mal - und da möchte man natürlich ein ganz besonderes Geschenk machen, welches das glückliche Paar durch das ganze Leben begleiten möge. So eine großartige Idee hat man aber nicht alle Tage und dann hat Sie wohl mindestens jeder Zweite. Beide Liebende lieben

Am 6. Hochzeitstag wird es in der Küche süß.

Kochbücher und die Küche von Jaimie Oliver und Tim Mälzer. Letztes Jahr haben sie mir „Born to Cook 2" zu Weihnachten geschenkt - das Jahr davor war es ja noch der „Ducasse" gewesen.
Wie das eben so ist, mit der eigenen Verwandschaft, da wird jedesmal der 100%tige Familienrabatt in Anspruch genommen, wenn mein Bruder oder ich ein neues Kochbuch herausgeben. Und wenn man dann zum Essen eingeladen ist, werden mit stolzer Brust die Gerichte aus dem neuesten Tim Mälzer-Kochbuch serviert...
Doch wer will bei solchen Köstlichkeiten undankbar sein?
„Ihr müsst halt mal ein Buch schreiben, dass die jungen Leute auch mögen." beschwichtigt in solchen Momenten die Mutter und versteht nicht, wenn ihre Söhne dann das nächste Familienfest bei einer Hamburger-Kette versprechen.
Da reist man um die ganze Welt, sammelt Rezepte, gewinnt Kochbuchpreise und zuhause kocht man nach dem Fernsehen.
Aber was macht man als guter Sohn? Selbstverständlich hört er auf seine Mutter. Diese Gelegenheit bot sich zur besagten Hochzeit meiner Schwester, als ich bereit war, Großes zu leisten, aber noch nicht wusste was.

Bei ebay habe ich dann für 80 Euro eine antiquarische Ausgabe von Escoffiers „Kochkunstführer" ersteigert. Ein Werk, das meiner Meinung nach das Niveau eines jeden modernen Kochbuchregals um 200% steigert. Der gute Escoffier verwendete aber keine Sojasauce, kein Sambal Olek oder Tiefkühlblätterteig. Diese ersten Zweifel wurden durch das gänzliche Fehlen von stylischen Food-Fotos bestätigt und verstärkt durch die fehlenden Mengenangaben. Ist wohl nicht  ganz das Richtige, aber der Ansatz war nicht verkehrt. Die Frage des Hochzeitsgeschenks war wieder offen und der Termin rückte unerbittlich näher.

Eines späten Abends, als die Nachbarn schon längst die Rolläden herunter gelassen hatten und nur noch die weißlichen Lichter des Fernsehers durch die Rolladenschlitze flimmerten, das letzte Postflugzeug über unser Haus geflogen war, um am nahen Frankfurter Flughafen zu landen, hatte ich die Idee: Ein Kochbuch mit einem Menü für jeden Hochzeitstag. Das war es!

Alle Namen, alle Bräuche und das ganze „Drum herum", verbunden mit einem Menü, das die Bräuche oder den Namen des jeweiligen Hochzeitstages aufgreift.

Dieses Projekt hat dann 6 Monate meiner Feierabende verschlungen. Ich tauchte ein in eine Welt von vielfältigen Geschichten und Bräuchen in allen Regionen Deutschlands. Viele Hochzeitstage heißen je nach Gegend ganz unterschiedlich oder der Name hängt davon ab, ob das Paar bereits Kinder hat oder nicht („Bullenhochzeit" oder „Windbeutelhochzeit"). Beim 50. Hochzeitstag habe ich dann mit den Menürezepten aufgehört. Zum einen stand die Hochzeit meiner Schwester kurz bevor und zum anderen ist man dann um die 70 und lädt zum Essen in ein Restaurant ein oder wird eingeladen. Morgens vor der kirchlichen Hochzeit war ich im Büro, habe das Buch ausgedruckt, geschnitten und im Thermobindegerät „zusammengeleimt". Abends habe ich dann kurzentschlossen dem Alleinunterhalter am elektrischen Klavier das Mikrofon abgenommen und mit einem kleinen Quiz zu den Hochzeitstagen das Buchpräsent dem „jungen Glück" überreicht.

Der Erfolg war großartig! Nicht unbedingt, was das Brautpaar angeht, die kochen wohl noch immer nach dem Motto „Schmeckt nicht gibt's nicht". Doch die alte und neue Verwandtschaft wollten dieses Buch für ihre eigenen Hochzeitstage - mit Familienrabatt natürlich.

Und wer kann an einem solchen Tag zu später Stunde schon „nein" sagen?

Da dieses Buch die jährlichen Feste zum Hochzeitstag beschreibt, bleibt mir die Hoffnung, mich an ihren Buffets schadlos halten zu können.

Also haben wir das Buch drucken lassen. Nach 3 Monaten (mit dem 6.6.06) war die erste Auflage ausverkauft und wer demnächst Hochzeitstag hat und das Buch noch nicht sein eigen nennt, oder demnächst zu einer Hochzeit eingeladen ist, oder jemanden kennt, der demnächst zu einer Hochzeit eingeladen ist, der sollte nun endlich...

(„Festliche Menüs für 50 Hochzeitstage" ISBN 3-938173-16-5)

Holland - Was lange währt, wird endlich gut

Bereits im letzten kulinarischen Report berichteten wir über die kurz bevorstehende Veröffentlichung des Titels: „Klassische & moderne Rezepte aus Holland".

Danach mussten wir feststellen, dass wir uns in der Küche und der Hilfsbereitschaft der Menschen in unserem Nachbarland schwer geirrt hatten. Restaurantbesitzer, Köche, Hausfrauen, Markthändler, Tourismusbüros und Kochbuchautoren haben uns mit Rezepten und Geschichte dazu auf

„Die Diät, die Hochzeit und ein Buch"

eine Art und Weise unterstützt, wie ich es bei noch keinem anderen Buchprojekt über Länderküche erlebt habe. Danke dafür!
Was als feine, aber kleine Arbeit dieser Kochbuchreihe gedacht war, bringt nun 1,4 kg auf die Waage, ist mit über 500 Rezepten das umfangreichste Werk der Reihe „Klassische & moderne Rezepte aus..." und ist eine große Überraschung für die Autoren, den Verlag und alle, die stets dachten, dass man in Holland nur Heringe, Tomaten und Käse kennt.

Endlich, vor 2 Monaten und kurz vor dem Ausscheiden der holländischen Nationalelf aus der Fußball-WM erschien dieses Buch. Das erste deutschsprachige, welches sich ausschließlich mit der holländischen Küche befasst. Dieser Umstand war den Autoren zunächst überhaupt nicht bewusst. Bei all den vielen Kochbüchern soll es das noch nicht gegeben haben?

Köstliche Fischgerichte, feine Eintöpfe und andere Spezialitäten wie Matjes, Krabben, Muscheln, Frikandellen, Krokettjes, Pfannkuchen, Gemüse, Kakao und Genever verwöhnen den Gaumen. Seit langem sind auch Gerichte aus den ehemaligen Kolonien wie Bami Goreng, Nasi Goreng und die Indonesische Reistafel zu „heimischen" geworden.
Es ist ein Buch, das seit der Trennung von West- und Ostfriesland endlich geschrieben werden musste und welches das „Orangene Verdienstkreuz" verdient.

Die beste Art, einen Matjes zu essen.
Bild: Niedrländisches Büro für Tourismus

245

"Und wer kauft dieses Buch?" fragte die Frankfurter Rundschau. Eine Frage, die sich der Verlag anfangs auch stellte. Gab es einen Grund, warum noch niemand ein Buch über die Küche der Provinzen der Niederlande geschrieben hat? "Hat doch immer ´lecker´ geschmeckt, wenn wir dort waren", war sich die Redaktion einig. Und gibt es einen Deutschen, der noch nicht in Holland war?
Also das Buch mutig gedruckt - und wer hat es gekauft? Vor allem die Holländer!
Seit dem Erscheinen dieses Buches werden Horst Dolgner, der alle Rezepte übersetzt hat, und ich zu den Festen der holländischen Gemeinden in Deutschland „herumgereicht" und dauernd gefragt, wann dieses Buch in niederländischer Sprache erscheint...

Die Autoren

Die Beiträge dieser Ausgabe schrieben:
(in alphabethischer Reihenfolge)

Carlo Bernasconi
1952 in Zürich geboren als Enkel von Maria Bernasconi-Trivellin (eine der besten Köchinnen, die wesentlich zur Sozialisation des Autors beitrug), Dipolom-Übersetzer und -Journalist. Seit 1985 als Branchenjournalist („Börsenblatt für den deutschen Buchhandel") und als Food-Autor („Ialienisch kochen mit Carlo Bernasconi und Christian Teubner", „Das Jahrhundert-Mixbuch") tätig. Seit 1998 Redaktionsleiter des Fachmagazins „Schweizer Buchhandel". 2005 Wechsel von der Theorie zur Praxis: Besitzer des Restaurants Cucina e Libri „Heimelig" da Bernasconi. Einführung einer neuen Alltagsstruktur: Morgens schreiben, abends kochen.

Britta Binzer
Geboren im Sommer 69, ist Online-Redakteurin beim Zweiten Deutschen Fernsehen in Mainz. Ihre Themen sind „Essen & Trinken" und „Reise & Freizeit". Im Ressort „Kochbuch der Woche" hat sie schon weit über 100 Kochbuchrezensionen veröffentlicht. Nicht nur deshalb ist sie ständig auf der Suche nach dem neuesten Kochbuch und dem nächsten Rezept. Wein-technisch gesehen schlagen zwei Herzen in ihrer Brust, denn am liebsten trinkt sie deutschen Riesling und Chardonnay aus dem Burgund.

Die Autoren

Claudia Bruckmann

ist gelernte Buchhändlerin und studierte Germanistik und Amerikanistik in München. Nach einigen Jahren im eigenen Redaktionsbüro, begann sie 1993 als Redakteurin im GRÄFE UND UNZER Verlag. Seit dem Kauf des TEUBNER Verlags im Jahre 2001 ist sie konzeptionell und redaktionell in diesem Bereich tätig. Claudia Bruckmann ist Ghost Writerin, Texterin und Autorin verschiedener Kochbücher. In ihrer Freizeit kocht sie leidenschaftlich gerne und begeistert sich für lateinamerikanische Tänze.

Frank Brunner

Verleger, Publizist, Ostdeutschlands bekanntester Restaurantkritiker und Gründer des DEUTSCHEN INSTITUTS FÜR KOCH- UND LEBENSKUNST mit Sitz in Leipzig und Frankfurt am Main. Der MDR apostrophiert den Mitfünfziger gern als „Sachsens feinste Zunge".

„Der Restaurantkritiker", sagt Brunner über den ihm liebsten Teil seiner Arbeit, „darf alles: mäkeln, herumkritteln, sogar verbal auf den Tisch kotzen darf er. Aber eines nicht. Er darf sich nicht erheben über den Koch. Heutzutage ist das Brauch: Der Spitzenkoch ist ein Hochseilartist ohne Netz und doppelten Boden, die Restaurantkritik aber lümmelt sich in den Fauteuils und Logen und lauert auf sein erstes Schwanken..." Frank Brunner arbeitet derzeit unter anderem an einer Reportagensammlung über Ostdeutschland. *www.Koch-und-Lebenskunst.de*

Edouard Cointreau

58 Jahre alt, Verleger und Organisator von Events
Er ist Mitglied der Familie der Cointreau- Liköre, der Cognacs Remy Martin und Frapin. Edouard Cointreau absolvierte die École Superieure de Commerce de Paris und die Sloan School of the Massachusetts Institute of Technology. Seit dem Jahr 1990 arbeitet er hauptberuflich als Verleger. 1995 gründete er die „Gourmand World Cookbook Awards" während der Frankfurter Buchmesse.
Er ist jetzt der weltweit führende Experte im internationalen Koch- und Weinbuch Verlagswesen. Er ist ein glücklicher Resident in Madrid, der Hauptstadt Spaniens „Dem glücklichen Land der Sonne und des Rioja Weins".

Die Autoren

Jürgen Dollase
Geboren in Oberhausen im Ruhrgebiet, Abitur, Militärzeit, Studien der Kunst, Musik und Philosophie an der Kunstakademie Düsseldorf und den Universitäten Köln und Düsseldorf. Von 1970 bis 1983 professioneller Rockmusiker, Aufnahmen für BASF, RCA, EMI. Weitere Arbeiten als Autor und Produzent. 1988 Rückkehr zur Malerei. Zunehmendes Interesse am Kochen seit etwa 1983. Nach einem Briefwechsel mit Johann Gross zum Schreiben über Essen aufgefordert. Seit 1999 Arbeit für die FAZ, etwas später dann FAS und Der Feinschmecker. Seit 2005 Autor von kulinarischen Büchern für den Tre Torri Verlag.

Kolumnen / Serien / feste Plätze:
„Geschmackssache" samstags im Feuilleton der FAZ
„Hier spricht der Gast" FAS
„Wiederbesucht" Der Feinschmecker
„Küchengeheimnisse" Der Feinschmecker
Bücher:
„Geschmacksschule" Tre Torri Verlag
„Kulinarische Intelligenz" Tre Torri Verlag

Jürgen Dollase ist Mitglied der Deutschen Akademie für Kulinaristik / German Academy for Culinary Studies.

Dieter Eckel
(46), geboren und aufgewachsen in Mannheim. Nach dem Abitur buchhändlerische Lehr- und Wanderjahre in Heidelberg, Frankfurt, München und Köln. Im Jahr 1987 dort Gründung von „BuchGourmet", der Spezialbuchhandlung für Kochbücher mit angeschlossenem Antiquariat. Schwerpunkte im Programm sind: Bücher der Sterneköche der Welt, Kochbücher zu allen Länderküchen der Erde, Bücher zu Konditorei, Bäckerei und Patisserie, Bücher für Barkeeper, Literatur zur Kulturgeschichte des Kochens, Essens und Trinkens. Seit 1999 Vertrieb der Abonnements der kulinarischen Kampfschrift „Häuptling eigener Herd" (herausgegeben von Vincent Klink und Wiglaf Droste). Seit 2005 Verkauf von Ferran & Albert Adriàs Texturas-Produkten. buchgourmet@netcologne.de, www.buchgourmet.com

249

Die Autoren

Ralf Frenzel

Ralf Frenzel, Jahrgang 1963, hat sich schon sehr früh auf den Bereich Essen & Trinken spezialisiert und ist einer der gefragtesten Berater zu diesen Themen. Der gelernte Koch, Restaurantfachmann und Sommelier war bereits mit Anfang 20 geschäftsführender Gesellschafter bei der Weinhandelsgruppe Wein Wolf. Wein Wolf gründete er zusammen mit Karl-Heinz Wolf, George W. Kastner, den Gründern von Rungis Express, und Bernd Siebdraht. Die Firma entwickelte sich schnell zu einem der bedeutendsten Lieferanten für die deutsche Spitzengastronomie. Mit 29 Jahren wechselte Ralf Frenzel als geschäftsführender Gesellschafter zu Willy Leibbrand. Seine Arbeit war die Entwicklung und der Aufbau von Marken im Bereich Essen und Trinken und der Systemgastronomie, sowie der Vertrieb. Heute ist er alleiniger Gesellschafter der CPA!-Gruppe und des Tre Torri Verlages in Wiesbaden.

Joachim Graff

Ebenfalls Mitwirkende: Ehefrau Monika Graff, Töchter: Simone und Julia Graff
Geboren am 16.12.1941 in Stuttgart
Abitur 1961
Gebirgsjäger in Bad Reichenhall 1961-1962
Lehre als Verlagsbuchhändler im Union Verlag, Stuttgart, 1962-1964
Danach (wegen des Todes von Walter Hädecke) sofort Eintritt in den Hädecke Verlag im Herbst 1964
Inhaber des Hädecke Verlags seit 1985
Interessensgebiete: Musik/Kirchenmusik, Reisen und Länderküchen, Bergwandern, schöne Bücher

Thomas Hesele

Beruflich als Manager im Umfeld immobiler Großprojekte tätig, beschäftigt sich der Autor in seiner Freizeit mit Schreiben, Kochen und Weinen. Neben der Welt des Weines gehört seine Leidenschaft den kulinarischen Reizen des Mittelmeerraumes, den er schon seit seiner Jugend bereist. Sein Weinjahrgangsführer „Die Weinjahrgänge Spanien Portugal" wurde 2003 mit dem international renommierten Gourmand World Cookbook Award ausgezeichnet.

Die Autoren

Uschi Heusel

Jahrgang 1956, geboren und aufgewachsen in Dietzenbach, einer netten kleinen Stadt in Hessen, ist seit 1996 für viele Verlage als Illustratorin, Autorin und Cartoonistin tätig und veröffentlicht seit 1997 „Ludwigs Streifzüge" in den Tageszeitungen Offenbach-Post. 2005 erschien ein erster Comic mit den Abenteuern der Ratte Ludwig unter dem Titel „Babbier is all", welcher ebenso in der Tageszeitung in hessischer Mundart geschrieben ist. Der zweite Band ist im August 2006 unter dem Titel „wer feiern kann kann aach schaffe!" erschienen. Das Leben ist schon ernst genug, darum entschloss Uschi Heusel sich vor über 10 Jahren, den kaufmännischen Beruf an den Nagel zu hängen um ausschließlich zu malen, zeichnen und auch zu schreiben. Es entstanden Kinderbücher, Spiele, Kochbuchillustrationen, Postkarten, Cartoon- und Humorbücher, sowie Sympathiefiguren allerlei tierischer Herkunft. Da sie seit vielen Jahren die Titelseiten einer namhaften Kochbuchserie für den Eichborn-Verlag illustriert lag es nahe, Kochbuch und Ludwigs Streifzüge zu kombinieren, um daraus eigenwillige Cartoons zum Thema „kochen" zu kreieren.

Ingo Holland

„Ich bin ein Nasenmensch", sagt Ingo Holland. Und weil er überdies (im Wortsinne) naseweis ist und sein Näschen gern überall hineinsteckt, ist er mittlerweile eine Instanz für alles, was mit Nasen- und Gaumenkitzel zu tun hat. Bevor er sich als Koch und Patissier 1989 in seiner Heimatstadt Klingenberg niederließ, hatte er sich erst einmal bei den Großen seines Metiers den Wind um die Nase wehen lassen. Sein Erfolg schlägt sich in einem Michelin-Stern, 18 Gault-Millau-Punkten und zahlreichen anderen Auszeichnungen nieder. Die Nase trägt er dennoch nicht hoch: Er versteht sich als Handwerker. Im geschichtsträchtigen Ambiente eines Gewölbekellers aus dem 16. Jahrhundert mitten in der Klingenberger Altstadt betreibt er sein Restaurant, das Alte Rentamt, und direkt gegenüber seinen Colonialwarenhandel, das Gewürzamt. Kräuter, Gewürze und Gewürzmischungen, Essige und Öle, verschiedene Salze und Zucker, Schokoladen und Kaffees, Mörser und Mühlen sind hier – und in seinem Versandhandel – zu haben. Ein Besuch in seinem Laden ist ein olfaktorisches Abenteuer, das man sich nicht entgehen lassen sollte. Dem barocken Genussmenschen muss man nichts aus der Nase ziehen: eloquent und witzig lässt er seine Gäste, Kunden und Leser an seinem Wissen und seinen Erfahrungen teilhaben.

Foto-Credit: Elisavet Patrikiou für Tre Torri/ Meine Gewürze

Die Autoren

Evert Kornmayer
Jahrgang 1965, Wirtschaftsabitur, studierte Arbeitsmarktpolitik an der FH d. Bundes für öffentliche Verwaltung; weiter: Abschluss zum Lernsystem-Analytiker.
Der Gründer des Verlags Gebrüder Kornmayer ist Mitglied bei Slow Food, sammelt bei zahlreichen Reisen im In- und Ausland umfangreiche Kenntnisse über Länder und Küchen, über die er in seinen kulinarischen Büchern schreibt. Gewinner des „Gourmand World Cookbook Awards" 2005. 1992 mit dem „Einsatzeichen für Humanitäre Hilfe im Ausland" des Technischen Hilfswerks ausgezeichnet.
Foto: Enrico Gelinski

Ralf Laumer
ist Geschäftsführer von Mediakontakt Laumer. Die 1998 gegründete Agentur ist auf Verlags- und Buch-PR spezialisiert (www.mediakontakt-laumer.de). Einer der Arbeitsschwerpunkte der Agentur sind die Themen Kulinaria und Ernährung. Ralf Laumer ist 2. Vorsitzender des Arbeitskreises der Verlags-Pressesprecherinnen und –Pressesprecher (www.avp-netzwerk.de), Herausgeber zweier Bücher zum Thema Verlags-PR („Verlags-PR – Ein Praxisleitfaden" und „Bücher kommunizieren") sowie Gründer der Akademie für Verlags-PR (www.akademie-verlags-pr.de) und des Kompetenzportals für Verlags-PR www.buch-pr.de.

Brit Lippold
Geboren 1961 im wunderschönen Ostberliner Stadtteil Köpenick geht B. Lippold, Tochter einer frankophilen Französischlehrerin und eines Sportlehrers ihren sozialistischen Weg. Schule, Abitur, Praktisches Jahr im Handel (mit Berufsabschluss als Verkäuferin), Studium in Leipzig an der Handelshochschule.
Wegen überraschender aber umso schwerwiegend-fehlender Freude bricht sie ihr Studium ab, arbeitet zwei Jahre als Jugendklubleiterin und bekommt dann einen der begehrten Studienplätze für Kulturwissenschaft an der Berliner Humboldt-Uni. Im ersten und im letzten Studienjahr bringt sie ihre Kinder zur Welt und arbeitet nach dem Studium kurz in einer Modefirma als Trendforscherin. Nach der Wende tritt sie 1990 in den öffentlichen Dienst ein, wo sie es immerhin bis 1999 aushält. Nach einer Auszeit, Orientierungs- und selbstorganisierter Fortbildungsphase

gründet sie 2001 "Kochlust – die kulinarische Buchhandlung und Kochschule" (der Name ist Programm), locker orientiert am großen Vorbild "Books for Cooks" in London. Als Quereinsteigerin und Genießerin hat sie, allen privaten und geschäftlichen Problemen zum Trotz, die ersten fünf Jahre mit ihrem kleinen Laden in Berlin-Mitte überlebt.

Egon Mark
Für den Wein war es ein schlechter Jahrgang – 1942 - das Geburtsjahr von Egon Mark. Seine strenge gastronomische Lehrzeit hat er nach der „Alten Schule" in einem Top-Hotel am Arlberg absolviert. Nach einer wunderschönen Zeit auf dem schwedischen Luxus-Liner „Kungsholm" blieb er für drei Jahre in Schweden hängen. Es war 1964/65 als er ausgerechnet dort die Liebe zum Wein entdeckte und damit begann, Weinseminare zu besuchen. Als Abschluss der Schweden-Praxis absolvierte er in Stockholm die Serviermeister-Prüfung (Hovmästare).
Wieder zurück in Tirol, war er als Oberkellner, Geschäftsführer und selbständiger Gastwirt tätig, bis er dann 1977 eine Stelle als Fachlehrer am Kolleg für Tourismus in Innsbruck antrat. Nach der pädagogischen Ausbildung kamen Lehramtsprüfungen für Hotelfach- und Berufsschulen.
Die Idee der Schwedischen Mundschenks-Vereinigung (Sommeliervereinigung) ließ ihn nicht los und er gründete 1987 den Tiroler Sommelierverein.
Die Idee wurde österreichweit nachgemacht und Egon Mark erhielt dafür (im Jahr 1995) den Bacchus-Preis für besondere Verdienste um den österreichischen Wein.
Nachdem es vorerst in Österreich keine Möglichkeit für eine Ausbildung zum Sommelier gab, absolvierte er die zwei Prüfungen für den italienischen Sommelier in Bozen – allerdings in deutscher Sprache.
Durch die Initiative des Tiroler Sommeliervereins wurden im Jahr 1989 die ersten Kurse und Prüfungen für Diplom-Sommeliers in Österreich durchgeführt. Das Tourismusland Tirol hatte nun die ersten geprüften Sommeliers in Österreich und Egon Mark war einer davon.
Bei verschiedenen Sommelier-Wettbewerben teil und wurde u.a. 1992 FALSTAFF-Sommelier des Jahres. 1994 Österreichsieger des „Grand Prix SOPEXA" mit dem Titel „Österreichs bester Sommelier für französische Weine und Spirituosen". Inzwischen wurden Sommelierausbildungen in ganz Österreich angeboten und Egon Mark war Trainer und vielfach auch Prüfer. In den vergangenen 15 Jahren war er als freier Fachjournalist sehr beschäftigt. Zahlreiche Publikationen über kulinarische Themen, mit Schwerpunkt Wein und umfangreiche Schulungsunterlagen sind in den letzten Jahren entstanden. Für die »Edition Löwenzahn« schrieb Egon Mark drei Taschenbücher über Wein und Bier. Im Eigenverlag ist derzeit das Weinquiz auf CD „Wein erlernen mit Spaß".

Die Autoren

Holger Mühlberger
ist für seine spritzige Schreibe vor allem in der Pfalz bekannt. Der 53-Jährige war nach dem Abschluss seines Publizistik-Studiums zunächst Redakteur bei einer Tageszeitung in Ludwigshafen und dann Geschäftsführer der Pfalzweinwerbung, der zentralen Werbegemeinschaft für den pfälzischen Weinbau. Danach war er bis 2005 Chefredakteur des Freizeitmagazins LEO der Tageszeitung DIE RHEINPFALZ. Mühlberger hat an zahlreichen kulinarischen Büchern mitgewirkt und arbeitet jetzt neben seiner Tätigkeit als Berater und Texter einer Werbeagentur weiterhin als Restaurant-Krtiker und Autor im Gourmet-Bereich. Sein berufliches Steckenpferd sind Glossen zum Thema „Ernährung und Genuss". Der über 275-jährige Umschau Buchverlag, der inzwischen als Neuer Umschau Buchverlag bekannt ist und seit 2003 seinen Standort in Neustadt an der Weinstraße hat, verlegt hochwertige kulinarische Bildbände, Kochbücher und Ernährungsratgeber. Dazu zählen Klassiker wie „Kalorien mundgerecht" und die „Kleine Nährwerttabelle". Der Umschau Buchverlag ist mehrfach von der Jury der „Gastronomischen Akademie Deutschlands" und des „Gourmand World Cookbook Awards" für seine Bücher ausgezeichnet worden - zuletzt für das Buch „Die See" als weltbestes Fisch-Kochbuch.

Olaf Plotke
Jahrgang 1974, ist Redakteur einer Wochenzeitung in Schwelm. Bis 2005 war er Vorsitzender des Slow Food-Conviviums Düsseldorf.
Beide verbindet die Liebe zum Genuss, zu Frankreich, zu Inspektor Clouseau, Jacques Brel und Amélie Poulain.

Foto: Frank Schneidersmann

Birgit Rademacker
ist heute leitende Redakteurin der Redaktion Kochen & Verwöhnen des GRÄFE UND UNZER Verlags. Bereits seit 1978 arbeitet sie an den GU-KüchenRatgebern mit – zuerst in der Herstellung. Seit 18 Jahren begleitet sie die Reihe auch redaktionell und führte sie gemeinsam mit ihrem Redaktionsteam in die neue Generation. Für kulinarische Themen begeistert sie sich auch in ihrer Freizeit und ist selbst Autorin mehrerer GU-Bücher.

Die Autoren

Monika Römer
Geboren 1963 in Düsseldorf, studierte zunächst katholische Theologie und Philosophie in Bonn und Münster. Nach dem Diplomabschluss war sie mehrere Jahre als Wissenschaftliche Mitarbeiterin am Seminar für Moraltheologie der WWU Münster tätig. Während des Aufbaustudiengangs Buchwissenschaft in München begann sie, als Lektorin in einem Reisebuchverlag zu arbeiten. 1997 machte sie ihr Hobby zum Beruf und wurde Kochbuchlektorin im Verlag Teubner Edition. Seit 2000 gestaltet sie als Cheflektorin das Programm des Hölker Verlags.

Andrea Rost
Andrea Rost studierte nach dem Abitur Spanisch und Russisch, Theaterwissenschaften und Kunstgeschichte in Wien und arbeitete zehn Jahre lang als Fachredakteurin für Gastronomie, Hotellerie und Tourismus beim Österreichischen Wirtschaftsverlag. Seit 2003 schreibt die gebürtige Österreicherin als Autorin für die Frankfurter Rundschau. Lokales und Lifestyle-Themen sind ihr Metier. Einmal im Monat erscheinen überdies die von ihr betreuten Sonderseiten „Für Genießer" in der FR, die sich mit kulinarischen Themen in Frankfurt und der Rhein-Main-Region befassen.

Thomas Ruhl
Schon als Kind wollte der 1956 in Bochum geborene Thomas Ruhl Maler oder Schiffskoch werden. Bereits im Alter von 16 Jahren stellte er eigene Bilder aus und hatte Kontakte zu Avantgarde-Künstlern wie Fujio Akai und Joseph Beuys. Um sein Grafik- und Fotografiestudium an der Folkwangschule zu finanzieren, unterrichtete er als Dozent für Druckgrafik, zunächst an der VHS und später auch an Hochschulen. Nach dem Studium arbeitete Thomas Ruhl als freier Art Director in großen internationalen Werbeagenturen in München, Düsseldorf und Köln, wo er bald zum Creative Director avancierte. Mit 28 Jahren machte er sich mit eigener Agentur und eigenem Fotostudio selbstständig und arbeitete für namhafte Marken-Unternehmen wie HARIBO, WMF und AGFA.
Schon früh erhielt Thomas Ruhl für seine Arbeit zahlreiche Preise und Auszeichnungen. Im Jahr 2000 brachte er sein erstes selbst produziertes Buch heraus. Seitdem wurden seine 14 Bücher mit über 20 nationalen und internationalen Awards ausgezeichnet.

Die Autoren

Susanne Schaefer-Dieterle
(51) ist Inhaberin von ssd Kommunikations-Management in Bielefeld. Die Agentur betreut Unternehmen der Markenartikel-Industrie, bundesweit agierende Dienstleister, Institutionen und Organisationen sowie Zeitungs- und Fachzeitschriftenverlage. Als Fachjournalistin konzentriert sich die Autorin auf die Themen Marketing, Kommunikation, Werbung und Medien. Susanne Schaefer-Dieterle ist Präsidentin der Marketing-Clubs OWL Bielefeld e. V. und stellvertretende Vorsitzende der ITZ Initiative Tageszeitung e. V., Bonn.

Monika Schlitzer
ist Programmleiterin des Dorling Kindersley Verlags. Nach ihrem Studium der Anglistik, Romanistik und Germanistik in Freiburg und Paris begann sie im Bildband- und Sachbuch-Lektorat des Herder Verlages. Nach 10 Jahren wechselte sie ins Electronic Publishing, wo sie unter anderem für das Label Systhema bei Holtzbrinck für die Sprachkurse auf CD-ROM verantwortlich war. Im Januar 2000 übernahm sie die Programmleitung für das Gesamtprogramm bei Dorling Kindersley.

Florentine Schwabbauer
Florentine Schwabbauer ist Cheflektorin des Christian Verlags in München. 1988 kam sie als Verstärkung für den Kochbuchbereich ins Haus und ist heute für das Programm verantwortlich. In all den Jahren hat sich die begeisterte Genießerin als guter und kulinarischer Geist erwiesen - und als gute Fotografin. In mehreren Büchern sind ihre Fotos abgedruckt, so stammen die Aufnahmen von Land und Leuten im persischen Kochbuch (DIE PERSISCHE KÜCHE) allesamt von ihr. Ihre besondere Liebe gilt der traditionellen französischen Küche und der neuen Küche Spaniens, insbesondere der des Baskenlands. Ihre Begeisterung für fremde Kulturen und die Reisen in entlegene Ecken der Welt kommen also immer auch dem Verlag zu Gute. Am liebsten mag sie kleine ursprüngliche Inseln, was uns auf ein feines kulinarisches Strandgutbuch hoffen lässt.

Die Autoren

Dorothee Seeliger

ist Programm- und Verlagsleiterin für die Marken HALLWAG und TEUBNER im GRÄFE UND UNZER Verlag. Nach ihrem Studium und einem einjährigen Trainee-Programm beim amerikanischen Verlag Bantam Doubleday Dell begann sie 1995 zunächst als Marketingreferentin bei GRÄFE UND UNZER, später übernahm sie die Marketingleitung und stellvertretende Verlagsleitung des Verlagsbereichs Reise mit der Kernmarke MERIAN. Dorothee Seeliger hat zahlreiche Zeitungs- und Buchbeiträge zu den Themen Marketing und Kommunikation verfasst und ist Co-Autorin von zwei Marketing-Fachbüchern.

Bruni Thiemeyer

1963 in Ravensburg geboren, begann ihre berufliche Karriere bei „Ravensburger" - Otto Maier Verlag. Nach 7 Jahren Pappbilderbuch und Kinderbeschäftigung studierte Thiemeyer an der FH Druck (heute Hochschule der Medien) in Stuttgart, um nie wieder den Satz „das geht nicht!" oder „das ist zu teuer" vom Hersteller des Vertrauens hören zu müssen. Seit 1992 gestaltet sie beim Matthaes Verlag das Programm - eine Herzensentscheidung der leidenschaftlichen Köchin. Seit 2004 leitet sie den Buchverlag.

Prof. Dr. Thomas Vilgis

Prof. Dr. Thomas Vilgis ist theoretischer Physiker, lehrt an der Universität Mainz und arbeitet am Max-Planck-Institut für Polymerforschung in Mainz auf dem Gebiet der Physik der weichen Materie. Seine Arbeitsgebiete umfassen die Theorie der Polymere, Polyelektrolyte, Proteine, Schäume und Gele. Also typische und schmackhafte Zutaten für ein kleines Menü. Schon lange steht er am eigenen Herd, kocht und schreibt auch darüber für verschiedene Medien (essen & trinken, Physik in unserer Zeit, Häuptling Eigener Herd). Gelungene und vor allem misslungene Gerichte sind stets Gegenstand aktueller „Küchenforschung". Wissenschaftliches Verständnis hilft dabei, die Alltagsküche nicht nur zu verbessern, sondern das Wechselspiel von Physik, Chemie und Biologie lassen auch so manche neue Zubereitungsart entstehen. Kreativität ist letztlich sowohl in der Küche als auch in der Wissenschaft die Zutat Nummer eins. So ist er auch Autor zahlreicher wissenschaftlicher Publikationen in internationalen Fachzeitschriften.

Die Autoren

Helmut Weber

Jahrgang 1945, verheiratet, zwei Töchter, gelernter Diplomsoziologe. Nach seinem Studium arbeitete er aus Überzeugung im Buchhandel. 1991 – 1998 entwickelte er die „Matthaes Fachbuchhandlung für Essen und Trinken" in Frankfurt zu einem Mekka für die Liebhaber der Genüsse der Küche und des Kellers. Danach gründete er die Internet-Versandbuchhandlung „kochbuch", mit der er sich auch auf Messen tummelte. Seit März 2005 ist Weber wieder mit einem Kochbuchprojekt in Frankfurt unterwegs: Kochbuch im Cri-Cri Cityhaus heißt die neue Adresse am Rossmarkt. Das Cri-Cri Cityhaus gilt in Frankfurt als beste Adresse für gehobene und originelle Ansprüche angenehmen Lebens. Als Rezensent ist Weber als „küchenfeder" bekannt.

Kai Weidner

Jahrgang 1966, ist gelernter Koch und Konditor. Das überzeugte Slow Food-Mitglied setzt in seinem Restaurant Leckermeulken in Schwelm vor allem auf regionalen Erzeugnisse. Einer breiten Öffentlichkeit wurde er als Koch im WDR-Fernsehen bekannt. Für das ZDF schreibt er seit einigen Jahren die Rezepte zur Tour de France-Berichterstattung.

Jürgen Welte

Jürgen Welte unternahm schon als Student die ersten Schritte in die Welt der Bücher bei seinem verlegerischen Lehrmeister Ulrich Staudinger, erlebte bei und mit Schneekluth erst die Verlagsgruppe Weltbild während ihrer Gründerzeit und anschließend die Verlagsgruppe Droemer Weltbild. Seit 2002 ist er - inzwischen als Geschäftsführer - für die Collection Rolf Heyne tätig.

Die Autoren

Pia Werner
geboren 1971 in München, hat Geschichte und Neue Deutsche Literatur studiert. Erste Erfahrungen in der Verlagsbranche sammelte sie beim Heyne Verlag, anschließend bei te Neues und Prestel Publishing in New York. Von 2002 bis 2005 war sie für die Presse- und Öffentlichkeitsarbeit von des Prestel Verlags in München verantwortlich. Seit Januar 2006 leitet sie die Presse- und Öffentlichkeitsarbeit der Verlage Zabert Sandmann und Elisabeth Sandmann in München. Neben dem Kochen ist das Reisen in fremde Länder, die sie am liebsten mit Messer und Gabel entdeckt, ihre große Leidenschaft.

Christa Winkelmann
Christa Winkelmann (59), nach dem Studium der Slawistik/ Germanistik an der Universität Halle einige Jahre im Schuldienst als Lehrerin, 1973 als „Seiteneinsteigerin" in den Verlag für die Frau Leipzig gekommen, bis 1995 als Lektorin dort tätig. Seit 1996 Verlagsleiterin des BuchVerlages für die Frau.

Index

A

Adrià 11, 21, 25, 151, 153, 155, 156, 197
Adriàs 157
Aduriz 157
Alcayde 158
Alija 157
Alkimia 158
Altair 159
Alte Schule 95
Arbelaitz 152, 153
Arenós 157
Arguiñano 152
Arlberg, das Kochbuch zur Region 193
Arlberg. Das Kochbuch zur Region 96
Aromaküche 42
Arrambide 153
ART zu leben 123
Arzak 151, 154
Arzumendi 158
Asian Tapas 80
Athen - Kulinarische Spaziergänge 121
Atxa 158
AT Verlag 106
Avantgarde-Küche 158, 160

B

Backen – Die große Schule 47
Backen macht Freude 44, 215
Backhaus 143, 145
Backin 214
Backpulver 213
Baden à la carte 168
Barrio 158
Bassermann 106
Bau 204
Bauerles 121
BBC 84
Beatles 39, 50
Bellver 157
Benedikt 177
Berasategui 155
Berglund 79
Bernasconi 3, 11, 27, 247
Bewusste Ernährung 198
Binzer 3, 11, 31, 247
Biolek 15, 123
Bischoff 183
BLV 44, 47
BLV Buchverlag 46
Bocuse 32, 79, 80, 152
Born to cook 2, 44, 47, 242
Börsenverein 211
Börsenvereins des Deutschen Buchhandels 43
Bos 62
Bouley 121
Bourgueil 61, 147
Bras 153, 156
Broadbent 98
Bruckmann 3, 12, 181, 248
Bruni 119, 122
Brunner 3, 12, 98, 141, 143, 209, 248

BuchGourmet 3, 11, 21
Buchholz 183
Buchinger 94, 95
Buchmarkt 10, 149
BuchVerlag für die Frau 3, 12, 219
Bühler 147, 148
Bühner 34
Bund Österreichischer Gastlichkeit 96
Butt 146

C

Café Fetisch 123
Camarena 159
Cannas 159
Capel 151
Casa Gerardo 158
Caso 159
Castillo 152
Castro 156
celebrity cookbooks 83
Chemie der Nahrungsmittel 213
Christian 106
Christian Verlag 3, 12, 37, 46, 151
Claire 87
Clark 90
Cocker 39
Cointreau 3, 7, 11, 58, 77, 248
Collection Heyne 28
Collection Rolf Heyne 3, 11, 15
cooking hightech 158
Coppenrath Verlag 171
Craig Potton Publishing 237

CucinArte 121
Cucina e Libri 29
Cucina e libri 27
Culinary Chronicle 71
Culina Mundi 40
Czekalla 61

D

Dacosta 157
Dali 120
Dassa Bassa 158
Das große Buch vom Wein 190
DAS GROSSE ÖSTERREICHISCHE WEINLEXIKON 233
Das Kochbuch aus dem Münsterland 165, 169
Das Kochbuch aus Ostfriesland 165
Das Mafia-Kochbuch 167
Das neue große Weight Watchers Kochbuch 47
Davidis 151
Davidson 43
DDR-Zensur 219
Deidesheimer Hof 204
Der 4 Wochen Power Plan 44
DER FEINSCHMECKER 10
Der Feinschmecker, Guide 2007 37
Der Silberlöffel 40
Deutschen Bahn 97
Deutsches Instituts für Koch- und Lebenskunst 3, 12, 24, 98, 141
Deutschlands junge Spitzenköche kochen deutsch 194

Diätbücher 241
Die AVANTGARDE-KÜCHE SPANIENS 151
Die gute Küche 95
Die Klassiker der Cuisine Vitale 204
Die kulinarische Intelligenz 97
Die Kunst des Kochens 119
Die See 43, 59, 205
Die Weinschule 47
DIE ZEIT 170
Dim-Sum-Set 168
Dionysos 230
Diotima-Reihe 119
Dollase 3, 11, 42, 71, 97, 138, 146, 196, 249
Dorling Kindersley 44
Dorling Kindersley Verlag 3, 11, 42, 46, 83, 89
Dr. Oetker 44, 46, 213, 214
Dr. Oetker Verlag 3, 12, 40, 46
Drei-Sterne-Köche 56
Droemer Verlag 46, 106
Drummer 220
Ducasse 39, 66, 67, 80, 153, 242
Dumas 144
Dumont 57, 59
Duval 79

E

Eckel 3, 11, 21, 249
Edita 119
Edition Port Culinaire 11, 43, 55, 61
Edouard Cointreau 248
Einstein 138

Eis 183
Eisele 211
elBulli 155, 156
Ellert 146
El Molino de Urdaniz 159
El Mundo 157
Erlesene Menüs 94
Ernährung nach der Klosterheilkunde 173
Escoffier 243
Essen & Trinken 98
Euro-pa Decó 159
Europas Meisterköche bitten zu Tisch 40
Evert Kornmayer 239, 252
Exploring Taste and Flavour 92

F

FAZ 74, 75
Fearnley-Whittingstall 90
Feinschmecker 36, 98, 123, 146, 193
Felipe 159
Fenzl 80
Festliche Menüs für 50 Hochzeitstage 244
Fichtner 99
Fischers Fritz 144
FOCUS 98
Focus 149
Fombellida 152
Fontane-Kochbuch 148
Food 43
Food-Fotografen 217
Food-Fotografie 205
Food-Stylisten 217

Index

Foodstylisten 197
Frankfurter Buchmesse 7, 40
Frankfurter Rundschau 3, 10, 11, 93, 246
Franz-Ruhm-Kochbuch 94
French Country Cooking 84
French Provincial Cooking 84
Frenzel 3, 12, 109, 193, 194, 250
Fridas Fiestas 120
Fuchs 148

G

GAD 97
Gagnaire 156
Galen 177
García 157
Gastronomische Akademie Deutschlands 97
Gault-Millau-Magazin 145
Gault Millau 32, 34, 35, 36
Gault Millau Deutschland 2007 37
Gebrüder Kornmayer 4
Genial Italienisch 44
Gerer 94
Gerlach 121
Geschmacksgedächtnis 220
Geschmacksschule 42, 72, 74
Gewürzmüller 109
GfK 23
Goldene Feder 98
Goldmann 44, 46, 47
Gómez 158
Google 95
Gourmand Best Cook Book in the World 98
Gourmand World Cookbook Awards 61, 80, 92, 205
Gourmand World Cookbook Awards 7, 10, 11, 77
Gourmet-Autor 201
Goutess 194
Gradl 119
Gräfe & Unzer 3, 44, 46, 47, 125, 181, 187
Graff 3, 12, 119, 120, 250
Gräfin Schönfeldt 148
Grand Livre de Cuisine 39, 65, 68, 69
Gray 89, 90
GU 44, 46, 106, 125, 127, 207
GU-Gelingtipps 128
GU-KüchenRatgeber 12, 127
Guérard 152, 153
Guide Michelin 32, 33, 36
Gümpel 115
Gürtler 94
GU Kochen & Verwöhnen 12

H

Haas 147
Hädecke 106
Hädecke Verlag 3, 12, 46, 119
Halici 80
Hallwag 12, 47, 187, 191, 230
Hallwag Verlag 3
Hampp-Verlag 146
Handbuch der Klosterheilkunde 174
Harrer 148
Häuptling eigener Herd 106
Hauptmeier 183
Hausch 71, 123

Haute Cuisine 154
Hazan 105
Hectic Cuisine 171
Heinzelmann 138
Hemmungslos kochen 95
Herbicht 183
Herrera 25
Herrmann 44
Hesele 3, 12, 223, 250
Heusel 3, 4, 13, 164, 200, 251
Heyne 106
Heyne Verlag 46
Hildegard von Bingen 177
Hippokrates 12, 173
Hirschen 35
Hölker 167, 170
Hölker Verlag 3, 12, 165, 171
Holland 3, 12, 109, 114, 138, 194, 251
Homo sapiens coquens et culinaris 142
Hotel Adlon 144
Hotel Bischoff 185
House & Garden 190
How to be a Domestic Goddess 88
How to Eat 88
Hubert Krenn-Verlag 96
Hugendubel 29
Hugh Johnsons Weinatlas 190
HUGH JOHNSONS WEINGESCHICHTE 230
Hugh Johnsons Weinwelt 192

I

Ich helf dir kochen 44, 47
Idiáquez 152
Iglo 194
Il Cucchiaio d´argento 40
Il Cucchiaio d'argento 41
Im Schiffchen 147
Iñigo Lavado 158
Irízar 152

J

Jahreszeiten Verlag 37
Jensen 99
Johnson 12, 187, 188, 190, 192
Joop 171
Joyant 120
Judd 237

K

Kahlo 120
Kaiser Probus 12
Kaleidoskop 106
Kalorien mundgerecht 203
Kaltenbach 105
Kaufmann 99
Kerner 16
Kiehnle Kochbuch 119
Kime 42, 90
King's College in Cambridge 188
Klassische & moderne Rezepte aus Holland 244
Kleine Johnson 190
Kleine Nährwerttabelle 203
Klink 32, 106
Klosterneuburg 229
Kochbuch-Oscar 10
Kochbuch-WM 97
Kochbuchkritik 145
Kochbuchlizenz 22

Kochbuchmarkt 22, 201, 207
Kochbuchredaktionen 24
Kochbuch des Monats 141, 146, 209
Kochende Leidenschaft 99
Kochen - Die neue große Schule 47
Kochen für Freunde 93
Kochen wie ein Weltmeister 97
Kochirrtümer 12
Kochkunstführer 243
Kochkurs für Genießer: Asiatisch 182
Kochlust- die kulinarische Buchhandlung 3, 11, 101
Kochuniversität 75
Koch doch 44
Kohnke 34
Könemann 40, 47
Kornmayer 3, 7, 11, 39, 77, 239, 252
Koziol 170
Küchenfeder 3, 11, 97
Küchenkerle 168
Küchenprinzessin 168
Küchenrenner für Landschaftskenner 219
Kuffer Marketing 161
Kulinarischen Entdeckungsreisen 203
Kulinarischen Report 11
Kulinarischer Dialog 7
Kulinarischer Report 39
Kulinarischer Report des Deutschen Buchhandels 102, 196
Kulinarische Intelligenz 42, 72, 196
Kuntz 204
Kurihara 79
Kurti 156
K & K - Monarchie 231

L

L'Art de la Cuisine 119
Lafer 93
Landgrebe 79
Langenscheidt 39
Laumer 3, 12, 207, 252
Lavado 158
Lawson 88
La Fountain 79
La Table 34
Leckermeulken 239
Lehmann 79
Leibspeise 99
Lektor 114
León 157
Les Diners de Gala 120
Le Duc 79
Lieblingskuchen 47
Linster 105
Lippold 3, 11, 101, 252
Llewellyn 90
Löbel 39
Loftus 85
Lohse 144, 147
Loiseau 32
Lorenz Adlon 144
Lo Mejor de la Gastronomía 156
Lucas Carton 33

Ludwigs kulinarische Streifzüge 13

M

Maggi 194
Maier-Bruck 94
Mälzer 15, 17, 30, 41, 44, 46, 47, 93, 242
Man-nehme-Küche 86
Mandelbaumverlag 96
Mark 3, 12, 229, 253
Marti 106
Martino 159
Matt 94
Matthaes Verlag 3, 11, 39, 65
Max-Planck-Institut für Polymerforschung, Mainz 3, 12, 21, 55, 71, 77, 83, 93, 97, 101, 129, 141, 151, 165, 173, 196, 201, 207, 213, 219
MDR-Figaro 149, 209
Mediakontakt Laumer 3, 12
Mediterranean Food 84
Megel 80
Meine Gewürze 12, 110, 194
Menasse 143, 145, 148
Michelin 31, 35, 153, 155
Michelin-Führer 31
Michelin-Führer, Deutschland 2007 37
Millau 31
Mitchell 190
Modetorten 216
Moersfigur 137
Moleküle im Kochtopf 196
Monet 120
Monné 157
Morán 158
Mörwald 94, 95
Mühlberger 3, 12, 201, 254
Müller 16, 34, 35, 55, 56, 58, 62, 146, 148, 151, 183
Muskewitz 220

N

Napoleon 230
Naret 33
Neeser 144, 147
Neuer Umschau Buchverlag 3, 12, 43, 46, 201
Neues Hobby von Millionen 125
Neue Zürcher Zeitung 28
Niederberger 202
Niedrländisches Büro für Tourismus 245
Nigella Bites 88
No.1 46
Noch mehr Haubenküche zum Beisl-Preis 96
Nordstrom 79
Nouvelle Cuisine 152, 157
Np-Buchverlag 96

O

OFFENBACH-POST 10
Oliver 30, 41, 44, 46, 80, 85, 86, 90, 91, 93, 103, 242
Orac-Verlag 95
Otrey 80
Oudil 153
Oxford University Press 43

P

Pape 46
Pater Kilian 174
Patrikiou 110, 194
Patrikiu 115
Pepe Vieira 159
Pepin 80
Perry 79
Pisa 17
Plachutta 94, 95
Pláka 121
Plotke 3, 7, 12, 161, 162, 254
Poilane 79
Pons 39
Port Culinaire 43, 55, 60, 63, 99
Potter 120
Prix la Mazille 58
Probus 229
Prohibition 230

Q

Queen Elizabeth 91
Quintana 152

R

Rademacker 3, 12, 125, 254
Radetzky 121
Real Fast Food 87
Rechtschreibreform 51
Reich 216
Reichl 79
Renedo 159
Résidence 147
Residenzverlag 96
Restaurantführer 31

Rezeptprüfer 143
River Cafe 88
River Cafe Cookbook 89
River Cafe Easy Kochbuch 90
Roca 157
Roden 80
Rogers 89, 90
Römer 3, 12, 165, 169, 255
Rost 3, 11, 93, 255
Roteta 152
Rothschild 230
Ruhl 3, 11, 43, 55, 57, 62, 79, 98, 99, 205, 255
Ruhl Studios 3

S

Sacher 94
Saling Hall 187
Sanders 183
Santceloni 159
Santorin 121
Santos 152, 153
Satt durch alle Semester 167
Saum 174
Schaefer-Dieterle 3, 12, 213, 256
Scharfenberg 120
Scharff 112
Scheck 146
Schlank im Schlaf 46
Schlemmeratlas 144
Schlitzer 3, 11, 83, 91, 256
Schloss Lerbach 55
Schmeckt nicht gibt's nicht 244
Schott Relations 3, 65
Schuhbeck 93

Schuhmacher 95
Schulkochbuch 40
Schwabbauer 3, 12, 151, 256
Schweizer Buchhandel 3, 11, 27
Schweizer Stuben 55
Seasonal Southwest Cooking 80
Seeliger 3, 12, 187, 257
Selber einfrieren, was schmeckt 125
Senderens 33
Siebeck 142, 170
Siebecks deutsche Klassiker 170
Sinnlichkeit und Leidenschaft 204
Sirach 161
Slater 88, 92
Slíva 123
Slow Food Deutschland e.V. 198
Smith 84, 91
Sommelier 12, 229
Sommerbikinproblemzonendiät 16
So kocht Österreich 96
Special Award of the jury 7
Special Award of the Jury for the best book trade magazines for cookbooks 10
SPIEGEL 99
Spiele 211
Steidl-Verlag 146
STERN 170
Sternekoch 121, 207
Stickstoff 157

Strullkötter 217
Stuber 44
Subijana 152
Sufi Cuisine 80
Sweet + Spicy 92

T

Tafelspitz und Fledermaus – Die Wiener Rindfleischküche 96
Tages-Anzeiger 28
Tantris 147
Teeei 52
Tellergericht 99
Terragni 41
Terrinen-Manie 152
Test-Esser 32
TEUBNER 12, 181, 182, 184, 187
Teubner 28, 43, 47, 106
Teubner Verlag 3, 46
Thalia 29
Themenkochbücher 181
THE COLOUR OF WINE 237
The Dinner Lady 80
The Naked Chef 90
The Oxford Companion to Food 43
Thieltges 34
Thiemeyer 3, 11, 39, 65, 66, 257
This 156
Thompsen 89
Tischkultur 30
Többen 59, 201, 205
Torten Couture 216
Toulouse-Lautrec 119

Index

Tragabuches 158
Tramá 153
Trauner Verlag 95
Travel House Media 37
Trendkochbücher 181
Tre Torri Verlag 3, 12, 42, 75, 96, 97, 106, 110, 193, 196, 198
Troisgros 152
Trüffel und andere Edelpilze 62

U

Umschau 106
Unsere österreichische Küche 95
Urban 151

V

Vegetarian Basics 44
Velasco 159
Verlags-PR 209, 210
Verlagswesen 212
Verlag Gebrüder Kornmayer 3, 13, 239
Verleger 117
Verpoorten 194
Vilà 158
Vilgis 3, 12, 129, 196, 257
VINARIA 236
Vinum 98
Vogue 190
Vollenweider 105
Vom Essen auf dem Lande 94
von Alvensleben 122
von Alvenslebens 121
Von Apfelwein bis Zwiebelkuchen 220
von Goethe 201

W

Wagner 94, 95
Wakeup-Koch 240
Wasser, Wanne, Wellness 168
Weber 3, 11, 97, 258
Weidner 3, 7, 12, 161, 162, 239, 258
WeightWatchers 44
Weinatlas 190
Weine der Welt 224
Weinjahrgangsführer 227
Welte 3, 11, 15, 258
Werner 3, 12, 173, 259
Westdeutsche Verlags- und Werbegesellschaft 3
Wiedemann 204
Wiener 93
Wiener Süßspeisen 95
Wildfleischskandal 31
Wine & Food 190
Wine & Food Society 190
Winkelmann 3, 12, 219, 259
Witzigmann 16, 96
Wohlfahrt 34, 35, 106, 205
Woltemath-Kühn 183
World Cookbook Awards 3, 58

Y

Yarñoz 159

Z

Zabert Sandmann 44

Zabert Sandmann Verlag 3, 12,
    46, 47, 173
Zaldiarán 153
Zapiraín 152
Zaszczynski 3, 11, 65
Zauberdrinks 203
Zaubersäfte 203
Zaubersuppen 203
ZDF 3, 11, 31
Zu Gast bei Mozart 145

12,95 €

weitere Titel

KULINARISCHER REPORT DES DEUTSCHEN BUCHHANDELS 2005 - 2006

210 Seiten . Hardcover
ISBN 3-938173-06-8
Preis: 12,95 Euro

Die Beiträge:
* **Kochbücher - Vielfältigkeit im Trend**
  Dr. Christoph Kochhan / Börsenverein des Deutschen Buchhandels
* **Wie ein GU-Kochbuch entsteht**
  Allessandra Redies / GRÄFE UND UNZER Verlag
* **Internationale Trends im Kochbuchmarkt**
  Edouard Cointreau / Verleger und Organisator von Events
* **Vom Geheimtipp zum Bestseller**
  Elisabeth Hieronymus / Dorling Kindersley Verlag
* **Der inflationäre Kochbuch-Markt aus der Sicht eines Kochs**
  Kai Weidner / Chefkoch Restaurant Schloss Martfeld
* **Der Koch, das Buch und der Buchgroßhändler**
  Elisabeth Helmholz / G. Umbreit GmbH & Co.KG
* **„Ich helf dir kochen" oder wie der Fortschritt in unsere Küchen einzog**
  Janine Heine / Buch Habel
* **Lesen geht durch den Magen**
  Britta Binzer / ZDF
* **Kochbuch-Olympiade: Wie Kulinaria in die Medaillenränge kommen**
  Ruth Ulrich / Vizepräsidentin der GAD
* **Moleküle im Kochtopf**
  Prof. Dr. Thomas Vilgis / Max-Planck-Institut für Polymerforschung
* **Machen TV-Köche dick?**
  Evert Kornmayer / IMSELBST-VERLAG
* **Neue Verlage, Neuer-scheinungen und Trends**
  Helmut Weber / Buchhändler und „Küchenfeder"
* **TEUBNER – Kochen erleben**
  Dorothee Seeliger / TEUBNER
* **Bücher für den erlesenen Geschmack**
  Jürgen Welte / Collection Rolf Heyne
* **Kultur!**
  Bine Cordes / Seehamer Verlag
* **Spitzenkoch mit regionalem Touch**
  Alexandra Hahn / Zabert Sandmann Verlag
* **HALLWAG – Wein lesen**
  Dorothee Seeliger / HALLWAG
* **Kleine Geschichte der Esskultur**
  Ingo Swoboda / prost! mahlzeit! wine & food texte
* **Alles fängt mit einer No. 1 an. Kochen auch.**
  Jörg Rentrop / Dr. Oetker Verlag
* **Das mittelalterliche Kochbuch: Von der Handschrift zum Druck**
  Prof. Dr. Trude Ehlert / Universität Würzburg
* **REZEPTE PLUS.**
  Florentine Schwabbauer / CHRISTIAN VERLAG
* **Bücher für Generationen**
  Christa Winkelmann / BuchVerlag für die Frau
* **Ludwigs kulinarische Streifzüge**
  Uschi Heusel / Cartoon-Agentur
* **Genussbücher, die Appetit machen**
  Joachim Graff / Hädecke Verlag
* **»Mut zur Lücke«**
  Evert Kornmayer / IMSELBST-VERLAG

TAVASLI DRUCKEREI UND BUCHBINDEREI

*" Ein Verlag und
eine große Druckerei und Buchbinderei"*

Als ein Hochgelehrter gründete Yusuf Tavaslı (1935 -) im Jahre 1963 den Tavaslı Verlag. Und vier Jahre später wurde im Muttergeschäft auch gedruckt und gebunden. Somit entstand Tavaslı Druckerei und Buchbinderei. Binnen weniger Jahre hatte das Unternehmen schon 9 Mitarbeiter. Anfang der 90'ziger Jahre hatte das Geschäft 22 Beschäftigte. Nachdem Tavaslı Druckerei und Buchbinderei im Jahre 1995 mit 25 ausgelesenen Mitarbeitern und 7 Maschinen von Sohn Mustafa Tavaslı (1972 -) übernommen wurde, erweiterte sich die Firma von Jahr zu Jahr.

Istanbul,
"Wir verbinden die Kontinente"

Heute mit 115 maschinen und 220 Hochqualifizierten Mitarbeitern auf 10.000 qm² geschlossenem Raum ist Tavaslı Druckerei und Buchbinderei einer der größten Betriebe in Europa, einer der Führenden in der Türkei und somit auch in seiner Region. Vom Entwurf bis zur grafische Umsetzung, von der Papier Auswahl bis zum Druck und der Weiterverarbeitung bis hin zur Logistik, alles mit Top Qualität und zeitgerecht zu verwirklichen haben wir uns auf ein sehr flexiblen kundengerechten Service aufgebaut.

Wir wissen dass grafische Produkte in ihrer Herstellung immer komplexer werden. Neben handwerklichen Aufträgen können wir auch im technischen Bereich hochanspruchsvolle Arbeiten ausführen. Somit ist modernste Technik bei uns sehr angesehen. Und wir wissen ganz genau, dass es für unsere Kunden viel einfacher ist wenn alles aus einer Hand kommt. Somit sind alle grafischen Anwendungen im Computerbereich für uns möglich. Von CTP Übergabe bis zur Filmmontage nach alter Art und Druckvorstufe mit den Programmen Macromedia FreeHand, QuarkXPress, Corel Draw, Adobe Photoshop, Adobe InDesign, Adobe Acrobat.

Nicht zu vergessen, dass digitale Bildbearbeitung oder Bildschirmlayout und Offsetdruck für eine moderne Druckerei wie uns kein Problem ist. Ob Druck und Buchbinderei oder Graphik Service, diese Abteilungen haben sich bei uns in den letzten Jahren zu einer überzeugenden Dienstleitung von Tavaslı Druckerei und Buchbinderei entwickelt, welche bei den Verlagen, in Industrie und Handel sehr angesehen ist. Denn der umfassende Service bei uns reiht von der elektronischen Bearbeitung der Daten die bei uns über FTP ankommen bis zum Druck und Buchbinderei mit all ihren auf dem Markt zu findenden Möglichkeiten.

Modernste Offset Maschinen mit insgesamt 33 Druckwerken für qualitative Arbeit und hochwertige Druckaufträge oder kunstvoller Prägung, unsere Maschinen stehen bereit für jeder Format. Wir sind ein Betrieb der alle Lösungen für die Gesamtherstellung von Druckobjekten bieten kann. Dafür sind kleine und große Auflagen sehr willkommen. Auflagen von 500 Stück bis 1.000.000 sind für uns unverzüglich lieferbar. Geschweige denn dass wir

die gedrückten Objekte falzen, zusammentragen oder schneiden können. Oder auf unserem neuen Klebebindestrasse binden lassen. Dies würden wir nicht mal erwähnen.

Deswegen sind sehr hochwertige Arbeiten unsere Spezialität. Wir fertigen den edlen Lederband mit kunstvoller Goldprägung aber auch Broschüren für Pizza laden oder Supermärkte. Folienkaschierung und Lackierung sind auch unter unserem Dach möglich.

Kundenorientierte Planung sind unsere Eigenschaften. Zum Beispiel. Evert Kornmayer kennen wir seit Jahren und genießen die langlebige Freundschaft sehr.

BUCHPRINZ ZU VERGLEICH AN TOMATENPRINZ

In den früheren Zeiten waren Bücher sehr kostbar. Ein Buch aus dem Jahr 840 zum Beispiel, welches als einmaliges Zeugnis für den hohen Stand der Buchkunst heute angesehen ist, mit diesen außergewöhnlich schönen und kostbaren Bücher hat sich auch die Druckerei und Buchbinderei entwickelt. Diese kostbaren Bücher haben Jahrhunderte überlebt. Auch wir bestreben, dass manche unserer Produkte über einige hundert Jahren sich immer noch zeigen können. Dafür produzieren wir auch herausragende Werke, welche vielleicht nach Jahren ein Teil der Druckgeschichte sein werden.

"Eine Panoramaansicht von Istanbul"